매일 프랑스어

일기쓰기

신아사

머리말

외국어를 학습하는 궁극적인 목표가 해당 외국어를 정확히 이해하고 이를 통하여 자신의 생각을 자유롭게 표현하는 데 있다는 것은 당연하다. 그런데 길고 어려운 프랑스어 문장을 척척 읽어내는 사람들도 아주 간단하고 쉬운 표현이라도 쓰라고 하면 쉽게 써지지 않는다는 것은 누구나 경험하는 일이다. 문장의 어순뿐만 아니라 정서를 표현하는 방법이 많이 다르기 때문에 적절한 프랑스어 표현을 찾아서 글을 쓴다는 것은 결코 쉬운 일이 아니다. 이처럼 외국어 학습에 있어서 특히 어려운 영역이 바로 쓰기이다.

프랑스어 쓰기능력을 함양하는데 있어 쉽고 친근하게 그리고 가장 효과적으로 활용할 수 있는 방법 중에 하나가 매일 프랑스어로 일기를 써 보는 것이다. 자신의 삶이나 생각 그리고 주변에서 일어나는 사건들을 프랑스어로 정리하려고 애쓰다 보면 자연스럽게 언어를 통해 프랑스인들의 생각을 이해하게 되고 그들의 표현에 좀 더 익숙해질 수 있기 때문이다.

물론 일기를 쓰는 것이 처음에는 쉽지 않을 것이다. 만약 엄두가 나지 않는다면 자신의 상황과 비슷한 내용을 베껴 쓰는 것으로부터 출발해도 좋다. 그리하여 차차 단어나 표현에 다양성을 주면서 자신만의 프랑스어 일기를 써보는 것이다. 일기를 쓰면서 늘 유의해야 할 점이 과연 내가 쓴 문장이 문법적으로 정확하며 통용될 수 있는 표현인 지의 여부이다. 그래서 항상 문법책이나 사전 그리고 선생님을 통해 그때그때 확인해가면서 문제점을 해결해 나가다 보면 조금씩 정확한 프랑스어 문장으로 접근할 수 있을 것이다.

『매일 프랑스어 일기쓰기』는 위와 같은 의도와 기대에 부응하기 위해 쓰이어진 책이다. 제1부에서는 150개의 일기 예문을 주제별로 “평범한 일 · 일상적인 일”, “특별한 일”, “가슴 설레거나 기대되는 일”, “기쁜 일”, “놀라운 일”, “창피 · 후회되는 일”, “실망 · 유감 · 슬픈 일”, “불안 · 걱정 ·

긴장되는 일", "화 · 불평 · 짜증나는 일", "스포츠 · 시합" 등 10장으로 나누어 싣고, 각 일기마다 해석을 붙여 한국어 표현과 대조해가며 공부할 수 있도록 하였다.

제2부에서는 우리가 일상적으로 많이 사용하는 250여개 동사들의 다양한 구문 예를 제시하였다. 문장의 뼈대로서 프랑스어 동사는 특히 각 동사마다 요구하는 구조가 있기 때문에, 이를 잘 익히면 내가 원하는 문장을 쉽게 만들 수 있기 때문이다.

제3부에서는 프랑스어로 일기를 쓸 때 다양하게 활용할 수 있는 단어들을 테마별로 정리하여 수록하였다. 일상사를 표현하는 데 있어서 우리가 꼭 필요로 하는 단어들은 사실 그 수가 그렇게 많지 않다. 테마별로 중요한 단어들을 충분히 숙지하고 있다면 우리의 표현은 그만큼 자유로워질 것이다.

『매일 프랑스어 일기쓰기』는 일반적으로 프랑스어 쓰기능력을 향상시키고자 하는 분들에게도 유용하겠지만 특히 DELF(프랑스어능력 자격시험)를 준비하는 사람들에게 꼭 필요한 책이라 할 수 있다. 왜냐하면 DELF A1과 A2의 쓰기영역과 말하기영역도 결국 일상생활에서 벌어지는 상황들을 쓰거나 말로 표현하는 능력을 평가하는 시험이기 때문이다.

모쪼록 프랑스어를 학습하는 모든 사람들에게 이 책이 유용하게 활용될 수 있기를 바라며, 이를 가능하게 해주신 도서출판 신아사의 정현걸 사장님께 감사드린다.

지은이 **김선미**

차례

매일 프랑스어 일기쓰기

I. 주제별 일기쓰기 • 9

I. 주제별 일기쓰기

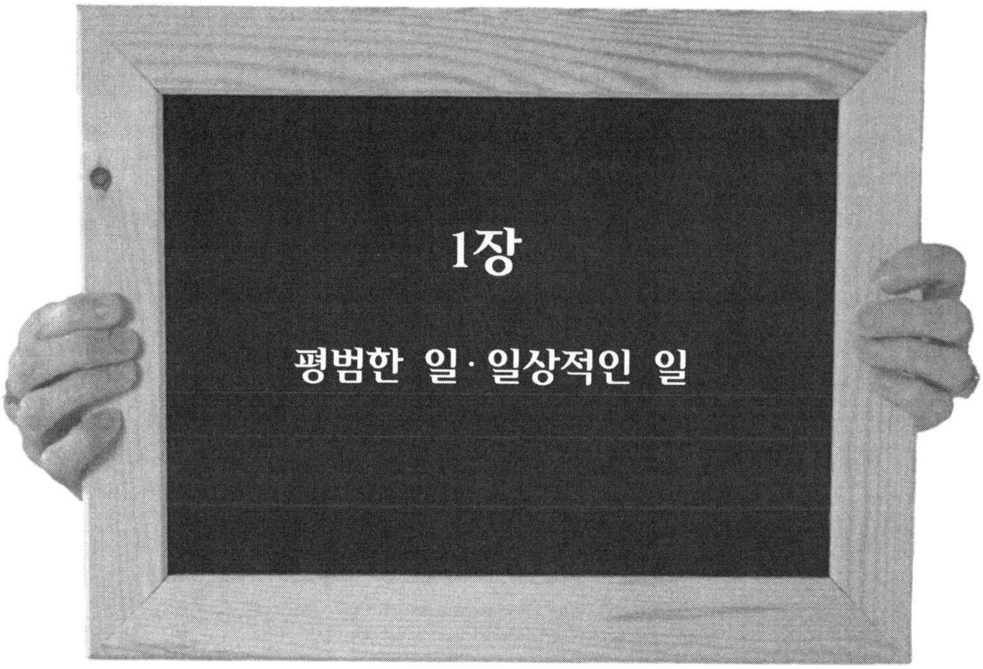

1. Un Bon film à la télé

La journée avait été longue et ennuyeuse. Je suis rentrée chez moi, épuisée. Je prenais une bonne douche et j'ai décidé de m'endormir tôt le soir-même. Mon père m'a alors dit qu'il y avait un bon film à la télévision, sur la chaîne 5. Je lui ai répondis que je ne regarderait que le début et que j'irai dormir assez tôt. C'était le film *Ocean's 12*, et malgré mon effort, j'ai eu du mal à me décoller du canapé. George Clooney était vraiment séduisant et Brad Pitt avait de la classe, comme toujours. Mon père m'a fait remarquer que je lui avais dit que je me coucherai tôt. Mais cette bonne résolution est partie aussi vite que l'éclair.

텔레비전에서 방영하는 좋은 영화

그날 하루는 길고 지루했다. 나는 집에 몹시 피로한 상태로 돌아왔다. 나는 시원하게 샤워를 했고 그날 저녁 일찍 잠에 들기로 결심했다. 아버지께서는 내게

5번 채널에서 좋은 영화 한 편을 방영한다고 말씀하셨다. 나는 아버지께 처음부분만 보고 일찍 자러가겠다고 대답했다. 그 영화는 <오션스 12>였다. 내 노력에도 불구하고 나는 쇼파에서 일어나는데 어려움을 느꼈다. 조지 클루니는 정말로 매력적이었고 브래드 피트는 여느 때와 다름없이 품위가 있었다. 아버지께서는 내가 일찍 잠자리에 든다고 말했던 것을 상기시켜주셨다. 하지만 이 좋은 결심은 번개처럼 빠르게 떠나버렸다.

✤ 단어장

la journée : 하루, 낮 동안
long(ue) : 긴
ennuyeux(se) : 지루한, 권태를 느끼게 하는, 싫증나게 하는
épuisé(e) : 지쳐빠진, 몹시 피로한
prendre une bonne douche : 시원하게 샤워를 하다
décider de + inf : …하기를 결정하다
s'endormir : 잠이 들다
tôt : 일찍, 빨리
le soir-même : 그날 저녁
la chaîne : 채널
répondre à qn : …에게 대답하다
le début : 시작
dormir : 잠을 자다
malgré : …에도 불구하고
un effort : 노력
avoir du mal à + inf : …하는데 어려움을 느끼다
se décoller de qch : …에서 떠나다, 벗어나다
un canapé : 쇼파
séduisant(e) : 매력적인, 솔깃한
avoir de la classe : 품위가 있다, (예술가 따위가) 재능이 있다
comme toujours : 언제나 그렇듯이, 여느 때와 다름없이
faire remarquer : 알아차리게 하다, 깨닫게 하다
se coucher : 자리에 눕다, 잠자리에 들다
la résolution : 결심, 결의, 각오
un éclair : 번개, 섬광

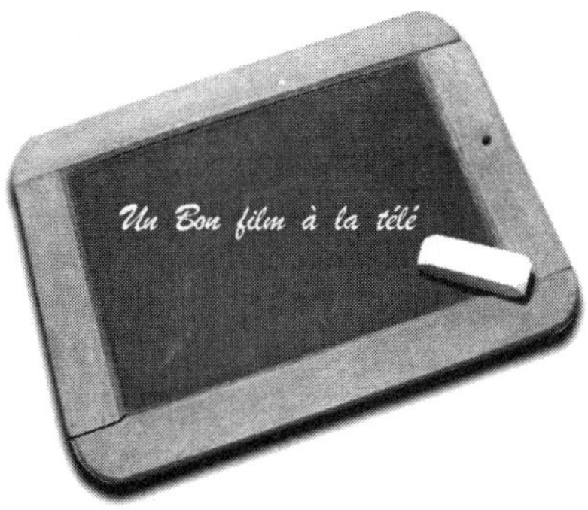

2. Une Belle Journée

C'était une belle journée d'été. Le soleil brillait et il n'y avait aucun nuages en vue. Il faisait tellement chaud que j'avais envie d'aller à la piscine. A la place, mes parents et moi sommes allées faire une petite promenade à la campagne. Je transpirait énormément et je mourrais de soif. La campagne était vraiment paisible. Il n'y avait aucun bruit à part le chant des cigales et des oiseaux. Nous avons donné à manger à quelques vaches qui s'étaient réfugié sous un arbre, à l'ombre. C'était vraiment relaxant. En rentrant chez moi, j'ai pris une bonne douche et j'ai bu au moins une bouteille d'eau à moi toute seule.

즐거운 하루

날씨가 좋은 여름 한 낮이었다. 태양은 빛났고 구름 한 점 눈에 띄지 않았다. 수영장에 가고 싶을 만큼 정말로 더웠다. 그 대신에, 부모님과 나는 시골로 짧은 산책을 하러 갔다. 나는 엄청나게 땀을 흘렸고 목이 말라 죽을 것 같았다. 시골은 정말 평화로웠다. 매미와 새들의 노래 소리를 제외하고는 아무런 소리도 들리지 않았다. 우리는 나무 그늘 아래로 피해있는 소들에게 먹을 것을 주었다. 정말 편안했다. 집에 돌아온 나는 시원하게 샤워를 하였고 혼자서 적어도 물 한 병을 마셨다.

✤ 단어장

une journée : (특정한)날, 하루
le soleil : 태양
briller : 빛나다, 빛을 발하다
ne ~ aucun : 어떠한, 조금도 …않다
un nuage : 구름
en vue : 눈에 보이는, 눈에 띄는 데에
tellement ~ que + ind : 너무 …해서 …하다, …할 만큼 …하다
avoir envie de + inf : …을 하고 싶다
la piscine : 수영장, 풀
à la place : 의 대신에, …의 입장에
aller + inf : …하러 가다
faire une petite promenade : 짧은 산책을 하다
la campagne : 시골
transpirer : 땀을 흘리다, 땀이 나다
énormément : 엄청나게, 막대하게
mourrir de soif : 목이 말라 죽을 지경이다
paisible : 평화스러운, 평온한, 조용한
un bruit : 소리, 음
à part : …을 제외하고
le chant : 노래 부르기, 노래
une cigale : 매미
donner à manger à qn : 누구에게 먹을 것을 제공하다
une vache : 암소
se réfugier : 피난(망명)하다, 도피하다
un arbre : 나무
à l'ombre : 그늘에서
relaxant(e) : 긴장을 풀어주는, 편안한
prendre une bonne douche : 시원하게 샤워를 하다
au moins : 적어도
une bouteille d'eau : 물 한 병
seul(e) : 혼자인, 홀로인

3. Chez Marie

C'est incroyable comme la maison de Marie est grande. Elle a un immense salon et il y a bien cinq chambres et trois salles de bain en tout. Le jardin est joliment aménagé et leur piscine comporte un jacuzzi comme aux Etats-Unis. Quant à sa chambre, elle fait le double de la mienne avec des murs blancs et pleins de photos accrochées dessus. Elle a un double lit et un immense miroir à côté de son armoire. Sa chambre est même reliée à sa propre salle de bain. J'aimerais tellement habiter dans une maison comme la sienne.

마리의 집에서

마리의 집이 그렇게 클 줄은 몰랐다. 꽤 넓은 거실과 모두 5개의 방과 3개의 욕실이 있다. 정원은 예쁘게 정돈되어 있고, 수영장은 미국처럼 저쿠지(기포목욕탕)가 붙어있다. 그녀의 방에 관해 말하자면, 크기가 내 방의 두 배로서 하얀 벽으로 둘러 쌓여있고, 그 벽 위에 많은 사진들이 가득 걸려있다. 그 방은 더블 침대가 있고 가구 옆엔 커다란 거울이 있다. 그녀의 방은 그녀의 개인 욕실과 연결되어 있다. 나는 그녀의 집 같은 곳에서 살고 싶다.

✤ 단어장

incroyable : 믿을 수 없는, 굉장한
immense : 거대한
une salle de bain : 욕실
en tout : 전부
joliment : 예쁘게, 멋있게
aménager : 정비하다, 정돈하다
la piscine : 수영장
comporter : 포함하다, 내포하다
un jacuzzi : 저쿠지
quant à : …에 대해서
faire : (치수, 길이, 무게 따위가) 이다
le mien (la mienne) : 내 것
un mur : 벽
plein de : 많은, 풍부한, 가득한
accrocher : (갈고리, 못 따위에) 걸다
dessus : 표면, 겉
miroir : 거울
à côté de : …옆에
une armoire : 장롱
relier : (물건, 지점 따위를) 연결하다
propre : (소유형용사와 함께 명사 앞) 자기 자신의
tellement : 정말
le sien/ la sienne : 그 (그녀)의 것

4. La reprise des cours

Je reprend doucement les habitudes que j'avais durant l'année scolaire. Il m'est encore difficile de me réveiller à six heures et demie du matin et finir les cours vers six heures du soir. Mais heureusement les journées passent vite et je m'amuse bien avec les gens de ma classe. Léa n'a pas changé pendant les vacances. Je dirais même qu'elle est devenue encore plus insupportable qu'avant. J'essaie de l'ignorer le plus possible mais c'est plus fort que moi. J'ai parfois des envies de la gifler. Mais je sais qu'il faut que je me contrôle car sinon, je serai sanctionnée.

수업의 재개

나는 학기 중에 가졌던 습관을 천천히 되찾고 있는 중이다. 아침 6시 반에 일어나서 저녁 6시경에 수업을 마치는 것이 아직은 힘들다. 그러나 다행히도 하루는 빨리 지나가고, 난 같은 반 학생들과 즐겁게 지낸다. 레아는 방학동안 바뀌지 않았다. 차라리 그녀가 전보다 더 참기 힘든 존재가 되었다고 말하는 편이 옳을 것이다. 나는 가능한 한 그녀를 무시하려 애쓰지만 쉽지 않다. 때때로 그녀를 따귀 때리고 싶은 충동이 들 때 가 있다. 그러나 나를 컨트롤 해야만 한다는 것을 안다. 그렇지 않으면 나는 벌을 받게 될 것이다.

✤ 단어장

la reprise : 재개, 회복
reprendre les habitudes : 습관을 다시 되찾다
doucement : 천천히
durant : …동안
l'année scolaire : …학년(도)
Il est difficile de + inf : …하기 어렵다
se réveiller : 잠을 깨다
vers + 시간 : 경, 무렵
la journée : (특정한) 날, 하루
passer : (시간이) 흐르다, 지나다
s'amuser avec qn : …와 함께 즐겁게 놀다
changer : 변하다, 바뀌다
même : 같은
devenir : …이 되다
plus + 형용사 que : …보다 훨씬 더
insupportable : 아주 불쾌한, 끔찍한, 지긋지긋한
essayer de + inf : (하려고) 애쓰다, 노력하다
ignorer : 무시하다, 모르는 체 하다
le plus possible : 가능한 한
c'est plus fort que moi : 어쩔 수 없다
parfois : 때때로
avoir des envies de + inf : …을 가지고(하고) 싶다
gifler : 따귀를 때리다
il faut que : …해야만 한다
se contrôler : 자신을 통제하다, 냉정을 유지하다
sinon : 그렇지 않으면
sanctionner : 벌하다

5. Un artiste comblé

Ces temps-ci, j'écoutais souvent de la musique à la radio. J'aimais bien toutes les nouvelles musiques que j'entendais. J'aimais surtout les chansons de Justin Timberlake. Il venait de sortir son nouvel album qui était très bien réussi. Il était produit par Timbaland qui est en ce moment le producteur en vogue aux Etats-Unis. Je trouve que Justin Timberlake est un artiste comblé. Il chante bien, danse comme un dieu et en plus de cela, il a été gaté par la nature. Il est beau, riche et populaire. Que pourrait-il demander de plus? Sa vie doit être tellement excitante.

모든 것이 충족된 가수

요즈음 나는 라디오에서 음악을 자주 듣곤 한다. 나는 내가 듣던 새로운 모든 노래를 정말 좋아했다. 특히, 나는 저스틴 팀버레이크의 노래를 좋아했다. 그는 막 새 앨범을 내었는데 그 앨범은 굉장히 성공했다. 그 앨범은 현재 미국에서 유명한 음반제작자인 팀바랜드에 의해 제작되었다. 나는 그가 모든 것이 충족된 가수라고 생각한다. 그는 노래를 정말 잘 부르고, 신처럼 춤을 잘 추며, 그것 외에도 그는 복을 타고났다. 그는 멋지고, 부유하고, 인기도 있다. 그가 무엇을 더 바랄 수 있을까? 그의 삶은 정말 흥미롭다.

✤ 단어장

un artiste : 예술가
combler : (에게) 풍부하게 주다, (욕구 따위를) 충족시키다
ces temps-ci : 요즈음
entendre : 듣다
une chanson : 노래
venir de + inf : 방금 …하다
sortir son nouvel album : 새 앨범이 발매되다
réussir : 성공하다
produire : 생산하다
en ce moment : 요즘
le producteur : 프로듀서
en vogue : 유행하는, 좋은 평판의
les Etats-Unis : 미국
trouver que + ind : …라고 생각하다
en plus de cela : 그것 이외에도
être gaté par la nature: 타고난 복이 있다
riche : 부유한
populaire : 인기 있는, 일반 대중이 좋아하는
Que pourrait-il demander de plus? : 더 이상 무엇을 바랄 수 있을까요?
tellement : 정말, 매우
excitant(e) : 흥분시키는, 흥미를 끄는, 기분 좋은

6. La virée shopping

On était samedi et il y avait un monde fou en ville. Il y avait plein de gens de l'église que je connaissais. Nous avions déjeuner au Quick et nous nous étions régalées malgré les frites un peu froides. Puis nous avions dévalisé les magasins. Elisa avait acheté un jean coupe droite, Marie un pendentif en forme de fleur et moi, j'avais eu le coup de foudre pour un sac en cuir marron. Heureusement que j'avais assez d'argent pour pouvoir l'acheter. Finalement, nous avions acheté des glaces avec l'argent qui nous restait. Celle de Marie était à la fraise, celle d'Elisa au chocolat et la mienne à la vanille.

쇼핑 한 바퀴

토요일이었다. 시내에는 엄청난 사람들이 있었다. 내가 알고 지내던 교회의 사람들이 굉장히 많았다. 우린 Quick에서 점심을 먹었다. 비록 감자튀김이 조금 차가웠지만 맛있게 먹었다. 그리고 나서 우린 상점들을 거덜 내었다. 엘리자는 몸에 딱 맞는 청바지를 샀고, 마리는 꽃모양의 펜던트를 그리고 나는 밤색 가죽 가방이 눈에 쏙 들어왔다. 다행히 난 그것을 살만큼 충분한 돈을 가지고 있었다. 마지막으로 우린 남은 돈으로 아이스크림을 샀다. 마리의 아이스크림은 딸기맛, 엘리자의 것은 초콜렛, 나의 것은 바닐라 맛이었다.

✤ 단어장

la virée shopping : 쇼핑
On était samedi. : 토요일이었다.
un monde fou : 많은 사람
en ville : 도시(시내)에는
plein de : 많은…, 풍부한, 가득 찬
une église : 교회
se régaler : 맛있는 것을 먹다
malgré : 비록
les frites : 감자튀김
froid(e) : 차가운
dévaliser : 거덜하게 하다, 매점하다
un magasin : 상점, 가게
un jean coupe droite : 몸에 딱 맞는 청바지
un pendentif : 펜던트
en forme de fleur : 꽃 모양
avoir le coup de foudre : 한 눈에 반하다
en cuir : 가죽으로 만든
marron : 밤색의
assez d'argent : 충분한 돈
finalement : 마지막으로, 끝으로
une glace : 아이스크림
celui (celle) : 그것
la fraise : 딸기
la vanille : 바닐라

7. Le dimanche après-midi

Il n'arrêtait pas de pleuvoir des cordes et cela me déprimait à un tel point que je n'avais envie de ne rien faire. Ma mère m'a proposé de regarder un DVD et nous avons choisis *Casino Royal* avec le très célèbre James Bond joué par Daniel Craig qui, je trouve, est un excellent acteur. Nous étions tellement absorbées par le film que nous n'avions même pas entendu le téléphone sonner. La fin était triste car la James Bond Girl jouée par Eva Green, une actrice française mourrait. Mais je me suis remise de mes émotions et j'ai pris mon courage à deux mains et fait mes devoirs.

일요일 오후

억수같이 쏟아지는 비가 그칠 줄 몰랐고, 그것은 나를 아무것도 하고 싶은 욕망이 없을 정도까지 의기소침하게 했다. 엄마가 DVD 한편 보자고 제안하셨다. 우리는 아주 훌륭한 배우라고 생각하는 다니엘 크레이그가 그 유명한 제임스 본드 역할을 한 <카지노 로얄>이라는 영화를 골랐다. 우리는 전화벨 소리도 못 들을 정도로 그 영화에 완전히 빠져들었다. 결말은 슬펐다. 왜냐하면 프랑스 여배우 에바그린이 연기한 본드걸이 죽었기 때문이다. 그러나 나는 내 감정을 다시 추스르고, 마음을 단단히 먹고 숙제를 했다.

✤ 단어장

arrêter de + inf : …하는 것을 멈추다, 그치다
Il pleut des cordes : 비가 억수같이 쏟아지다
déprimer : 의기소침하게 하다
à un tel point que + ind : …할 정도까지
avoir envie de + inf : …을 하고 싶다
ne rien faire : 아무것도 하지 않다
proposer à qn de + inf : …에게 …을 제안하다
célèbre : 유명한
jouer : 연기하다
actuer(actrice) : 남자배우/ 여자배우
tellement : 정말로
absorber : 열중하게 하다, 마음을 빼앗다
même : …조차, 마저
entendre le téléphone sonner : 전화벨 소리를 듣다
la fin : 결말
mourir : 죽다
se remettre : (먼저 상태로) 다시 돌아가다, 회복하다
une émotion : 감동, 감격, 흥분
prendre mon courage à deux mains : 단단히 마음을 먹다, 전력을 다하다

8. *La Belle au Bois Dormant*

On sait que *La Belle au Bois Dormant* est un conte connu de la tradition ancestrale. Malgré tout, la version première est celle de Charles Perrault, suivie par celle des Frères Grimm. Charles Perrault publie *Les contes de ma mère l'Oye* en France en 1697 et les Frères Grimm publient *Les contes d'enfants et du foyer* en Allemagne entre 1812 et 1815. La Belle au bois Dormant que je connaissais est la version des Frères Grimm. Cette version du conte se termine par le réveil de la princesse et par son mariage. En 1959, la version de Walt Disney, *Sleeping Beauty*, plus proche de la version de Charles Perrault, reprend l'histoire de *La Belle au bois Dormant* de la façon la plus douce possible.

잠자는 숲속의 공주

우리는 <잠자는 숲속의 공주>가 옛날부터 전해 내려오는 유명한 동화라는 것을 알고 있다. 어쨌든, 원래 버전은 샤를 페로의 것이고, 그림형제의 버전이 그 뒤를 이었다. 샤를 페로는 1697년 프랑스에서 <엄마 거위 이야기>를 출판했다. 그림형제는 1812년에서 1815년 사이에 <어린이와 가정을 위한 동화>를 독일에서 발행했다. 내가 알고 있었던 <잠자는 숲속의 공주>는 그림형제의 버젼이다. 이 동화의 버전은 공주가 깨어나 결혼하는 것으로 끝난다. 1959년에 샤를 페로의 버전과 아주 가까운 <Sleeping Beauty>라는 월트 디즈니의 버전은 가능한 한 가장 부드러운 방법으로 <잠자는 숲속의 공주>의 이야기를 재구성하고 있다.

✤ 단어장

un conte : 이야기, 동화
connu(e) : 널리 알려진, 유명한
ancestral(e) : 조상의, 선조의
malgré tout : 어쨌든, 그래도, 역시
la version : 버전, 번역
première : (명사 뒤) 원래의, 본래의
suivi(e) : 이어지는, 연속되는
publier : 출판(발행)하다
les Frères Grimm : 그림형제
entre A et B : A와 B 사이에
se terminer : 끝나다, 종료(완료)되다
le réveil : 잠을 깨기
la princesse : 공주
le mariage : 결혼
plus proche : 더 가까운
le reprendre : 계승하다, 되풀이하다
de la façon la plus douce possible : 가능한 한 가장 부드러운 방법으로

9. Comme d'habitude

Je suis tranquillement dans ma maison, comme d'habitude, car ce sont déjà les vacances. Je trouve que le temps passe vite lorsque je m'amuse dans la cour mais lorsque je suis en train de travailler, je trouve qu'il passe lentement. En cours de français, je m'ennuyais particulièrement mais j'étais obligé d'écouter en classe.

Le soir, je regardais la télévision. Il y avait le film *X-Men 2*. C'est un film sur les mutants qui ont des pouvoirs extraordinaires. Certains pouvaient traverser des murs et d'autres pouvaient faire bouger des objets.

평소처럼

나는 평소처럼 별 일 없이 집에 있다. 왜냐하면 벌써 방학이기 때문이다. 마당에서 놀 때는 시간이 빨리 가도 공부 할 때는 천천히 가는 것 같다. 프랑스어 수업 중에는 특히 지루했지만 수업시간에는 수업을 들어야만 했다. 저녁에 TV를 보았다. 영화 <X맨 2>가 나왔다. 비상한 능력을 가지고 있는 변조인간들에 관한 영화이다. 어떤 사람들은 벽을 통과 할 수 있었고 나머지 사람들은 사물을 움직이게 할 수 있었다.

✤ 단어장

comme d'habitude : 습관적으로
tranquillement : 고요하게, 평온하게
trouver que + ind : …라고 생각하다
lorsque : …할 때
s'amuser : 놀다, 즐기다
la cour : 안마당, 안뜰
être en train de + inf : …하는 중 이다
lentement : 천천히
en cours de français : 프랑스어 수업 중에
s'ennuyer : 지루하다, (에)실증하다
particulièrement : 특히
être obligé(e) de + inf : …의무가 있다
écouter en classe : 수업을 듣다
mutant : 돌연변이체, 변종, 변조인간
un pouvoir : 힘, 능력
extraordinaire : 특별한, 비상의
certain : 어떤
traverser : 가로지르다, 통과하다
d'autres : 다른
faire + inf : 시키다, …하게 하다
bouger : 움직이다, 이동하다
un objet : 물체, 사물

10. Le cinéma

C'était un dimanche et je n'avais rien à faire. En plus de ça, il pleuvait et il faisait froid. J'ai appelé Margaux pour lui demander de venir au cinéma avec moi. Elle a accepté et nous avons décidé d'aller voir *Entre les murs*, le film français qui avait reçu la Palme d'Or 2008 au festival de Cannes. On s'est régalé durant près de deux heures. Le film était vraiment à la hauteur de mes attentes. Lorsque nous sommes sorties du cinéma, il faisait déjà nuit et il faisait encore plus froid. Nous avons dû attendre que la mère de Margaux vienne nous chercher puis elle m'a ramené chez moi.

영화관

일요일이었고, 나는 해야 할 것이 아무것도 없었다. 게다가 비가 내리고 있었고 날씨도 추웠다. 나는 마르고에게 전화해서 영화를 보러 갈 것을 제안했다. 그녀는 승낙했고, 우리는 칸느영화제에서 금상을 수상한 프랑스 영화 *Entre les murs*(더 클래스)를 보러 가기로 결정했다. 우리는 거의 2시간 동안 즐거웠다. 영화는 정말로 기대한 대로였다. 우리가 극장에서 나오자 이미 밤이 되어 더 추웠다. 우리는 우리를 데리러 오시는 마르고의 어머니를 기다려야 했다. 마르고의 어머니는 나를 집까지 데려다 주셨다.

✤ 단어장

ne ~ rien à faire : 해야 할 것이 아무 것도 없다
en plus de : …이외에도
Il pleut : 비가 내리다
Il fait froid : 춥다
demander à qn de + inf : …에게 …를 당부하다
décider de + inf : 결정하다, …하기로 하다
recevoir : 받다
la Palme d'Or : (칸느영화제의) 금상
le festival de Cannes : 칸느 축제
se régaler : 큰 기쁨을 맛보다, 즐기다
durant : …동안
près de deux heures : 2시간 가까이
à la hauteur de qn/ qc : …와 같은 높이의(에)
une attente : 기다림, 기대, 예상
lorsque : …동시에, …할 때
Il fait déjà nuit : 이미 밤이 되었다
attendre : 기다리다
venir chercher qn : …을(를) 데리러(찾으러) 오다
ramener : (에) 다시 데려다 주다

11. Chez le coiffeur

Il fallait vraiment que j'aille chez le coiffeur. Mes cheveux ne ressemblaient plus à rien. Ma mère avait appelé pour prendre un rendez-vous. Le jour venu, ma mère m'a amené au salon de coiffure qui était bondé. J'ai dû attendre une bonne quinzaine de minutes avant que la coiffeuse ne vienne s'occuper de moi. Je lui ai demandé de me couper les cheveux au niveau des épaules et de me faire un dégradé. Elle m'a d'abord lavé les cheveux puis elle a commencé à les couper. Une heure après, je ressortais du salon avec une nouvelle coupe dont j'étais très satisfaite. Je me sentais bien et j'étais de très bonne humeur. La plupart des gens m'ont dit que cela m'allait bien.

미용실에서

나는 정말로 미용실에 가야했다. 내 머리모양이 너무 이상했다. 엄마는 약속을 정하려고 전화를 했다. 약속한 날, 엄마는 나를 사람이 꽉 찬 미용실에 데려갔다. 나는 미용사가 내 머리를 손질하러 오기까지 적어도 15분은 기다렸다. 나는 미용사에게 어깨까지 자르고 층도 쳐 달라고 부탁했다. 우선 미용사는 머리를 감기고 머리를 자르기 시작했다. 한 시간 뒤 나는 매우 만족스러운 새로운 커트를 하고 미용실에서 나왔다. 나는 기분이 좋았다. 대부분의 사람들이 나에게 잘 어울린다고 말했다.

✤ 단어장

chez le coiffeur : 미용실
Il faut que + sub : …해야만 한다, …할 필요가 있다
les cheveux : 머리카락
ressembler plus à rien : 괴상하다
appeler : 전화하다
prendre un rendez-vous : 약속을 정하다
le jour venu : 약속한 날
amener : 데려 가다(오다)
le salon de coiffure : 미용실
bondé(e) : 만원인, 가득 찬
attendre : 기다리다
une bonne quinzaine de minutes : 적어도 15분 정도
avant que + sub : …하기 전에
s'occuper de qn : (을) 돌보다, (에) 전념하다
demander à qn de + inf : …에게 …할 것을 요구하다, 부탁하다
se couper les cheveux : 머리카락을 자르다
au niveau de : …의 높이에
une épaule : 어깨
un dégradé : (머리를) 층층으로 커트치기
laver : 씻기다
commencer à + inf : …하기 시작하다
ressortir de : …에서 다시 나오다
une nouvelle coupe : 새로운 커트
satisfait(e) : 만족한
se sentir bien : 기분이 좋다
être de très bonne humeur : 기분이 매우 좋다
la plupart de : 대부분
aller bien à qn : …에게 잘 어울리다

12. Le trajet en bus

Cet après-midi-là, je devais aller chez Morgane pour qu'on fasse un exposé ensemble. Comme mes parents travaillaient et qu'ils ne pouvaient pas m'amener, il a fallu que je prenne le bus. J'ai donc attendu le n°10 à l'arrêt du bus. Après quelques minutes, il est enfin arrivé et j'ai demandé une carte de bus d'un trajet au conducteur. Puis le bus a démarré et je me suis assise à un siège, près de la fenêtre. Je devais descendre à la place Winston Churchill et prendre le bus n°5. Celui-ci est arrivé avec une bonne demi-heure de retard. J'ai envoyé un message à Morgane pour la prévenir de mon retard. Je suis finalement arrivée chez elle et nous nous sommes mises au travail.

버스 코스

그날 오후, 나는 조발표를 (준비)하기 위해 모르간의 집에 가야만 했다. 나의 부모님은 일을 하시기 때문에 나를 데려다 줄 수 없었다. 나는 버스를 타야만 했다. 그래서 버스정류장에서 10번 버스를 기다렸다. 몇 분 후, 마침내 버스가 도착했고 나는 운전수 아저씨께 버스노선표를 요구했다. 버스는 출발했고, 나는 창가 쪽 의자에 앉았다. 나는 윈스턴 처칠 광장에서 내려 5번 버스를 타야했다. 그 버스는 적어도 30분은 늦었다. 나는 모르간에게 늦는다고 알리기 위해 메시지를 보냈다. 나는 마침내 그녀의 집에 도착했고 우리는 공부를 시작했다.

✤ 단어장

le trajet en bus : 버스 코스
cet après-midi-là : 그날 오후
un exposé : 보고, 설명 분석, 발표
amener : 인도하다, 데리고 가다(오다)
Il faut que + sub : …해야 한다
prendre le bus : 버스를 타다
l'arrêt du bus : 버스 정류장
une carte de bus d'un trajet : 버스노선표
un conducteur : 운전사
démarrer : 움직이기 시작하다, 출발하다
s'assoir : 앉다
un siège : 자리, 좌석
près de …곁에, …가까이
descendre : 내리다
la place : 광장
une bonne demi-heure de retard : 적어도 30분 늦게
envoyer : 보내다
un message : 메시지
prévenir : 알리다, 예고하다
un retard : 늦음, 지각
se mettre au travail : 일을 시작하다

13. Le stage en entreprise

Jeanne, qui voulait faire médecin plus tard, a fait un stage de trois jours dans une pharmacie car les hôpitaux ne peuvent pas accueillir des stagiaires aussi jeunes. Elle m'a tout raconté en détail. Elle m'a dit que le premier jour avait été un peu ennuyant. Le pharmacien lui avait juste expliqué comment on rangeait les médicaments et elle s'était occupée de la clientèle. Mais le deuxième jour, elle est allée dans le laboratoire où étaient fabriqués tous les médicaments. Elle a eu un aperçut de commen et avec quoi on les produisait. Finalement, elle était assez contente de son stage mais elle m'a avoué qu'elle ne ferait jamais pharmacienne car elle trouvait que c'était un métier assez ennuyant.

회사에서의 실습

나중에 의사가 되고 싶었던 잔느는 3일 동안 한 약국에서 실습을 했다. 왜냐하면 병원들이 이렇게 젊은 실습생을 받아들일 수 없기 때문이다. 그녀는 내게 모든 것을 상세하게 이야기 했다. 그녀는 첫날에는 약간 지루했다고 내게 말했다. 약사는 단지 그녀에게 어떻게 약들을 정리하는지만 설명했다. 그리고 그녀는 손님들을 맞았다. 그러나 둘째 날에 그녀는 모든 약들이 제조되어지는 실험실에 들어갔다. 그녀는 어떻게 그리고 무엇으로 약들을 생산하는지 살펴보게 되었다. 결국, 그녀는 그 실습에 충분히 만족했지만 그녀는 결코 약사가 되지 않을 것이라고 말했다. 왜냐하면 약사는 상당히 따분한 직업이라고 생각했기 때문이었다.

✤ 단어장

le stage : 연수, 실습
entreprise : 회사, 기업
plus tard : 나중에
une pharmacie : 약국
hôpital(aux) : 병원
accueillir : 맞아들이다, 접대하다
stagiaire : 실습생
en détail : 상세하게
ennuyant(e) : 지루한
pharmacien(ne) : 약사
ranger : 정리하다
un médicament : 약
s'occuper de : …에 전념하다, 관심을 갖다, …을 돌보다
la clientèle : 손님, 고객
le laboratoire : 실험실
fabriquer : 만들다, 제조하다
un aperçu : 얼핏 보기, 일별
comment et avec quoi : 어떻게 그리고 무엇으로
produire : 산출하다, 생산하다
finalement, : 결국, 마침내
content(e) de : …에 만족한
avouer : 자백하다
trouver que + ind : …라고 생각하다
un métier : 직업, 일

14. Le film

Comme tous les ans, nous ne travaillons pas la fête du travail. J'ai invité Hélène chez moi. Nous avons regardé *Seul au monde*, avec Tom Hanks comme héros principal. C'était l'histoire d'un homme qui travaillait pour l'entreprise FedEx et qui prenait l'avion. Malheureusement, cet avion s'est crashé sur une île et il s'est retrouvé seul au monde, d'où le titre. Pour chasser sa solitude, il parlait régulièrement à un ballon et il a dû, durant quatre longues années survivre par ses propres moyens. Il a construit alors un radeau pour essayer de partir et il a rencontré un bateau. De retour à la vie civilisée, il se rend compte que sa petite amie a refait sa vie avec un autre homme.

영화

해마다 우리는 노동자의 날에는 일을 하지 않는다. 나는 엘렌을 집에 초대했다. 우리는 톰 행크스 주연의 영화 <캐스트 어웨이>를 보았다. 그것은 페덱스 회사에서 일하면서 비행기를 타는 한 남자의 이야기였다. 불행하게도 그 비행기는 어느 섬 위에서 부서졌고, 그는 이 제목(캐스트 어웨이)처럼 세상에 홀로 놓이게 되었다. 외로움을 쫓기 위해 그는 주기적으로 공에게 말을 하고, 길고 긴 4년 동안 그 자신만의 수단으로 살아남아야만 했다. 그래서 그는 섬을 떠나기 위해 뗏목을 만들고 그는 한 척의 배를 만났다. 문명으로 돌아온 그는 그의 여자 친구가 다른 남자와 새 인생을 시작했다는 사실을 알게 된다.

✤ 단어장

comme : …처럼, 같이
la fête du travail : 노동자의 날
un héros principal : 주인공
une entreprise : 회사
prendre l'avoin : 비행기를 타다
se crasher : 부서지다, 으스러지다
une île : 섬
se retrouver : (어떤 상황에) 다시 처하다, 다시 놓이다
chasser : 쫓다, 사냥하다, 쫓아내다
la solitude : 고독, 외로움
régulièrement : 정기적으로, 주기적으로
un ballon : 공
survivre : 살아남다
un propre moyen : 자기 자신의 방법, 수단
construire : 건축하다, 짓다, 구성하다
un radeau : 뗏목
essayer de + inf : …를 시도하다
un retour : 귀환, 돌아옴
civilisé(e) : 문명화 된, 개화된
se rendre compte que + ind : …이해하다, 납득하다
refaire : 다시하다, 고쳐 만들다

15. La musique classique

Ma mère est prof de harpe. J'aime écouter toutes les musiques et j'ai commencé le violon à 6 ans car j'aimais le son aigu qu'il produisait. J'ai découvert cet instrument en écoutant des disques à la maison. Pour jouer du violon, il faut se tenir droit, être très précis: ça fatigue le bras et l'instrument demande une certaine discipline. Ensuite, j'ai eu envie de faire des percussions. Quand j'étais petit, je tapais toujours sur des casseroles avec des bouts de bois. Il vaut mieux commencer le violon assez tôt car c'est très dur et choisir un autre instrument plus tard.

클래식 음악

엄마는 하프 선생님이시다. 나는 모든 음악을 듣는 것을 좋아한다. 바이올린이 내는 고음을 좋아했기 때문에 6살 때 나는 바이올린을 시작했다. 나는 집에서 음반을 듣다가 이 악기를 발견했다. 바이올린을 연주하기 위해서는 똑바른 자세로 있어야만 하고, 정확해야만 한다 : 팔도 피곤하고 악기는 상당한 교육을 요구한다. 좀 뒤에 나는 타악기를 하고 싶었다. 내가 어렸을 때, 나는 항상 젓가락 끝으로 냄비를 쳤다. 바이올린은 어렵기 때문에 비교적 빨리 시작하는 게 낫고 나중에는 다른 악기를 선택하는 것이 낫다.

✤ 단어장

prof de harpe : 하프 선생님
aimer + inf : …하는 것을 좋아하다
le violon : 바이올린
le son aigu : 고음의 소리
produire : (자연적으로) 생산하다
découvrir : 발견하다, 찾아내다
un instrument : 악기
jouer du violon : 바이올린 연주를 하다
il faut + inf : …해야 한다
se tenir droit : 곧게 서다, 똑바로 서다
précis(c) : 명확한, 분명한, 정확한
fatiguer : 피곤하게 하다
le bras : 팔
discipline : 규율, 규칙
un(e) certain(e) + 명사 : 얼마만큼, 상당한
ensuite : 그리고나서, 곧 이어
avoir envie de inf : …하고 싶어 하다
une percussion : 타악기
Quand j'étais petit : 내가 어렸을 때
taper : 치다, 때리다
une casserole : 냄비
un bout de bois : 젓가락 끝, 나뭇가지 끝
Il vaut mieux + inf : …하는 게 더 낫다
dur(e) : 힘든, 어려운
choisir : 선택하다, 정하다
plus tard. : 나중에, 후에

16. Un film trop dément

Un soir, j'ai regardé s'il y avait des films à la télé. Il n'y avait rien d'intéressant. D'habitude, quand il n'y a rien à la télé, je regarde un film sur Internet. J'ai donc décidé de chercher un film. Normalement, je vais sur un site où il y a le sommaire de tous les films et je choisis celui que je veux regarder. Mais je n'ai rien trouvé. Puis j'ai décidé de choisir au hasard. J'ai fait tourner la souris et là, je suis tombé sur un film qui s'appelait *La cité des anges*. Je trouvais que c'était un joli titre puis j'ai lu le résumé et regardé les acteurs qui jouaient. Pendant un bref moment, j'ai cru que c'était un film sur les anges. Dès le début, j'ai vu que ce n'était pas du tout cela. Il faut vraiment se méfier des titres.

너무 터무니없는 영화

저녁에 나는 텔레비젼에서 영화를 하는지 보았다. 흥미로운 게 하나도 없었다. 평소처럼 텔레비전에서 재밌는 게 아무것도 없을 때는, 인터넷에서 영화를 본다. 그래서 나는 영화를 찾아보기로 결정했다. 보통 나는 모든 영화의 짧은 줄거리가 있는 인터넷 사이트에서 내가 보기 원하는 영화를 선택한다. 하지만 아무것도 발견하지 못했다. 그러다 나는 우연히 선택하기로 결정했다. 나는 마우스를 돌렸고 <천사들의 도시>라는 영화에 우연히 멈췄다. 영화제목이 예쁘다고 생각했다. 영화 줄거리를 읽었고, 출연한 배우들을 보았다. 잠시 동안 나는 천사에 대한 영화라고 생각했다. 영화 초반부터 나는 이 영화가 전혀 그렇지 않다는 것을 알았다. 제목을 믿지 말아야 한다.

✤ 단어장

dément : 터무니없는, 기묘한
ne ~ rien d'intéressant : 전혀 흥미롭지 않은
d'habitude : 평소에, 습관대로
décider de + inf : … 하기로 결정하다, 정하다
normalement : 보통, 일반적으로
le sommaire : 차례, 목록, 짧은 줄거리
choisir : 선택하다
au hasard : 우연히
faire + inf : …시키다, …하게 하다
tourner : 휘젓다, 돌리다
la souris : (컴퓨터) 마우스
tomber : 우연히 만나다, 마주치다
trouver que + ind : (라고) 생각하다
le résumé : 요약
un acteur : 배우
jouer : 연기하다
un bref moment : 짧은 순간
un ange : 천사
dès le début : 처음부터
Il faut + inf : …해야 한다
se méfier de : 불신하다, 경계하다, 조심하다

17. Le Père Noël

Je ne crois pas au Père Noël mais je sais que beaucoup de gens croient en son existance et lui envoient des lettres pour demander un cadeau. Il y a eu une époque où j'y ai cru, moi aussi, mais je ne lui ai jamais écrit. Et je me souviens que je voulais être à sa place. Si j'étais le Père Noël, j'offrirais un lave-vaisselle à ma mère parce que je l'adore et je ne veux pas qu'elle soit trop fatiguée et qu'elle ait mal au dos. Pour mamie, j'offrirais un chien pour qu'elle ne soit pas toute seule. Finalement, pour les orphelins, je leur offrirais une gentille famille pour qu'ils soient toujours heureux.

산타 할아버지

나는 산타할아버지를 믿지 않지만 많은 사람들이 그의 존재를 믿고 있고, 선물을 부탁하기 위해서 편지를 쓴다는 것을 안다. 나 역시 산타할아버지의 존재를 믿었던 때가 있었다. 하지만 나는 그에게 한 번도 편지를 쓴 적이 없다. 나는 그를 대신하고 싶었던 것을 기억한다. 만약 내가 산타할아버지라면 엄마에게 식기 세척기를 줄 것이다. 왜냐하면 나는 엄마를 좋아하고, 엄마가 피곤해하지 않고 등이 아프지 않기를 바라기 때문이다. 할머니를 위해서 나는 그녀가 혼자 외롭지 않도록 고양이를 선물할 것이다. 마지막으로 고아들을 위해서 나는 그들이 항상 행복할 수 있도록 친절한 가족을 가지게 해 줄 것이다.

✣ 단어장

le père Noël : 산타 할아버지
croire à : …(의 존재를) 믿다
croire en : …을 믿다, 신뢰하다
une existence : 존재, 실존
envoyer qch à qn : …에게 …을 보내다
demander : 요청하다, 부탁하다
un cadeau : 선물
une époque : 시절, 무렵, 때
se souvenir : 회상하다, 추억하다
à sa place : …의 대신에, …의 입장에
offrir : 제공하다, 주다
un lave-vaisselle : 식기 세척기
adorer : 좋아하다
avoir mal au dos : 등이 아프다
une mamie : 할머니
tout(e) seul(e) : 홀로
orphelin : 고아
une gentille famille : 친절한 가족

18. *Les Aristos*

Aujourd'hui, au cinéma, j'ai regardé le film *Les Aristos.* Le comte et la comtesse Valerand d'Arbac de Neuville, leur fils, leur belle-fille, les petits enfants et l'arrière-grand-mère habitent tous ensembles dans le château de Neuville. Mais avoir un beau château ne veut pas dire être riche. Leur toit est percé, le frigo n'est pas rempli, la voiture est en panne. C'est très drôle et j'ai beaucoup ri. Les acteurs jouent tous très bien. Je pense que ce film plaira à tous mes amis. On se moque des aristocrates mais gentiment. Je ne me suis pas ennuyé du tout. Les héros sont attachants. Ce film est idéal pour se vider la tête.

<아리스토스>

오늘 극장에서 나는 <아리스토스> 영화를 보았다. 뇌빌의 발레랑 다르박 백작과 백작부인, 그들의 아들, 며느리, 손자들 그리고 증조모가 뇌빌성에서 모두 함께 산다. 아름다운 성채를 가지고 있다는 것이 반드시 부자라는 것을 의미하지는 않는다. 성의 지붕은 구멍이 뚫려있고, 냉장고는 채워져 있지 않았으며, 자동차는 고장나 있었다. 너무 재밌어서 나는 많이 웃었다. 배우들은 연기를 정말 잘했다. 나는 내 친구들이 이 영화를 좋아할 거라고 생각한다. 귀족을 조롱하지만, 친절하게 풍자했다. 나는 전혀 지루하지 않았다. 주인공들이 마음을 사로잡았다. 이 영화는 기분전환에 안성맞춤인 영화다.

✤ 단어장

le comte : 백작
la comtesse : 백작부인
un fils : 아들
une belle-fille : 며느리
les petits enfants : 손자들
une arrière-grand-mère : 증조모
le château : 성, 성곽
riche : 부유한
un toit : 지붕
percé(e) : 구멍이 뚫린
le frigo : 냉장고
rempli(e) : 가득찬
être en panne : 고장나다
drôle : 우스운, 재밌는, 즐거운
rire : 웃다
un acteur : 배우
jouer très bien : 연기를 잘하다
plaire à qn : …의 마음에 들다
se moquer de : …조롱하다, 놀리다, 비웃다
gentiment : 귀엽게, 상냥하게, 친절하게
s'ennuyer : 지루하다, (에)싫증나다
un héros : 영웅, 위인, 주인공
attachant(e) : 흥미를 끄는, 마음을 사로잡는
idéal(e) : 안성맞춤인
se vider la tête : 기분전환하다

19. Le dessin animé

Notre voisin m'a demandé de garder son fils Lucas un mercredi après-midi pendant deux heures. Comme je suis un garçon gentil, j'ai accepté mais il pleuvait. Lui et moi, on a décidé de regarder un dessin animé. Lucas a choisit *Le roi et l'Oiseau*. L'histoire se passe dans le royaume de Takicardie. Le méchant roi s'oppose à tout le monde. J'ai pu deviner la fin de l'histoire. Je me suis endormi à côté de lui. Lorsque je me suis réveillé, Lucas était en train de jouer tout seul avec une épée. Il était devenu roi, mais était gentil. Il combattait contre les oiseaux méchants. C'était tout le contraire du dessin animé. En tout cas, les deux heures sont très vite passées.

만화영화

우리 이웃이 그의 아들 뤼까를 수요일 오후에 2시간만 돌봐달라고 부탁했다. 나는 친절한 소년이기 때문에 승낙했다. 그러나 비가 내렸다. 뤼까와 나는 만화영화를 보기로 결정했다. 뤼까는 <임금님과 앵무새>를 선택했다. 이야기는 타키카르디 왕국에서 펼쳐진다. 심술궂은 왕은 모든 사람과 대결한다. 나는 이야기의 결말을 추측할 수 있었다. 나는 아이 옆에서 잠이 들었다. 내가 잠에서 깼을 때 뤼까는 칼을 가지고 혼자 놀고 있었다. 아이는 왕이 되었다. 하지만 아이는 관대했다. 아이는 심술궂은 새를 상대로 싸웠다. 만화영화와는 완전히 반대였다. 어쨌든 두 시간은 너무 빨리 지나갔다.

✤ 단어장

le dessin animé : 만화영화
voisin(e) : 이웃
demander à qn de + inf : …에게 …할 것을 부탁하다, 요청하다
un fils : 아들
Comme + ind : …이므로, …이니까
accepter : 승낙하다, 받아들이다
Il pleut : 비가 내리다, 비오다
décider de + inf : …하기로 결정하다, 정하다
choisir : 선택하다
le roi : 왕, 귀족
un oiseau : 새
se passer : 발생하다, 일어나다
le royaume : 왕국
méchant(e) : 악독한, 심술궂은
s'opposer à : …에 대결하다, 맞서다
deviner : 추측하다, 짐작하다, 알아맞히다
la fin de l'histoire : 결말
s'endormir : 잠들다
à côté de : …옆에
lorsque + ind : …할 때, 동시에
se réveiller : 깨다, 일어나다
être en train de jouer : 놀고 있는 중이다
tout seul : 홀로, 혼자
une épée : 검, 무력
combattre contre : …와 싸우다, …대결하다
le contraire de : …와 반대로, …에 반하여
en tout cas : 어쨌든

20. Devenir un artiste

Mon ami et moi étions en train de regarder la télé. Il m'a posé une question: "Crois-tu qu'il faut être sexy pour réussir dans la musique." J'ai répondu que non. Mais je lui ai dit que je connaissais certaines personnes qui voulaient devenir chanteur et qui semblaient en être persuadées. Moi, je ne suis pas du tout d'accord. Si un artiste a du talent, le public s'en aperçoit tout de suite. Il est inutile de porter des tenues sexy pour réussir. Par exemple, Marie, qui est grosse mais qui chante vraiment bien, a remporté le grand prix de *La Nouvelle Star*. Tous les spectateurs et ses fans aiment son talent et sa sincérité.

가수가 되는 것

나와 내 친구는 텔레비전을 보고 있었다. 친구가 나에게 음악으로 성공하기 위해서 섹시해야한다고 생각하는지 질문을 던졌다. 나는 아니라고 대답했다. 하지만 나는 그에게 가수가 되길 원하면서 그것을 (섹시해야 한다고) 확신하는 듯한 몇몇 사람을 알고 있다고 말했다. 나는 전혀 동의하지 않는다. 만약 가수가 재능이 있다면 대중은 바로 알아차린다. 성공을 위해 섹시한 옷을 입는 것은 불필요하다. 예를 들어 뚱뚱하지만 노래를 참 잘 부르는 마리는 <라 누벨스타(새로운 스타)>에서 대상을 받았다. 모든 관중과 그녀의 팬들은 그의 재능과 솔직함을 좋아한다.

✤ 단어장

devenir : …이 되다
être en train de + inf : …하고 있는 중이다
poser une question : 질문하다
il faut + inf : …해야 한다
réussir : 성공하다, 해내다
répondre que non : 아니라고(부정의) 대답하다
certain(e) : 어떤
chanteur(se) : 가수
sembler + inf : …처럼 보이다, 같다
persuadé(e) de qch : …을 확신하는
un talent : 재능
le public : 대중
s'apercevoir de : …을 깨닫다, 느끼다, 알아차리다
Il est inutile de + inf : …하는 것은 불필요하다
porter des tenues : 직업이나 상황 등에 맞는 옷차림을 하다
gros(se) : 뚱뚱한, 살찐, 큰
remporter le grand prix : (상을) 타다, 성공을 거두다
spectateur(trice) : 관람객, 관객
fan : 팬, 열광자
la sincérité : 솔직함, 정직함

21. La préparation physique

En première année de l'université, je n'ai pas changé le rythme que j'avais quand j'allais au lycée, je me couchais vers 10 h du soir et me levais vers 6 h du matin. Au moment des examens, j'ai arrêté le régime que je fais pour avoir la ligne en été. Ce n'était pas le moment de me priver ou de déséquilibrer mon alimentation. J'ai continué mes activités favorites: sport, dessin, musique. Ça fait du bien au corps et à la tête. J'ai surtout fait de la natation tous les samedis parce que la piscine se trouve à 10 minutes à pied de chez moi.

신체적 준비

대학교 1학년인 나는 고등학교 다닐 때 가졌던 리듬을 바꾸지 않았다. 나는 밤 10시에 잠자리에 들고, 아침 6시에 일어나곤 했다. 시험 기간에는 여름에 날씬한 몸매를 유지하지 위해 하는 다이어트를 멈췄다. 그때는 음식을 금하거나 (영양의) 균형을 잃을 때가 아니었다. 나는 운동, 그림, 음악 같은 내가 좋아하는 활동들을 계속했다. 그것은 몸과 두뇌에 좋다. 특히, 나는 우리 집에서 도보로 10분 거리에 수영장이 있기 때문에 매주 토요일 수영을 했었다.

✤ 단어장

la préparation physique : 신체적 준비
en première année : 1학년
le rythme : 리듬, 규칙
se coucher : 잠자리에 들다
vers + 시간 : …시 경에
se lever : 일어나다
le moment des examens : 시험시간
arrêter : 멈추다, 정지하다, 중지하다
faire le régime : 다이어트를 하다
avoir la ligne : 몸매가 날씬하다
en été : 여름에
ce n'est pas le moment de + inf : …할 때가 아니다
se priver : 포기하다, 스스로 금하다
déséquilibrer : 균형을 잃게 하다
une alimentation : 영양섭취, 음식
continuer : …계속하다
une activité : 활동,
favorit(e) : 선호하는, 좋아하는
Ça fait du bien au corps et à la tête : 몸과 두뇌에 좋다
faire de la natation : 수영하다
la piscine : 수영장
se trouver à 10 minutes : 10분 거리에 있다
à pied : 발로, 도보로

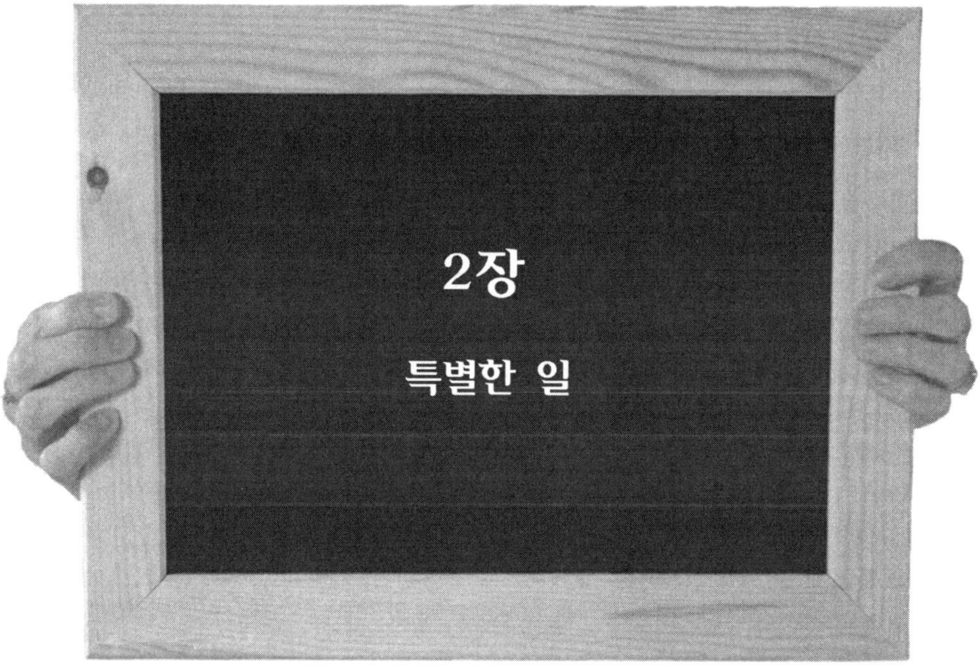

1. L'examen

J'ai passé aujourd'hui le premier contrôle de l'année. C'était en histoire-géographie. M. Jacques voulait savoir ce qui nous restait dans la cervelle, comme il l'a dit lui-même. Et pour être franche, je ne me rappelais de plus grand chose. Je savais juste que c'était Louis XIV qui avait fait construire le château de Versailles et que la Révolution Française datait de 1789. Mais bon, la plupart étaient comme moi. Ils ne s'en souvenaient presque plus. D'ailleurs, ne dit-on pas que l'on oublie quatre-vingts pour cent de ce qu'on apprend.

시험

오늘 올해의 첫 번째 쪽지 시험을 보았다. 역사-지리 시험이었다. 자끄 선생님은 그가 스스로 말한 것처럼 우리들의 머릿속에 남아있는 것을 알고 싶어 했다.

솔직히 말하자면, 나는 더 이상 중요한 것들이 생각나지 않았다. 다만 나는 베르사이유 성을 세운 사람이 루이 14세라는 것과 프랑스 대혁명이 1789년에 일어났다는 것은 알고 있었다. 다행히, 대부분은 나와 같았다. 그들은 거의 대부분 기억하지 못했다. 그러나 사람들은 배운 것의 80퍼센트는 잊어버린다고 말하지는 말자.

✤ 단어장

l'examen : 시험
passer le premier contrôle : 첫 번째 쪽지 시험을 보다
une histoire-géographie : 역사-지리
la cervelle : 두뇌, 지능
comme + ind : …처럼, …와 같이
lui-même : 그 자신, 그것 자체
pour être franche : 솔직히 말하자면
se rappeler de + qch : …을 기억하다
juste : 단지, 오직
faire construire : (사역) 건축하게 하다
le château : 성
la Révolution Française : 프랑스 대혁명
dater : 시작되다, 일어나다
la plupart : 대부분
comme : …처럼, …와 같이
se souvenir de + qch : …을 회상하다, 기억하다
presque : 거의
d'ailleurs : 게다가, 더구나
oublier : 잊다
apprendre : 배우다

2. Les élections

Deux semaines avaient passées sans que je m'en aperçoive. Le jour était venu où il fallait élire les délégués de classe. Mon choix était fait. J'allais me présenter. Nous sommes entrés dans une grande salle et notre professeur a demandé à Elisa de marquer les noms des candidats au tableau. Cinq personnes se présentaient: Jonathan, Louis, Amine, Margaux et moi. Chacun de nous devaient choisir un suppléant qui nous remplacerait lors du conseil de classe si celui-ci était absent. J'ai décidé sans hésitation de choisir Elisa. Puis, les uns après les autres, par ordre alphabétique, nous sommes entrés dans l'isoloir pour inscrire sur un bout de papier les noms des deux délégués qu'on choisissait.

선거

2주가 후딱 지나 버렸다. 학급의 대표자를 선출해야 하는 날이 왔다. 나의 선택은 이미 되어 있었다. 난 출마했다. 우리는 커다란 교실에 들어갔고, 선생님은 엘리자에게 칠판에 후보들의 이름을 적으라고 시키셨다. 5명의 학생이 출마했다. 조나단, 루이, 아미느, 마르고 그리고 나. 우리들 각자는 만약 결석한다면 학급회의 할 때 우리를 대신할 부대표를 선택해야 했다. 난 주저 없이 엘리자를 선택하기로 결심했다. 그다음 차례대로 알파벳순으로 한 명씩, 우리는 투표종이 위에 우리가 선택한 두 대표자들의 이름을 표시하기 위해 기표소에 들어갔다.

✣ 단어장

une élection : 선거, 투표
passer : (시간이) 지나다
sans que : …함 없이
s'apercevoir de : 깨닫다, 알아차리다
il faut + inf : …해야만 한다
élire : 선출하다, 뽑다
délégué(e) : 대표자
le choix : 선택
se présenter : 지원 (응모) 하다, 출마하다
demander à qn de + inf : …에게 …할 것을 요구하다
marquer : 써넣다, 기입하다, 기록하다
candidat(e) : 후보자
chacun de nous : 우리들 각자
un suppléant : 어떤 직책의 부책임자
remplacer : 계승하다, 후임자가 되다
lors de : …할 때(에)
un conseil de classe : 학급회의
absent(e) : 결석한, 부재한
décider de + inf : …할 것을 결정하다
sans hésitation : 망설임 없이
les uns après les autres : 차례대로
par ordre alphabétique : 알파벳 순으로
l'isoloir : 기표소
inscrire : 기입(기재)하다
un bout de papier : 종이 조각

3. Les résultats

Tout le monde avait déposé le bulletin dans l'urne et signé le document. Nous avons commençé le dépouillage et Louis a été élu à la majorité. Nous avons été obligé de refaire un vote car aucun de nous n'avait assez de vote pour être élu. Tout le monde est repassé dans l'isoloir et nous avons dépouillés de nouveau les bulletins. J'étais de plus en plus nerveuse. J'avais six votes pour le moment et Margaux en avait huit. Quant à Jonathan et Amine, ils n'en avaient que quatre. Il restait encore trois bulletins dans l'urne. J'espérais qu'il y était inscrit mon nom. Mais malheureusement, le prénom de Margaux est apparut trois fois. A la suite, j'étais très déçue mais finalement, ça a été une expérience enrichissante.

결과

모든 학생이 투표함에 표를 집어넣고 서류에 서명을 했다. 우리는 개표를 시작했고 루이가 다수로 당선되었다. 우리는 투표를 다시 해야만 했다. 왜냐하면 우리 중 누구도 당선될 만큼 충분한 표를 받지 못했기 때문이었다. 모두 기표소를 다시 들어갔다 나왔고 우리는 표를 다시 개표했다. 난 점점 더 안절부절해졌다. 내가 6표를 얻고 있는 시점에 마르고는 8표를 얻고 있었다. 조나단과 아미느, 그들은 4표 밖에 얻지 못했다. 투표함 안엔 아직 3표가 남아 있었다. 나는 거기에 내 이름이 적혀 있길 희망했다. 그러나 불행히도 마르고의 이름이 세 번 나타났다. 계속해서 나는 매우 실망을 했지만, 결국 이것은 큰 경험이었다.

✤ 단어장

le résultat : 결과
déposer : 제출하다
le bulletin : 투표용지
l'urne : 투표함
signer : 사인하다, 서명하다
le document : 서류
le dépouillage : 개표
élir : 선출하다, 뽑다
la majorité : 다수, 과반수
être obligé de + inf : …해야만 한다
refaire : 다시하다
un vote : 투표
aucun : (ne와 함께) 어느 누구도, 아무도, 아무것도
repasser : 다시 통과하다, 다시 지나다
l'isoloir : 기표소
dépouiller : 개표하다
de nouveau : 다시, 재차
de plus en plus : 점점 더
nerveux(se) : 안전부절한, 신경이 예민한
pour le moment : 지금으로서는, 당장은
quant à : …에 관해서는, …으로서는
il reste qch : …이 남아있다

espérer : 기대하다, 바라다, 희망하다
apparaître : 드러나다, 명백하다
à la suite : 연이어, 계속해서
déçu(e) : 실망한
une expérience : 경험
enrichissant(e) : (정신을) 풍요롭게 하는

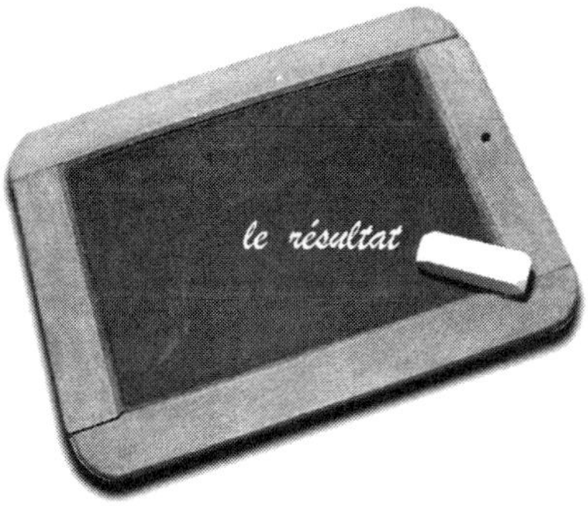

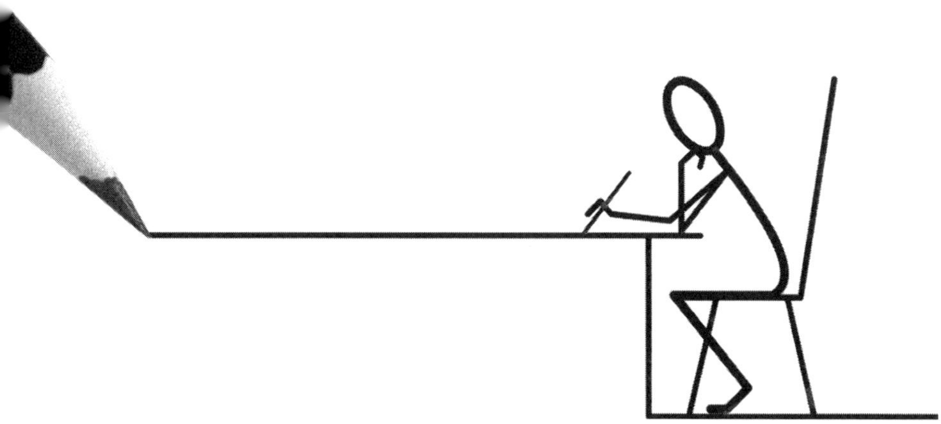

4. Le cadeau

Ce samedi, c'était l'anniversaire d'Elisa. Elle allait faire une fête chez elle et il fallait que je trouve un cadeau mais je n'avais aucune idée. J'avais déjà demandé à Elisa ce qu'elle voulait mais elle me disait à chaque fois qu'elle ne savait pas. Un matin, j'ai trouvé soudainement une idée originale pour son cadeau. Ma mère avait une amie qui gérait la vente des billets de concerts. Elle pourrait sûrement me vendre deux billets à moitié prix. Je l'ai appelé sans attendre et j'ai négocié de toutes mes forces. Au début, elle ne voulait pas trop mais finalement, j'ai réussit à avoir une réduction de trente pour cent. J'étais fière de mon cadeau et j'avais hâte de montrer les billets à Elisa.

선물

이번 주 토요일은 엘리자의 생일이었다. 그녀는 그녀의 집에서 파티를 하려고 했고, 나는 선물을 찾아야 했지만 마땅한 생각이 전혀 떠오르지 않았다. 나는 엘리자에게 그녀가 원하는 것에 대해 이미 물어봤지만 매번 그녀는 모르겠다고 말했다. 어느 날 아침, 나는 그녀의 선물에 대한 독창적인 아이디어가 갑자기 떠올랐다. 엄마 친구 중에 콘서트 표 판매를 경영하는 분이 있었다. 그녀는 분명 나에게 표 두 장을 반값에 팔 수 있을 것이다. 난 곧장 그녀에게 전화했고 최선을 다해 협상했다. 처음에는 그녀는 별로 탐탁해 하지 않았지만, 결국 난 30퍼센트를 할인하는데 성공했다. 난 나의 선물이 자랑스러웠고, 서둘러서 엘리자에게 표들을 보여주고 싶었다.

✤ 단어장

le cadeau : 선물
ce samedi : 이번 주 토요일
l'anniversaire : 기념일, 생일
une fête : 파티, 축제
il faut que : …해야만 한다
ne ~ aucune : 전혀, 아무것도 없이
une idée : 아이디어, 생각
à chaque fois : 매번
savoir : 알다
soudainement : 갑자기, 별안간, 느닷없이
original(e) : 독창적인, 참신한

gérer : 관리하다, 경영하다
la vente : 판매
un billet de concerts : 콘서트 티켓
sûrement : 확실하게, 분명, 틀림없이
vendre : 팔다
à moitié prix : 절반가격
sans attendre : 기다림 없이
négocier : 협상하다
au début : … 초(기)에
finalement : 결국, 마침내
réussir à + inf : …하는데 성공하다, 좋은 결과를 얻다

une réduction : 할인
être fier(ère) de qch : …을 자랑스럽게 생각하다, …을 만족해하다
avoir hâte de + inf : 속히 …하고 싶어 한다
montrer : 보게 하다, 보이다, 내보이다

5. L'événement de ma vie

Un jour, alors que j'étais en cours de musique, l'alarme incendie a résonné dans le couloir. Je ne savais pas pourquoi mais il y avait quelque chose qui clochait. Et là, Jimmy a pleuré en suppliant qu'il ne voulait pas mourir enflammé. C'était trop marrant car Jimmy est le garçon le plus vantard de la classe. Je trouve que c'était le moment le plus choquant de l'année parce qu'il ne se passait presque jamais rien à l'institut. Nous nous sommes dépêchés de sortir pour que Jimmy ne recommence pas à pleurer. Toutes les classes s'étaient rangées dans le couloir. Mais le professeur nous a annoncé que ce n'était qu'un exercice.

내 인생의 사건

어느 날, 그러니까 음악 시간에, 복도에 있는 화재경보가 울렸다. 이유는 몰랐지만 종을 울리는 뭔가가 있었다. 그리고 그때 지미가 불에 타 죽고 싶지 않다고 애원하며 울었다. 너무 웃기는 것이, 왜냐하면 지미 녀석은 우리 반에서 가장 허풍이 센 남학생이기 때문이다. 그때가 올해의 가장 놀라운 때였다고 생각한다. 왜냐하면 학교에 거의 아무 일도 일어나지 않았기 때문이다. 우리는 지미가 다시 울지 못하도록 서둘러서 밖으로 나왔다. 복도에 모든 학생들이 정렬되어 있었다. 그러나 선생님들은 훈련 상황이었을 뿐이라고 우리에게 알려주었다.

✤ 단어장

un événement ; 사건, 일어난 일
un jour : 날, 하루
alors que + ind : …할 때
un alarme incendie : 화재경보
résonner : 다시 울리다
le couloir : 복도
clocher : 종소리로 알리다, 종을 치다
pleurer : 울다, 눈물을 흘리다
supplier : (에게)애원하다, 간청하다, 애걸하다
mourir : 죽다
enflammé(e) : 타는, 타고 있는
marrant : 우스운, 웃기는, 재미있는, 유쾌한
le plus vantard de la classe : 반에서 가장 허풍이 센
le moment le plus choquant de l'année : 연중에 가장 놀라운 순간
se passer : 일어나다, 발생하다
presque jamais rien : 거의 아무것도 …않은
se dépêcher de + inf : …을 서두르다
recommencer à + inf : 다시 시작(착수) 하다
se ranger : 정돈하다, 정렬하다
annoncer : 알리다, 기별하다
un exercice : 훈련, 연습

6. Incroyable mais vrai

Il y avait une émission qui s'appelait *Incroyable mais vrai.* Dans cette émission, des gens venus de toute la France montraient des choses qu'ils arrivaient à faire. Des choses impossibles à réaliser pour la plupart d'entre nous. Un jour, il y avait un petit garçon qui arrivait à faire des figures avec sa langue et à la plier. D'autres pouvaient rester dans l'eau sans respirer durant plusieurs minutes, tordre leurs membres dans tous les sens, etc.

Je n'aurai jamais cru qu'autant de gens pouvaient réussir à faire des choses aussi incroyables.

믿을 수 없지만 사실인…

<믿을 수 없는 사실인>이라는 방송이 있었다. 이 방송에서는 프랑스 전역에서 온 사람들이 그들이 할 수 있는 여러 가지를 보여주었다. 우리들 중 대부분은 실현할 수 없는 것들이다. 어느 날, 어린 소년이 출현했다. 그는 혀로 그림을 그리고 혀를 접을 수 있었다. 다른 사람들은 숨을 쉬지 않고 물속에서 몇 분 동안이나 있었고, 모든 방향으로 사지를 꼬았다. 나는 이렇게 많은 사람들이 믿을 수 없는 일들을 성공적으로 해낼 수 있다는 것을 결코 믿을 수가 없다.

✤ 단어장

incroyable mais vrai : 믿을 수 없는 하지만 사실인
une émission : 방송
venu de toute la France : 프랑스 전역에서 온
montrer : 보이다, 내보이다
arriver à + inf : …하기에 이르다
des choses impossibles à réaliser : 실현하는 것이 불가능한 것
la plupart d'entre nous : 우리들 대부분
une figure : 얼굴, 안면, 그림
la langue : 혀
plier : 접다
d'autres : 다른 사람들
rester : 머무르다, 있다
sans : …없이
respirer : 숨 쉬다
durant plusieurs minutes : 몇 분 동안
tordre : 비틀다, 꼬다, 휘게 하다
un membre : 사지, 팔다리
dans tous les sens : 모든 방형으로
autant de + inf : …와 같은 수로(양으로)
réussir à + inf : …하는데 성공하다, 좋은 결과를 얻다

7. L'anniversaire d'Alice

Un samedi après-midi, je me suis rendue chez Alice pour l'aider à préparer son anniversaire. Petit à petit, les invités ont commencé à arriver. Il y avait Marie, Margaux, Jeanne, Hélène mais aussi des filles et des garçons de la classe de l'année dernière. Ça a été une grosse fête, avec de la musique. On était tous dans le jardin à danser et à boire du Coca. Elle a eu un tas de cadeaux. Vers six heures du soir, la fête s'est terminé et tout le monde a commencé à partir. Bien sûr, il fallait que nous rangions tout nous-même et ça a été laborieux. Lorsque je lui ai offert mon cadeau, qui consistait en un billet de concert, elle a éclaté de joie et m'a serré très fort dans ses bras.

알리스의 생일

토요일 오후, 나는 그녀의 생일준비를 돕기 위해 알리스의 집에 갔다. 조금씩, 손님들이 도착하기 시작했다. 마리, 마르고, 잔느, 엘렌느가 있었고 또한 작년에 같은 반이었던 여자 아이들과 남자 아이들도 있었다. 음악이 곁들여진 대단한 파티였다. 우리 모두는 정원에서 춤도 추고 콜라도 마셨다. 그녀는 많은 선물을 받았다. 저녁 6시경 파티는 끝났고, 모든 사람들은 떠나기 시작했다. 물론, 우리는 모두 정리를 해야만 했고 힘든 일이었다. 내가 그녀에게 콘서트 티켓인 선물을 주었을 때, 그녀는 너무 좋아서 나를 꽉 껴안았다.

✤ 단어장

un anniversaire : 생일, 기념일
se rendre + 장소 : 가다, 이르다
aider qn à + inf : …를 …하는데 돕다
préparer son anniversaire : 생일을 준비하다
petit à petit : 조금씩
les invités : 손님, 초대한 사람
commencer à + inf : …하기 시작하다
l'année dernière : 작년
une fête : 축제, 파티
boire : 마시다
un tas de : 다수, 무리
un cadeau[x] : 선물
merveilleux(se) : 훌륭한, 멋진

vers + 시간(시간) : …경에
se terminer : 끝나다, 종료 (완료) 하다
bien sûr : 물론, 당연히
Il faut que + sub : …해야 한다
ranger : 정리하다
nous-même : 우리 자신
laborieux. : (일이) 힘든, 고된
lorsque : …할 때
offrir : 주다, 제공하다
consister en + 명사 : …로 이루어지다
un billet de concert : 콘서트 티켓
éclater de joie : 기쁨을 표출하다
serrer qn très fort dans les bras : 꽉 껴안다

8. L'élection présidentielle

Ces temps-ci, on parlait beaucoup des élections présidentielles des Etats-Unis. John McCain représentait le parti républicain et Barack Obama, celui de la démocratie. Les américains étaient très partagés et certains ne savaient pas qui élire. Personnellement, j'avais une petite préférence pour Barack Obama. Je dirais même que je le préférais à McCain. S'il devenait président des Etats-Unis, ce serait une première. Il serait le premier président afro-américain et cela serait vraiment révolutionnaire. Aux journaux télévisés, on nous montrait souvent des interviews d'Américains à qui l'on demandait pour qui ils voteraient.

대통령 선거

요즘 미국 대통령 선거에 대해서 말을 많이 한다. 존 매케인은 공화당을 대표하고, 버락 오바마는 민주당을 대표한다. 미국인들은 굉장히 분리되어 있고, 어떤 사람들은 누구에게 투표를 해야 할지 모른다. 개인적으로 나는 버락 오바마를 조금 더 편애한다. 나는 매케인보다 그를 더 선호한다고 말할 수 있다. 만일 그가 미국의 대통령이 된다면 처음일 것이다. 그는 첫 번째 아프리카계 미국인 대통령이 될 것이고, 그것은 정말로 혁명적일 것이다. 텔레비전 뉴스에서는 누구에게 찬성투표를 할지 물어보는 미국인의 인터뷰를 자주 방송한다.

✤ 단어장

l'élection présidentielle : 대통령 선거
ces temps-ci : 요즘에, 근래
parler de : …대해 말하다
les Etats-Unis : 미국
représenter : 대표하다, 대리하다
le parti républicain : 공화당
la démocratie : 민주주의 (정치), 민주국가
partager : 갈라지게 하다, 분열시키다
certains : 어떤 사람들
savoir : 알다
élire : 선출되다
personnellement : 개인적으로,
une préférence : 더 좋아하기, 선호, 기호
même : …조차, …마저
préférer A à B : B보다 A를 더 좋아하다, 선호하다
président : 대통령
une première : 첫 성공, 초유의 쾌사
révolutionnaire : 혁명의, 혁명적인
les journaux télévisés : 텔레비전 뉴스
des interviews : 인터뷰
demander à qn : …에게 요구하다, 요청하다, 부탁하다
voter pour qn : …에 찬성 투표하다

9. Le jour de l'an

Pour la fête du nouvel an, j'ai été invitée chez Jeanne. Elisa, Johanna et Marie étaient là aussi. Mes parents, eux, étaient invités chez des collègues à mon père. Je suis arrivée en avance chez Jeanne, impatiente de faire la fête. Sa mère m'a accueillie chaleureusement et Jeanne m'a entraînée dans sa chambre. Elle aussi était toute excitée. Au bout de quelques minutes, Elisa, puis Marie et Johanna sont arrivées et nous avons enfin été réunies. Nous sommes sorties promener le chien de Jeanne dans le quartier. Les maisons étaient encore illuminées par les décorations de Noël. Lorsque minuit a sonné et que tout le monde a crié «Bonne année», j'ai pris la résolution de travailler dur pour passer l'examen.

설날

설날 파티에 나는 쟌느 집에 초대되었다. 엘리자, 요한나 그리고 마리 역시 그곳에 있었다. 나의 부모님은 아버지 동료 댁에 초대되었다. 파티하는 것에 조바심이 난 나는 쟌느집에 일찍 도착했다. 그녀의 어머니는 나를 정겹게 맞이했고, 쟌느는 그녀의 방으로 나를 인도했다. 그녀 역시 완전히 들떠 있었다. 몇 분 뒤 엘리자 그리고 마리와 요한나가 도착했고, 우리는 마침내 다 모였다. 우리는 쟌느의 개를 산책시키러 동네로 나갔다. 집들은 여전히 크리스마스 장식으로 환하게 빛나고 있었다. 자정을 알리는 종이 울렸을 때 모두들 «새해 복 많이 받으세요»를 외쳤다. 나는 시험에 통과하기 위해서 열심히 공부해야겠다고 결심했다.

✤ 단어장

le jour de l'an : 신정, 설날
un nouvel an : 새해
être invité(e) : 초대되다
des collègues : 동료
arriver en avance : 미리 (앞서) 도착하다
impatient(e) de + inf : …하는데 초조한, 안달하는, 열망하는
accueillir : 접대하다
chaleureusement : 열렬히, 뜨겁게
entraîner : 이끌다, 인도하다
excité(e) : 흥분된, 격양된, 들뜬, 꿈에 부푼
au bout de quelques minutes : 몇 분 후에
réunir : (사람들을) 모으다, 규합하다
promener le chien : 개를 산책시키다
le quartier : 구, 가, 구역
illuminé(e) : 환하게 조명된
une décoration de Noël : 크리스마스 트리 장식물
sonner : 울리다
Bonne année : 새해 복 많이 받으세요
prendre la résolution de + inf : …할 결심하다
travailler dur : 열심히 일하다
passer l'examen : 시험을 치르다 (보다)

10. Les soldes

En ce moment, c'ést la période des soldes. La période où tous les gens se précipitent d'aller dans les magasins pour pouvoir acheter des vêtements à un bon prix. Je suis allée dans un centre commercial avec ma mère. Il était bondé de monde. Nous sommes entrées dans quelques magasins de vêtements. J'ai acheté un jean gris pour moins de vingt euros et une écharpe en laine beige pour à peu près cinq euros. Ma mère, elle, s'est acheté un pull à manches longues pour un peu plus de dix euros. Nous étions toutes satisfaites de nos achats. Nous sommes rentrées à la maison, contentes des bonne affaires que nous avions faites.

세일

요즘 세일 기간이다. 좋은 가격으로 옷을 살 수 있기 때문에 사람들이 서둘러 가게에 가는 시기이다. 나는 엄마와 함께 상가에 갔다. 사람들로 꽉 찼다. 우리는 옷가게 몇 군데를 들어갔다. 나는 20유로 이하의 회색 청바지와 대략 5유로 하는 베이지색 양모 스카프를 샀다. 엄마는 10유로 조금 넘는 가격의 긴소매 스웨터를 샀다. 우리는 우리가 구입한 것에 모두 만족했다. 유리한 구매에 만족하면서 집으로 돌아왔다.

✤ 단어장

un solde : 세일
en ce moment : 지금, 현재
la période : 시기, 기간
se précipiter de + inf : 서둘러 …하다
un vêtement 옷, 의류
à un bon prix : 좋은 가격에
un centre commercial : 상업지구, 시장
Il était bondé de monde : 사람이 가득 찼다, 만원이었다
gris(e) : 회색의
moins de + 숫자 : …이하의 (미만의)
une écharpe : 스카프
en laine : 양모로 만든
à peu près : 대략, 거의
s'acheter : (자신을 위해) 사다
un pull : 스웨터
une manche longue : 긴 소매
plus de + 숫자 : …이상의
satisfait(e) de + qch : 만족한
un achat : 매입, 구입
content(e) de qch : …에 만족한
faire des bonnes affaires : 어떤 거래로 재미를 보다

11. La naissance d'un nouveau-né

La sœur de ma mère était enceinte et elle était à l'hôpital depuis quelques semaines. Elle approchait des neuf mois de grossesse. Mais un soir, elle a commencé à avoir de fortes douleurs au ventre. Elle allait accoucher. L'hôpital nous a prévenu vers neuf heures et demi du soir. Nous nous y sommes rendus de suite et avons attendu avec impatience la fin de l'accouchement. Une heure plus tard, le médecin et mon oncle sont sortis de la salle d'accouchement et nous ont annoncé qu'une petite fille au nom de Marjorie était née. Elle pesait à peu près 3 kilos et était en bonne santé. Ma tante était fatiguée mais elle était si contente qu'elle n'a pas fermé l'œil de la nuit. Cela me faisait plaisir d'avoir une cousine.

신생아의 탄생

엄마의 동생(이모)이 임신해서 몇 주 전부터 그녀는 병원에 입원해 있었다. 그녀는 임신 9개월째에 접어들고 있었다. 그러던 어느 날 저녁, 그녀는 극심한 배의 통증을 느끼기 시작했다. 그녀는 출산할 것 같았다. 병원은 저녁 9시 30분경 우리에게 기별을 했다. 우리는 즉시 병원으로 갔고 출산이 끝나기를 초조하게 기다렸다. 한 시간 후에 의사와 나의 삼촌이 분만실에서 나왔고 우리에게 마조리라는 이름의 예쁜 여자아이가 태어났다고 알려주었다. 아기의 몸무게는 대략 3킬로그램 정도였고 건강상태도 좋았다. 이모는 피곤했지만 너무도 기뻐서 그날 밤 잠을 자지 못했다. 나는 사촌이 생겼다는 게 너무 기뻤다.

✤ 단어장

un nouveau-né : 신생아
enceinte : 임신한, 아기를 밴
depuis + 시간 : …이래로, …부터
approcher de : 곁에 가다, 접근하다, 가까이 가져가다
une grossesse : 임신(기간)
commencer à + inf : …하기를 시작하다
une douleur : 아픔, 고통, 괴로움
le ventre : 배
accoucher : 출산하다, 분만하다.
prévenir : 알리다, 기별하다, 예고하다, 통지하다
se rendre + 장소 : …에 가다
avec impatience : 조바심을 내며, 초조하게
un accouchement : 해산, 분만, 출산
plus tard : 나중에, 후에
annoncer : 알리다, 기별하다
peser : 무게가 나가다
à peu près : 약, 거의
être en bonne santé : 건강 상태가 좋다
Cela me faisait plaisir de + inf : …하는 것이 나를 기쁘게 했다

12. La fête

Jeanne faisait une fête dans sa maison. Elle avait invité plusieurs de nos amis et quelques uns de ses cousins et cousines que je trouvais très sympathiques. La fête avait commencé vers vingt heures mais j'y suis allée une heure après. La musique était tournée à fond et les hauts-parleurs vibraient et faisaient trembler les tableaux accrochés aux murs. Nous avons dansé jusqu'au bout de la nuit. Je faisais parfois une pause pour me ravitailler en Red Bull et chips parfum sauce barbecue. C'était vraiment génial. Je me demandais comment ses parents l'autorisaient à faire une fête sans adultes.

파티

쟌느는 집에서 파티를 했다. 그녀는 우리 친구들 중 여럿과 그의 사촌들 몇 명을 초대하였는데 나는 그들이 아주 좋은 사람들이라고 생각했다. 파티는 8시쯤 시작했다. 하지만 나는 그곳에 한 시간 뒤에 갔다. 음악도 있는 대로 크게 돌려놓고 스피커가 울려 벽에 걸린 액자들이 흔들렸다. 우리는 새벽녘까지 춤을 추었다. 우리는 때때로 Red Bull(음료 브랜드)과 바비큐 소스향이 가미된 칩을 먹기 위해 쉬곤 했다. 정말 멋졌었다. 나는 그의 부모님이 어떻게 어른들 없이 이런 파티를 열도록 허락했는지 궁금하였다.

✤ 단어장

la fête : 파티, 축제
inviter : 초대하다
plusieurs + de : …중 여럿
quelques uns : 몇 명
cousin(e) : 사촌
trouver + adj : (라고)생각하다
sympathique : 호감이 가는, 마음이 드는
vers + 시간 : …경에
tourner : 돌다, 회전하다
à fond : 완전히, 철저히
les hauts-parleurs : 확성기, 스피커
vibrer : 떨리다, 진동하다
faire + inf : …하게 시키다
trembler : 떨다, 진동하다, 흔들거리다
les tableaux accrochés aux murs : 벽에 걸린 액자들
jusqu'à : …까지
au bout de la nuit : 새벽녘에
parfois : 때때로
une pause : 휴식을 취하다
se ravitailler en + qch : 식량을 보급받다
chips parfum sauce barbecue : 바베큐 소스 향의 칩
génial(e) : 뛰어난, 훌륭한
se demander : 자문하다, 궁금해 하다
autoriser qn à + inf : …에게 …할 것을 허락하다, 승낙하다
adulte : 성인, 어른

13. Une semaine à Paris

Ma cousine du côté de ma mère que je n'avais pas vu depuis longtemps m'a proposé d'aller une semaine à Paris avec elle. Elle était majeure et mes parents ont accepté sans soucis. Ça a été une semaine vraiment inoubliable. Elle avait loué un petit loft bien équipé. Nous avons visité le Louvre, montées sur la Tour Eiffel et dévalisé les magasins des Champs-Élysées. Nous avons assisté à quelques expositions, ma cousine étant elle-même une artiste. Elle m'a même emmenée visiter le château de Versailles. Il était vraiment magnifique. La semaine écoulée, nous sommes rentrées à la maison où elle a logé pendant quelques temps.

파리에서의 한 주

오랫동안 보지 못했던 외사촌이 나에게 일주일간 빠리에 그녀와 같이 가자고 제안했다. 그녀는 성인이었고 나의 부모님은 걱정 없이 승낙하셨다. 정말 잊을 수 없는 일주일이었다. 그녀는 모든 것이 갖춰진 작은 방을 빌렸다. 우리는 루브르 박물관에 갔고, 에펠 탑을 올랐으며, 샹젤리제 상점들을 거덜 내었다. 우리는 몇몇 전시회에 참석했다. 내 사촌 역시 예술가이다. 그녀는 나를 베르사이유궁을 구경시키기 위해 데리고 갔다. 정말로 멋졌다. 일주일이 지나고 우리는 집으로 돌아왔고 그녀는 얼마동안 머물렀다.

✤ 단어장

le côté : (가계, 친족의) 관계, 핏 줄
depuis longtemps : 오래 전부터
proposer à qn de + inf : …에게 …할 것을 제안(제의) 하다, 권하다
majeur(e) : 성년이 된
accepter : 받아들이다, 승낙하다
sans soucis : 걱정 없이
inoubliable : 잊을 수 없는
louer : 빌리다, 임대하다
un loft : 창고와 상가를 개조한 방
équipé(e) : 필요한 장비가 갖춰진
visiter : 방문하다
dévaliser : 거덜나게 하다, 매점하다
assister à : …에 참석하다
une exposition : 전시회, 전람회
elle-même : 그녀 자신
artiste : 예술가, 아티스트
emmener qn visiter : …를 구경시키기 위해 데리고 가다
magnifique : 환상적인, 훌륭한
écoulé(e) : (시간이) 지나간
loger : 묵다, 숙박하다
pendant quelques temps : 얼마 동안

14. Un serveur bien maladroit

Un soir, nous sommes allés au restaurant pour aller dîner. Nous nous sommes installés sur une table. Un jeune serveur est venu nous voir pour demander ce qu'on prenait. Mon père a pris du porc avec de la salade, ma mère a pris du jambon et une côte de porc, ma sœur, du gratin de brocoli avec des lasagnes et moi j'ai pris des frites avec des moules. Après quelques minutes, il nous a amené nos plats. J'ai alors remarqué que ce n'était pas ce que j'avais commandé. Il a repris les assiettes, confus. Il est revenu, cette fois-ci avec les bons. Soudain, il a perdu l'équilibre et est tombé sur une dame. Nous avons bien rigolé.

정말 서투른 종업원

어느 날 저녁에 우리는 저녁 식사를 하러 레스토랑에 갔다. 우리는 테이블에 앉았다. 한 젊은 종업원이 주문을 받기 위해 우리에게 왔다. 아빠는 돼지고기, 엄마는 돼지 갈비와 햄, 내 여동생은 라잔느와 브로콜리 그라탕, 나는 튀김과 홍합을 주문했다. 몇 분 후, 그는 우리에게 요리를 가져왔다. 나는 내가 주문한 요리가 아니라는 것을 알았다. 그는 당황해서 접시들을 다시 가져갔다. 그가 다시 왔다. 이번에는 맞았다. 갑자기 그가 균형을 잃고 한 부인에게 넘어졌다. 우리는 유쾌하게 웃었다.

✤ 단어장

un serveur : 종업원
maladroit(e) : 서투른, 미숙한
s'installer : 자리잡다, 정착하다
prendre 먹다, 들다
un porc : 돼지고기
un jambon : 햄
une côte de porc : 돼지 갈비
un gratin de brocoli avec des lasagnes : 라잔느 (이탈리아 파이)와 브로콜리 그라탕
des frites avec des moules : 튀김과 홍합
amener les plats : 요리를 가지고 오다
remarquer : 알아차리다
commander : 주문하다
reprendre : 다시 잡다
une assiette : 접시
confus(e) : 당황한, 송구스러워 하는
cette fois-ci : 이번에는
soudain : 갑자기
perdre l'équilibre : 균형을 잃다
tomber sur : …에 넘어지다
rigoler : 웃다

15. En cas d'urgence

La semaine dernière, Emilie, 5 ans, a sauvé sa maman. Quand celle-ci s'est évanouie, la fillette a téléphoné aux pompiers en composant le 119, comme ses parents le lui avaient appris. Les pompiers sont venus tout de suite et la maman a pu être soignée. Je me demandais si moi aussi je connaissais le numéro des pompiers. Mais en cas d'urgence, on ne sais plus quoi faire. Je vais demander à mes parents de m'apprendre à bien réagir en cas de problème. Ce serait un sujet important à discuter en famille.

긴급상황

지난 주, 5살 난 에밀리가 엄마를 구했다. 엄마가 기절했을 때, 어린 아이는 그의 부모님이 아이에게 가르쳤던 것처럼 119번호를 누르면서 소방서에 전화를 했다. 소방관은 즉시 왔고, 그녀를 간호했다. 나 역시 소방서 번호를 알고 있었는지 자문해 보았다. 하지만 긴급 상황에는 무엇을 해야 할지 모른다. 나는 문제가 발생하는 상황에 능숙하게 대응하는 것을 가르쳐 달라고 부모님께 부탁할 것이다. 이것은 가족 간에 토론해야할 중요한 주제일 것이다.

✤ 단어장

en cas d'urgence : 긴급 상황
la semaine dernière : 지난 주
sauver : 구하다
une maman : 엄마
s'évanouir : 기절하다, 실신하다
la fillette : 소녀, 여자아이
un pompier : 소방관, 재난구조원
composer : 번호를 누르다
comme + ind : …이므로, …이니까
apprendre qch à qn : …에게 …을 가르치다
soigné(e) : 정성 들인, 공들인, 치료하는
se demander si + ind : …인지 자문하다
on ne sais plus quoi faire : 무엇을 해야 할지 더 이상 모르다
réagir : 반응하다, 대응하다
en cas de problème : 문제의 경우에
un sujet important : 중요한 주제
discuter : 대화하다, 이야기하다
en famille : 가족이 모여서, 가족과 함께

16. Bonne année !

On sait bien décembre est le mois le plus gris de l'année et janvier le plus froid. On sait aussi que Noël en famille est le moment le plus important de l'année. Chaque année, on se dit que l'an prochain sera plus sympa. On est actuellement en 2008, dans quelques minutes on sera en 2009. On se souhaitera, en tenant à la main une coupe de champagne, une «Bonne année», «Tous mes meilleurs vœux», «Bonne santé», «Que Dieu vous bénisse»! Moi, je souhaite surtout à tout le monde une bonne santé.

새해 복 많이 받으세요 !

12월은 가장 우중충한 달이고 1월은 가장 추운 달이라는 것을 잘 안다. 가족과 함께 보내는 크리스마스는 일 년 중 가장 중요한 순간이라는 것도 역시 잘 안다. 매년, 다음 해에는 더 나아질 것이라고 말한다. 현재 2008년이다. 몇 분 후면 2009년이 온다. 샴페인 잔을 손에 들고 «새해 복 많이 받으세요», «근하신년», «건강을 바랍니다», «신의 은총이 그대에게 임하기를»라고 소망할 것이다. 나는 특히 모든 사람들의 건강을 바란다.

✤ 단어장

Bonne année ! : 새해 복 많이 받으세요 !
le mois le plus gris de l'année : 1년 중 가장 우중충 (칙칙)한 달
le plus froid : 가장 추운
le Noël : 크리스마스
en famille : 가족이 모여서, 가족과 함께
chaque année : 매년
se dire : 스스로 말하다, 생각하다
l'an prochain : 내년
sympa : sympathique의 줄임말, 호감이 가는, 마음에 드는
actuellement : 현재, 지금
se souhaiter : 서로 바라다, 서로 소망하다
tenir à la main une coupe de champagne : 샴페인 잔을 손에 들다
Tous mes meilleurs vœux ! : 근하신년 !
Bonne santé ! : 건강을 !
Que Dieu vous bénisse ! : 신의 은총이 그대에게 임하기를 !

17. L'éclair

Nous nous dirigions vers la chine pour aller voir mon grand frère et nous étions dans l'avion. Il y avait trois sièges et on a pu se mettre à trois (ma mère, ma sœur et moi). Tout le monde était en train de dormir sauf moi. Je regardais un film. Tout était calme et je commençais à me sentir seul. Soudain, le capitaine nous a dit que nous arrivions à l'aéroport de la chine. La voix du capitaine avait réveillé la plupart des passagers. Nous regardions par le hublot le magnifique paysage quand soudain, un éclair a jaillit juste à côté de nous. Nous avons eu très peur. Il était si rapide qu'on a faillit faire une crise cardiaque. Depuis, nous nous installons plutôt dans la rangée du milieu.

번개

우리는 나의 오빠를 보러가기 위해서 중국으로 가고 있었다. 우리는 비행기 안에 있었다. 3개의 좌석이 있었고 우리들은 함께 앉을 수 있었다(엄마, 내 여동생 그리고 나). 나를 제외하고 모두들 잠을 자고 있었다. 나는 영화를 보았다. 주위가 고요하고 나는 혼자라는 것을 느끼기 시작했다. 갑자기 기장이 중국 공항에 도착할 것이라고 우리에게 말했다. 기장의 목소리에 대부분의 승객들이 잠을 깼다. 우리는 원창을 통해서 멋진 경치를 보았다. 그때 갑자기 우리 바로 옆에서 불꽃이 튀었다. 우리는 너무 무서웠다. 자칫 심장발작을 일으킬 것 같이 매우 빨랐다. 그 후로 우리는 정중앙 열에 앉는다.

✣ 단어장

un éclair : 번개, 섬광, 반짝 비치는 빛
se diriger vers : …쪽으로 방향을 잡다, …쪽을 향하다
un siège : 좌석
se mettre : 몸을 두다
être en train de + inf : …하고 있는 중이다
dormir : 잠을 자다
sauf moi : 나를 제외하고
calme : 조용한, 고요한
commener à + inf : …을 시작하다, 착수하다
se sentir seul : 혼자라고 느끼다
soudain : 갑자기
le capitaine : 우두머리, 기장
l'aéroport : 공항
la voix : 소리, 목소리
réveiller : 잠을 깨다
la plupart des passagers : 대부분의 승객
regarder par le hublot : 비행기의 원창을 통해 보다
le magnifique paysage : 굉장한 경치
jaillir : (빛, 불꽃) 따위가 발하다
juste à côté de : …의 바로 옆에
avoir peur : 두려워하다, 무서워하다
faillir + inf : 자칫 …할 뻔하다
faire une crise cardiaque : 심장 발작을 일으키다

depuis : 그 이래로, 그 후로
s'installer : 자리 잡다, 정착하다
la rangée du milieu : 가운데 줄

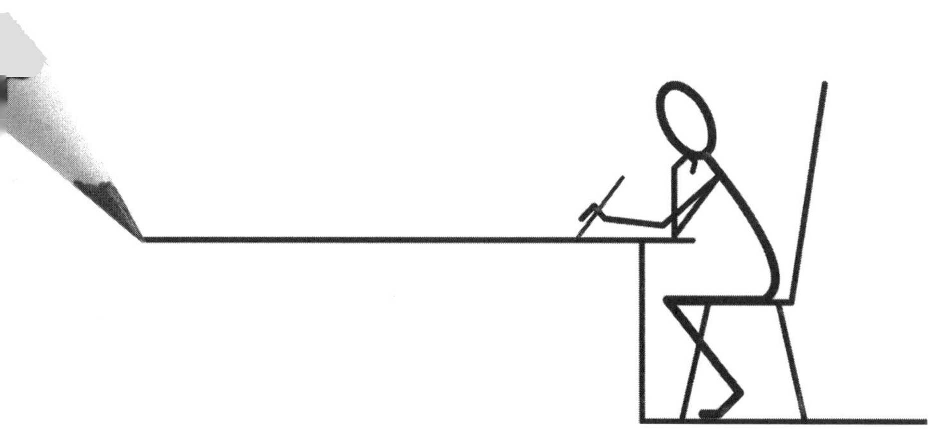

18. La boum

A la fin de notre séjour au Lioran, nous avons préparé une petite soirée. Tous les garçons s'étaient bien coiffés pour plaire aux filles. J'étais particulièrement bien coiffé durant cette soirée. Nous étions les premiers arrivés et les filles sont peu à peu venues. La musique avait déjà commencé et le son était très fort. Cela me donnait presque envie de danser mais personne n'était sur la piste de danse. A mon avis, il fallait que quelqu'un puisse commencer à danser pour que les autres le suivent. Je me suis dit «allez, vas-y». Je me suis alors élancé sur la piste de danse et j'ai commencé à danser. Les autres m'ont suivis et j'ai dansé un slow avec une fille.

깜짝 파티

리오란에서의 체류 막바지에 우리는 작은 파티를 준비했다. 모든 남자 아이들은 여자들의 맘에 들기 위해서 머리를 잘 꾸몄다. 특히, 나는 파티가 진행되는 동안 머리모양이 참 잘 되어 있었다. 우리가 맨 먼저 도착했고, 여자 아이들이 조금씩 도착했다. 음악은 이미 시작되었다. 소리가 굉장히 컸다. 음악은 나에게 춤을 추고 싶어지게 했지만, 아무도 무대에 오르는 사람이 없었다. 내 생각으로는 다른 사람들이 뒤따라 하기 위해서 누군가 춤을 시작하여야만 했다. 나는 스스로 «자, 시작해»라고 말했다. 그래서 나는 빠르게 무대로 나갔고 춤추기 시작했다. 다른 사람들도 나를 뒤따라 춤을 추었고, 나는 여자아이들과 슬로우 댄스를 췄다.

✤ 단어장

la boum : 축제, 별안간 여는 파티 (깜짝 파티)
la fin de notre séjour : 체류 막바지
préparer : 준비하다
une soirée : 파티
se coiffer : 머리하다
plaire à qn : …의 마음에 들다
particulièrement : 특히, 특별히
durant : …동안
être les premiers arrivés : 맨 먼저 도착하다
peu à peu : 조금씩
le son : 소리
fort(e) : 강한, 센
cela me donne presque envie de + inf : 나에게 …하고 싶어지게 하다
la piste de danse : 무대, 춤추는 마루
A mon avis : 내 의견으로는
commencer à + inf : …하기 시작하다, 시행하다, 착수하다
pour que + sub : …하기 위해서
suivre : 따르다, 뒤따르다
se dire : 자문하다, 생각하다
s'élancer sur : 성급히 앞으로 나아가다, 돌진하다

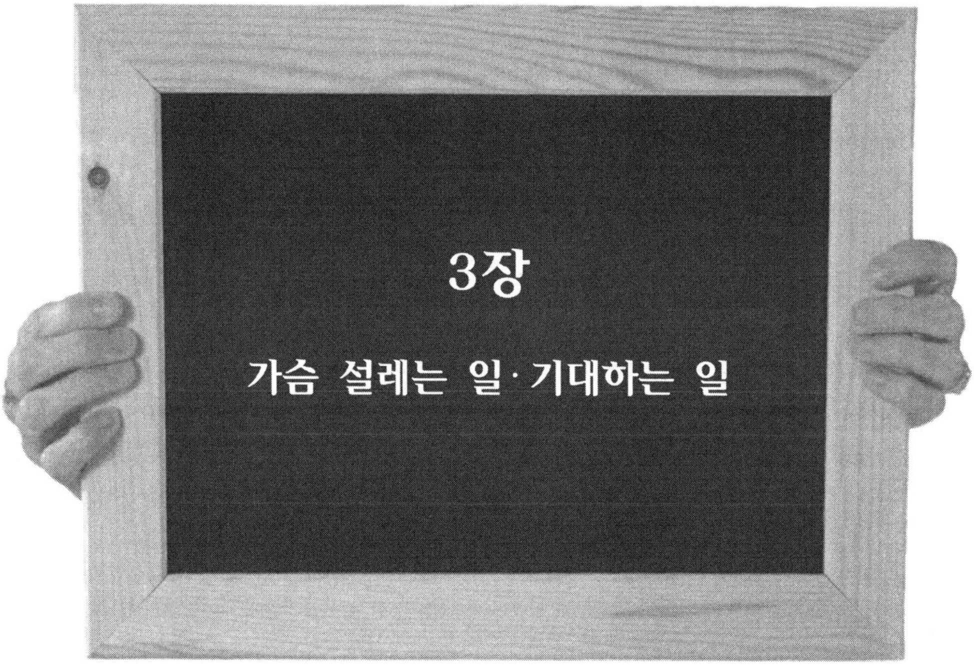

3장

가슴 설레는 일·기대하는 일

1. Un peu de philosophie

J'ai l'impression d'avoir beaucoup mûrie. Je me sens plus responsable et plus sûre de moi. J'ai aussi l'intention de faire de mon mieux pour avoir les meilleurs résultats possibles. J'ai envie de réussir dans ma vie et bien sûr de gagner beaucoup d'argent. J'ai l'impression que les jeunes de ma génération n'ont tous qu'un seul rêve de devenir riche. Ils veulent tous devenir milliardaires comme les rappeurs US et avoir de grandes villas partout dans le monde et de belles voitures. Mais moi je dis que l'argent ne fait pas tout. Il faut garder les pieds sur terre et ne pas oublier sa famille. Je crois que le plus important dans la vie, c'est la famille. Bon, assez philosophé. Il faut que je dorme un peu. La santé passe par là.

약간의 철학

나는 많이 성숙해졌다는 느낌을 갖는다. 나는 더 책임감을 느끼고, 나에 대해 좀 더 확신이 섰다는 것을 느낀다. 나는 또한 가능한 한 가장 좋은 결과를 얻기 위해서 최선을 다할 것이다. 나는 인생에서 성공하고 싶고, 물론 돈도 많이 벌고 싶다. 나와 같은 세대의 청소년들 모두가 부자가 되어야겠다는 유일한 꿈만 가지고 있다는 인상을 받는다. 그들은 모두 US의 래퍼들처럼 억만장자가 되길 바라고 세계 여기저기에 큰 빌라와 좋은 차를 갖기를 바란다. 하지만 나는 돈이 전부가 아니라고 말할 수 있다. 현실적으로 살아야 하고 가족을 잊어선 안 된다. 인생에서 가장 중요한 것은 가족이라고 생각한다. 참, 꽤 철학적이다. 나는 좀 자야겠다. 건강하려면 잠을 잘 자야 한다.

✤ 단어장

la philosophie : 철학, 사상
avoir l'impression de + inf : …인상을 받다, …라는 느낌을 가지다
mûrir : (사람을) 성숙하게 하다
se sentir + adj : … (느낌)이 있다
responsible : 책임이 있는, 책임을 져야 하는
être sûr(e) de qn : …에 확신하는, 믿는
avoir l'intention de + inf : …할 의도가 있다. …할 계획이다
faire de mon mieux : 최선을 다하다
meilleur(e) : 더 좋은, 더 나은
un résultat : 결과,
avoir envie de + inf : …하고(갖고) 싶다
réussir : 성공하다, 해내다
bien sûr : 물론
gagner beaucoup d'argent : 많은 돈을 벌다(모으다)
les jeunes : 젊은이
seul(e) : 단 하나의, 유일한
un rêve : 꿈
devenir riche : 부자가 되다
milliardaire : 억만장자
rappeur : 랩가수
partout : 사방에, 도처에
l'argent ne fait pas tout : 돈이 전부는 아니다
Il faut + inf : …해야만 한다
garder les pieds sur terre : 현실적으로 살다
oublier : 잊다
Le plus important dans la vie, c'est la famille. : 삶에서 가장 중요한 것은 가족이다.
philosopher : 철학상의 문제를 탐구하다 , 철학하다
Il faut que + sub : …해야만 한다
dormir : 자다
La santé passe par là. : 건강은 거기서 비롯된다.

2. Je suis amoureux.

Je vais vous raconter le jour où je suis tombé amoureux. Il faisait beau et j'étais en classe. Je faisais mon exercice quand soudain, j'ai reçu comme une sorte d'éclair et j'ai cru un instant que c'était Jimmy, un copain qui s'amuse toujours à embêter les autres, qui m'avait lancé une boule de papier avec une sarbacane. Mais ce n'était pas lui. Puis quelqu'un a frappé à la porte. Mon professeur a dit à la personne d'entrer et une fille est apparue. Le professeur nous a annoncé que c'était une nouvelle qui s'appelait Lisa. Bizarrement, je rougissais et je me suis rendis compte que j'étais amoureux.

사랑에 빠지다.

당신에게 내가 사랑에 빠진 날에 대해 얘기하겠다. 날씨가 화창한 날이었고 나는 교실에 있었다. 내가 공부하고 있을 때 갑자기 일종의 섬광 같은 빛을 받았다. 그 순간 나는 그것이 항상 다른 애들을 못살게 굴면서 재미있어 하고, 나에게 입총으로 종이 총알을 날려 보낸 지미 녀석이라고 생각했다. 그러나 그 녀석은 아니었다. 누군가가 문을 두드렸다. 선생님은 그 사람에게 들어오라고 했고 한 소녀가 모습을 드러냈다. 선생님은 우리에게 리자라는 이름의 새 전학생을 소개했다. 이상하게도 난 얼굴이 붉어졌고, 나는 사랑에 빠졌다고 생각했다.

✤ 단어장

amoureux(se) : (에게)반한, (을) 사랑하는
raconter : 이야기하다
tomber amoureux : 사랑에 빠지다
soudain : 갑자기, 느닷없이
recevoir : 받다
une sorte de : 일종의…
un éclair : 번개, 섬광
cru : croire의 과거분사
un instant : 순간, 현재
un copain : 남자 친구
s'amuser à + inf : 즐기다, 놀다, 재미보다
embêter : 지겹게 하다, 몹시 귀찮게 하다
les autres : 다른 사람(것)들
lancer : 던지다
une boule de papier : 종이 공
une sarbacane : 취시통 (입으로 불어 화살을 쏘게 만든 통)
frapper à la porte : 문을 두드리다
dire à qn d'entrer : …에게 들어오라고 말하다
apparaître : 나타나다, 드러내다
annoncer : 알리다, 기별하다
une nouvelle : 신입생, 신입 회원
bizarrement : 이상하게
rougir : 빨개지다, 붉어지다
se rendre compte : …을 이해하다, 깨닫다

3. Les vacances

Aujourd'hui nous sommes le vendredi 24 octobre au soir et nous sommes en vacances. C'est vraiment soulageant de se dire qu'on n'aura plus de contrôles pendant à peu près dix jours, qu'on pourra faire la grasse matinée et qu'on pourra s'amuser à longueur de journée. D'ailleurs, Marie m'a invité, demain soir. Elle va aussi inviter Elisa et deux autres filles de sa classe, Hélène et Jeanne. Je sens qu'on va bien s'amuser. Je suis impatiente d'y être.

방학

오늘은 10월 24일 금요일 저녁이고 방학이다. 대략 열흘은 쪽지시험을 보지 않아도 되고, 늦잠을 잘 수 있고, 하루 종일 놀 수 있는 것은 정말로 안심된다. 게다가 마리는 내일 저녁에 나를 초대했다. 엘리자와 그녀 반의 다른 두 여자친구 엘렌과 잔느 역시 초대할 것이다. 우리들은 재밌게 놀 것 같다. 나는 내일이 오기를 초조히 기다린다.

✤ 단어장

Nous sommes le vendredi 24 octobre : 오늘은 10월 24일이다.
être en vacances : 방학이다
c'est soulageant de + inf : 안도하다, 긴장이 풀리다
se dire : 생각하다
à peu près : 대략, 거의
faire la grasse matinée : 늦잠자다
s'amuser : 즐기다, 놀다
à longueur de : …동안 내내
d'ailleurs : 게다가, 더구나
inviter : 초대하다
sentir que + ind : …함을 느끼다, 지각하다
impatient(e) : 참을성 없는, 성급한, 초조한, 안달하는

4. Un événement excitant

A la rentrée, j'étais nerveux car je ne savais pas dans quelle classe j'allais être. J'espérais être avec mes copains. C'est idiot, je sais. Dans la vie, on se soucie de choses qui ne sont pas importantes. Mais c'est normal car chacun a ses goûts et nous sommes tous différents. Ce jour-là, j'ai donc regardé la liste des classes et j'ai vu que j'étais avec deux de mes amis du quartier. C'était déjà pas mal. Mais j'avais bien l'intention de m'en faire d'autres.

흥분시키는 사건

개학이 되어 나는 신경이 예민해졌다. 왜냐하면 내가 몇 반에 속하는지 모르기 때문이다. 내 친구들과 같은 반이고 싶었다. 바보 같은 생각임을 나도 알고 있다. 인생에서 우린 중요하지 않은 일들에 대해 걱정을 한다. 하지만 그것은 당연하다. 왜냐하면 각자 자기의 취향이 있고 우리는 모두 다르기 때문이다. 그 날, 나는 반 명단을 보았고, 내가 동네친구들 중 2명과 같은 반이 된 것을 보았다. 그 정도로 이미 나쁘지 않았다. 하지만 나는 더 많은 친구들과 한 반이 되고 싶었다.

✤ 단어장

un événement : 사건, 이벤트
excitant(e) : 흥미를 끄는, 흥분시키는
la rentrée : 신학기의 시작에
nerveux(se) : 신경이 예민한
espérer + inf : …하기를 기대하다, 바라다, 희망하다
un copain : (친한) 남자친구
idiot(e) : 바보 같은, 멍청한
se soucier de qch : …에 대해 관심을 갖다, 걱정하다
important(e) : 중요한
normal(e) : 정상의, 보통의, 당연한
chacun : 각자
tous : 모두, 전부
différent(e) : 다른
ce jour-là : 그 날
le quartier : 구, 구역
pas mal : 나쁘지 않은
avoir l'intention de + inf : …할 생각(걱정)이다
s'en faire : 근심하다, 신경 쓰다
d'autres : 다른 사람

5. Super content

Lors des vacances d'été, je suis allé au Madagascar! Mon père travaillait là-bas et c'est la raison pour laquelle j'allais y passé mes vacances. Il habitait dans une super villa où il y avait une piscine et une table de ping-pong. Il faisait chaud et il y avait beaucoup de moustiques. Des tonnes et des tonnes de moustiques. On se faisait piquer lorsqu'on jouait dans la piscine et même lorsqu'on jouait au ping-pong. Mais heureusement, c'était surtout ma mère et ma sœur qui étaient attaquées par les moustiques. Il y avait des jours d'orage où il pleuvait beaucoup. Mais le lendemain, il faisait toujours beau.

매우 만족

여름방학 동안, 난 마다가스카르에 갔다. 아빠가 거기서 일하고 있고 그것이 바로 내가 그곳에서 방학을 보내러 간 이유이다. 아빠는 수영장과 탁구대가 있는 고급 저택에서 살았다. 날씨는 더웠고 모기가 많았다. 엄청나게 많은 모기들. 우리가 수영장에서 노는 동안, 탁구 치는 동안에도 물렸다. 그러나 다행히도 모기에게 공격당한 것은 특히 엄마와 여동생이었다. 비가 많이 퍼붓는 폭풍우 치는 날도 있었지만 그 다음날은 날씨가 좋았다.

✤ 단어장

super : 멋진, 굉장한
lors de : …할 때(에)
des vacances d'été : 여름방학
c'est la raison pour laquelle + ind : 그것은 …하는 이유이다
une villa : 별장, 전원주택
une piscine : 수영장
une table de ping-pong : 탁구대
Il fait chaud. : 덥다.
un moustique : 모기
des tonnes de + 명사 : 막대한 양의 …
se fairer + inf : 자기를 …하게하다
piquer : 쏘다, 물리다
lorsque : …할 때, 그 때
jouer : 놀다, 경기하다
même : …조차, …까지도
attaquer : 공격하다
un orage : 폭풍우
Il pleut. : 비가 내리다.
le lendemain : 다음날, 이튿날

6. Un rêve

Mon rêve à moi, c'est de voyager dans des pays que je ne connais pas comme les Etats-Unis, la Grèce, l'Afrique du Sud. Il y a beaucoup de cultures intéressantes et je suis curieux de les connaître. Pourquoi pas faire un tour du monde? Ce serait vraiment génial. Je ferais la rencontre de gens, de cultures, de paysages et de monuments historiques. Il y a tellement de pays que je voudrais visiter que je ne sais pas si je pourrais réaliser mon rêve. En tout cas, j'espère que plus tard, je pourrais au moins aller en visiter quelques-uns.

꿈

나의 꿈, 그것은 미국, 그리스, 남아프리카처럼 내가 모르는 나라를 여행하는 것이다. 흥미있는 문화들이 많고 나는 그것들에 대해 알고 싶다. 세계일주를 하는 것은 어떨까? 정말 신나는 일일 것이다. 나는 여러 사람들, 문화, 풍경 그리고 역사 유적지를 만날 것이다. 내 꿈을 실현시킬 수 있을지 모르지만 내가 방문하고 싶은 나라가 정말 많다. 어쨌든, 나는 나중에 적어도 이 나라들 중 몇 나라를 여행할 수 있기를 바란다.

✤ 단어장

un rêve : 꿈
le pays : 나라, 국가
les Etats-Unis : 미국
la Grèce : 그리스
l'Afrique du Sud : 남아프리카
une culture : 문화
intéressant(e) : 관심을 끄는, 흥미로운, 재미있는
être curieux de + inf : (을) 알고 싶어 하다, 호기심을 갖다
connaître : 알다
Pourquoi pas faire un tour du monde? : 왜 세계일주는 할 수 없으랴?
génial(e) : 천재적인, 뛰어난
la rencontre : 만남
un paysage : 풍경
un monument historique : 역사유적지
tellement de + 무관사 명사 : 그렇게 많은…
visiter : 방문하다, 여행하다
je ne sais pas si + ind : …인지 아닌지 모르다
réaliser : 실현(실행) 하다
en tout cas : 어쨌든
espérer que + ind : …을 바라다, 희망하다
plus tard : 좀 더 늦게, 나중에
au moins : 적어도
quelques-uns : 몇 (나라, 개…)

7. Les points positifs de la rentrée

C'est bientôt la rentrée et j'étais tout excité de revoir mes copains. Bien entendu, c'était le contraire en ce qui concernait les professeurs. Je parie qu'on allait faire des exercices et il était prévu que l'on fasse des contrôles. Parfois, on est content et tout excité mais il y a toujours quelque chose qui bloque. On croit que tout va bien se passer mais la vie est dure et il y a des obstacles. Par exemple, mes parents ont des problèmes financiers. Ils n'ont pas les moyens de payer les factures. On a du vendre plusieurs objets comme ma console et mes jeux. La vie n'est pas du tout facile.

개학의 좋은 점

이제 곧 개학이다. 친구들을 다시 볼 수 있다는 생각에 난 들떠 있었다. 물론, 선생님들에 대해 말하자면 그 반대였다. 분명히 우리는 시험을 볼 것이고, 쪽지시험을 보는 것도 예정되어 있었다. 때때로, 우린 만족스럽고 아주 흥분되지만 항상 가로막는 뭔가가 있다. 사람들은 모든 것이 잘 될 것 이라고 생각하지만 삶은 고단하고 장애물이 있다. 예를 들면, 우리 부모님은 재정적 어려움이 있다. 그들은 청구서를 지불할 방법이 없다. 내 게임 기구와 콘솔 같은 여러 물건들을 팔아야만 했다. 인생은 전혀 쉽지 않다.

✤ 단어장

le point : 문제(점), 요점, 논점
positif : 긍정적인
la rentrée : (활동의)재개, 신 학년의 시작
excité(e) : 흥분된, 격양된
les copains : 친구, 동무
bien entendu : 물론, 당연히
le contraire : 대조, 반대
en ce qui concerne : …와 관련되어서는
parier : 장담하다, 확신하다
faire des exercices : 연습하다
prévoir : 예견하다, 예상하다
un contrôle : 평소 시험
parfois : 때때로
bloquer : 차단하다, 저지하다
tout va bien se passer : 순조롭게 지나다
dur(e) : 힘든
un obstacle : 장애(물)
des problèmes financiers : 경제적 문제
avoir les moyens de + inf : …할 방법이 있다
une facture : 청구서
vendre : 팔다
un objet : 물체, 물건
la console : 콘솔 테이블
un jeu : 놀이(게임) 기구
pas du tout : 전혀

8. Mon père va revenir.

J'étais tout excité car tout d'abord, c'était bientôt les vacances de Noël ! Mais il n'y avait pas que ça: mon père allait revenir le 5 décembre pour passer les vacances avec nous! Quand il sera là, je crois que la première des choses qu'il fera serait de dormir à cause de la fatigue causée par le long voyage. Nous avions prévu de passer Noël à Paris. On y resterait pendant quatre jours. Ma mère avait déjà réservé pour la chambre d'hôtel qui se trouvait dans une banlieue calme. Nous allons sûrement visiter le musée du Louvre et monter sur la Tour Eiffel même si nous étions déjà montés dessus.

아빠가 돌아오신다.

나는 완전히 들떠있었다. 왜냐하면 무엇보다도 곧 크리스마스 방학이 오기 때문이었다. 그러나 그것만은 아니었다. 12월 5일에 아빠가 우리와 휴가를 보내기 위해 오신다고 했다. 아빠가 집에 오게 되면 오랜 여행으로 인해 피로하기 때문에 잠을 잘 것이라 생각한다. 우린 파리에서 크리스마스를 보낼 예정이었다. 그곳에 4일 동안 머물 것이다. 엄마가 조용한 근교에 있는 호텔방을 이미 예약 했다. 우린 틀림없이 루브르 박물관을 방문할 것이고, 비록 우리가 이미 에펠탑을 올라가 보긴 했지만 그곳도 다시 올라갈 것이다.

✤ 단어장

revenir : 다시 오다
excité : 들뜬, 흥분한
tout d'abord : 우선, 먼저
les vacances de Noël : 크리스마스 방학
ne ~ pas que : 단지 …만 하는 것은 아니다
passer les vacances : 방학을 보내다
la première : 첫째의 (것) 사람
dormir : 자다
à cause de : …때문에
la fatigue : 피곤, 피로
causer : …(의) 원인이다, (을)야기하다
le long voyage : 긴 여행
prévoir de + inf : …할 것을 예견하다, 예상하다
rester : 머무르다
réserver : 예약하다
se trouver : 있다
une banlieue : 교외
calme : 고요한, 고요한
sûrement : 분명, 명확히
visiter : 방문하다
le musée du Louvre : 루브르 박물관
monter sur la Tour Eiffel : 에펠탑을 오르다
même si : 비록 …일지라도
dessus : …위에

9. Le nouvel étudiant

Aujourd'hui, nous avons reçu un nouvel étudiant dans notre classe. C'était un garçon assez mignon, je l'ai avoué. Il s'appelait Simon et venait de Bordeaux. Notre professeur nous avait demandé de bien l'accueillir et de lui expliquer les règles de l'établissement. Dès le premier jour, il a été très populaire auprès des filles et il s'entendait déjà bien avec les autres garçons. Apparemment, c'était un sportif car il m'avait dit qu'il jouait du foot en club. Par contre, en maths, ce n'était pas un génie. Il avait à peine la moyenne. Dommage que je ne sois pas douée dans cette matière pour pouvoir l'aider.

새로운 학생

오늘 우리 반에 새 학생이 들어왔다. 내가 시인하건데 꽤 귀여운 소년이었다. 그의 이름은 시몬이고 보르도에서 왔다. 선생님은 우리에게 그를 잘 맞이해 주라고 부탁하셨고 그에게 학교 규칙을 설명해 주라고 하셨다. 첫날부터, 여자아이들 사이에서 굉장히 인기가 많았고, 그는 이미 다른 남자 아이들과도 잘 어울렸다. 언뜻 보아 그는 운동선수였던 것 같다. 왜냐하면 클럽에서 축구경기를 했었다고 나에게 말했기 때문이다. 반대로, 수학에는 재능이 없었다. 그는 기껏해야 중간 정도였다. 내가 그 과목에서 그를 도울 수 있는 재능이 없다는 것이 유감이다.

✣ 단어장

recevoir : 맞이하다, 받아들이다
mignon(ne) : 귀여운, 사랑스러운
avouer : (사실을)고백하다, 인정하다, 시인하다
venir de : … 출신이다, …에서 오다
demander à qn de + inf : …에게 …할 것을 부탁하다, 요청하다
accueillir : 접대하다, 안내하다
expliquer : 설명하다
une règle : 규정, 규칙, 규범, 규율
un établissement : 시설, 기관
dès : …부터, …하자마자
populaire : 인기 있는
auprès de : 곁에, 옆에
s'entendre avec qn : …와 사이가 좋다
apparemment : 언뜻 보아, 겉보기에
un sportif : 운동가, 스포츠맨
jouer du foot : 축구경기를 하다
par contre : 반대로
un génie : 타고난 재능, 천재성
à peine : 겨우, 고작, 기껏해야
la moyenne : 평균, 중간 수준, 평균
dommage : 유감스러운
doué(e) : 재능있는, 유능한
la matière : (학교의) 교과, 과목

10. Noël

Noël était enfin arrivé. Je me suis réveillée, excitée car je savais que les cadeaux attendaient patiemment sous le sapin illuminé de mille feux. J'ai descendu les escaliers en courant. Mes parents s'étaient déjà levés et prenaient leur petit-déjeuner dans le salon. Je leur ai souhaité un joyeux Noël et j'ai ouvert mes cadeaux. J'ai crié de joie à l'instant même où j'ai aperçu un baladeur iPod bleu. J'ai remercié mes parents et ai continué d'ouvrir les autres cadeaux. J'ai reçu une gourmette avec écrit mon prénom de la part de ma grand-mère, une chaîne en or de la part de ma tante et un T-shirt de l'Olympique Lyonnais de la part de mon oncle. Ça a été, je crois, le Noël le plus heureux que j'ai passé ce jour-là.

크리스마스

크리스마스가 마침내 다가왔다. 나는 흥분된 상태에서 잠에서 깨어났다. 왜냐하면 천 개의 등불로 장식된 크리스마스트리 밑에서 선물들이 끈기있게 기다리고 있다는 걸 알고 있었기 때문이다. 나는 뛰어서 계단을 내려왔다. 부모님은 이미 일어나셔서 거실에서 아침을 드시고 계셨다. 나는 부모님께 "메리 크리스마스"라고 말하고 선물을 열어 보았다. 나는 파란색 iPod 워크맨을 보는 순간 바로 환호성을 쳤다. 나는 부모님께 감사하다고 말하고 다른 선물들을 열어보았다. 나는 나의 이름이 새겨진 팔찌를 할머니께 받았고, 숙모로부터 금목걸이를 받고, 삼촌에게서는 리옹올림픽 티셔츠를 받았다. 그날은 내가 보낸 가장 행복한 크리스마스 였다고 생각한다.

✤ 단어장

Noël : 크리스마스
se réveiller : 일어나다, 깨어나다
excité(e) : 흥분된, 격앙된
un cadeau : 선물
patiemment : 참을성 있게, 끈기 있게
le sapin : 크리스마스 트리, 소나무
illuminé de mille feux : 천 개의 등불이 조명으로 장식된
descendre : 내려가다
les escaliers : 계단
courir : 달리다, 뛰다
se lever : 일어나다
prendre le petit-déjeuner : 아침식사를 하다
souhaiter à qn un joyeux Noël : …에게 즐거운 크리스마스를 보내도록 기원하다
crier de joie : 환희의 소리를 지르다
à l'instant même : 방금, 곧, 당장
apercevoir : (안보이던 것을 갑자기)보다, 발견하다

un baladeur : 휴대용 카세트, 워크맨
remercier qn : (에게) 감사하다
continuer de + inf : …을 계속하다
recevoir : 받다
une gourmette : 시계 줄, 팔찌
un prénom : 이름

de la part de : …의 의뢰 (대래, 명령)로, …의 쪽에서, …로서는
une grand-mère : 할머니
une chaîne en or : 금줄 목걸이
le plus heureux : 더욱 행복한
ce jour-là : 그 날

11. Miam

Un samedi, ma mère m'a dit qu'elle allait me faire une surprise au dîner. J'étais impatient de voir ce que c'était. Je jouais à la console pour me distraire. A seize heures, ma mère était partie au magasin, sans rien dire. C'était sûrement pour acheter les ingrédients qu'il lui fallait pour ce dîner. Pendant qu'elle n'était pas là, j'en profitais pour fouiller dans ses affaires pour trouver quelques éventuels indices qui m'aideraient à deviner la surprise. Mais je n'ai rien trouvé. Quand elle est arrivé, j'ai fait semblant de regarder la télé. Enfin, le moment tant attendu est venu. Je suis vite allé dans la cuisine. Et que vois-je? Des frites, des hamburgers, du rôti bien cuit, que de la bonne nourriture. C'était le meilleur repas que j'ai jamais mangé.

냠냠

토요일날, 엄마는 나에게 저녁식사에 깜짝 놀랄 것을 해주실 거라고 말했다. 그것이 무엇인지 알고 싶어 초조했다. 나는 관심을 돌리기 위해서 콘솔 게임을 했다. 오후 4시 엄마는 아무 말씀도 없이 시장에 가셨다. 저녁식사를 위해서 필요한 재료를 사러 가신 게 확실하였다. 엄마가 없는 동안, 나는 깜짝 놀랄 것을 알아 맞추는 데 도움이 될 몇 가지 단서들을 찾기 위해 엄마의 소지품을 뒤지며 시간을 보냈다. 하지만 나는 아무것도 찾기 못했다. 엄마가 돌아왔을 때 나는 텔레비전을 보는 척 했다. 마침내 기다리던 시간이 왔다. 나는 재빨리 부엌으로 갔다. 그리고 내가 무엇을 보았을까? 감자튀김과 햄버거 그리고 잘 구워진 로티 등 맛있는 음식뿐이었다. 내가 결코 먹어보지 못한 가장 훌륭한 식사였다.

✤ 단어장

une surprise : 놀라운 일
le dîner : 저녁식사
impatient(e) de + inf : …하는데 초조한, 안달하는
jouer à la console : 콘솔 놀이를 하다
se distraire : 관심 (마음)을 돌리다
sans rien dire : 아무 말 없이
sûrement : 확실히, 분명히, 틀림없이
un ingrédient : 재료
il lui faut : 그에게 필요하다
pendant que + ind : …동안
profiter de~ : …을 이용하다
fouiller : 뒤지다, 조사하다
un affaire : 개인 소지품, 의류 (복수)
éventuel(le) : 가능성 있는
un indice : 표시, 징후, 기미
aider qn à + inf : …를 …하는 것을 돕다
deviner : 추측하다, 알아맞추다
ne ~ rien : 아무것도 …하지 않다

faire semblant de + inf : …한 체 하다
le moment tant attendu : 그렇게 많이 기다리던 순간
la cuisine : 요리
des frites : 튀김
un rôti bien cuit : 잘 익힌 구이
la nourriture : 음식물
le meilleur repas : 가장 훌륭한 식사

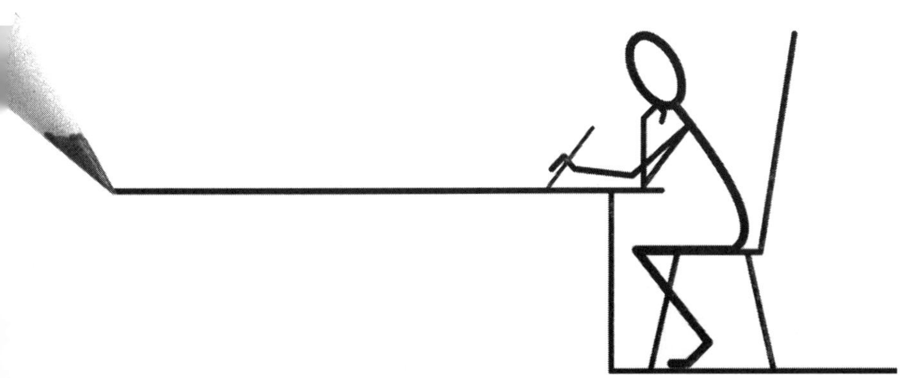

12. J'ai envie d'être libre.

Je n'arrive pas à comprendre comment plus de 70% des 15-30 ans voudraient avoir une vie de petits fonctionnaires, avec un mari ou femme, une petite maison. Je pense plutôt que ces jeunes-là ont peur de l'avenir. Je n'ai que 20 ans et je ne sais pas encore comment j'aimerais être. Il y a tellement de possibilités. Je rêve de devenir une grande actrice française, ou bien d'être une mère Teresa ou encore j'espère changer le monde. Que j'aimerais être dans dix ans. Je ne sais pas! Mais une chose est sûre, j'ai une irrésistible envie d'être libre.

자유롭고 싶다.

나는 어떻게 15세에서 30세의 70%이상이 배우자와 작은 집을 가진 하급공무원의 삶을 원하는지 이해할 수 없다. 나는 그 젊은이들이 미래에 대한 두려움을 가지고 있다고 생각한다. 나는 20살 밖에 되지 않았고, 내가 어떻게 되고 싶은지 아직 모른다. 많은 가능성이 있다. 나는 유명한 프랑스 배우가 되거나 또는 테레사 수녀처럼 되는 꿈을 꾼다. 또 나는 세상을 바꾸고 싶다. 10년 후 나는 무엇이 되고 싶을까! 나는 모른다. 하지만 한 가지 확실한 것은 나는 자유로워지고 싶은 강한 욕구가 있다는 것이다.

✤ 단어장

avoir envie de + inf : …하고 싶어 하다
libre : 한가한, 자유로운
arriver à + inf : (상태·목표 달성에) 도달하다, 이르다
plus de + 숫자 : …이상
fonctionnaire : 공무원
un mari : 남편
une femme : 부인
plutôt : 오히려, 차라리
ces jeunes-là : 그 젊은이들
avoir peur de : …을 두려워하다, 공포를 갖다
un avenir : 미래
tellement de : 그렇게 (매우, 아주) 많은
la possibilité : 가능성
rêver de + inf : …을 꿈꾸다
acteur(trice) : 배우, 연기자
ou bien : 또는
ou encore : 또는
espérer + inf : …하기를 바라다, 희망하다
dans + 기간 : …후에
sûr(e) : 확실한, 분명한
irrésistible : 저항할 수 없는, 억제할 수 없는, 결정적인

13. Je suis pressé d'être en 2009.

Nous sommes toujours en 2008. Je suis vraiment pressé d'être en 2009 car il y aura de nouveaux films, de nouvelles musiques et voitures qui vont sortir. Tout a été retardé car il y a eu la crise économique. On raconte aussi qu'il y aura sûrement des conflits entre les pays pour les richesses industrielles comme le pétrole. J'ai décidé de devenir écologiste. Je vais essayer de ne pas laisser l'eau couler. Je me suis dit qu'il fallait préserver l'avenir de l'espèce humaine. Aussi, je ne veut pas mourir. Et dire qu'il y a des millions de gens qui polluent avec leurs voitures.

나는 2009년이 되기를 서두른다.

여전히 2008년이다. 나는 2009년이 오기를 정말로 서두른다. 왜냐하면 새로운 영화가 개봉할 것이고, 새로운 음악이 발매될 것이며, 새 차들이 출시되기 때문이다. 경제위기로 인해 모든 것이 늦춰졌다. 석유 같은 산업자원 때문에 국가간 갈등이 분명 있을 거라고 이야기 한다. 나는 환경학자가 되기로 결심했다. 나는 물이 흐르도록 내버려두지 않도록 노력할 것이다. 나는 인류의 미래를 지켜야 한다고 생각했다. 또한 나는 죽고 싶지 않다. 수백 만 명의 사람들이 그들의 차로 환경을 오염시키다니!

✣ 단어장

être pressé(e) de + inf : …서두르다, 다급하게 …하다
nouveau[x] : 새로운
sortir : 출시되다, 개봉하다
retardé(e) : 연기된
la crise économique : 경제위기
raconter : 이야기하다
sûrement : 분명, 명확히
un conflit : 갈등, 분쟁
entre les pays : 국가들 사이에
les richesses industrielles : 산업자원
comme : …같은
le pétrole : 기름, 석유
décider de + inf : …하기로 결정하다, 정하다
écologiste : 생태학의, 생태학적인
essayer de + inf : …하려고 노력하다, 애쓰다, 시도하다
laisser qch + inf : …하도록 내버려두다
couler : 흐르다
il faut + inf : …해야 한다
préserver : 지키다, 보호하다
l'avenir de l'espèce humaine : 인류의 미래
mourir : 죽다
des millions de gens : 다수의 사람들
polluer : 오염시키다, 더럽히다

1. La révélation

J'ai annoncé à ma mère le dix sur vingt que j'avais eu en maths. Et contrairement à ce que je craignais, elle ne m'a pas puni. Elle m'a juste dit que je ferais mieux la prochaine fois. Mon père ne comprend pas pourquoi ma mère n'est pas assez stricte avec moi. Toute la soirée, ils ont discuté de la façon dont ils m'élevaient. Franchement, je ne vois pas pourquoi mon père pense cela. Moi, je trouve que mon éducation est très bien. En tout cas, lorsque j'aurai des enfants, je saurai qu'il ne faut pas leur mettre de la pression et je les laisserai faire ce qu'ils voudront.

새로운 발견

나는 수학에서 20만점에 10점 받은 것을 엄마에게 알려줬다. 걱정했던 것과 반대로 그녀는 나에게 벌을 주지 않았다. 그녀는 다음번에 더 잘하라고만 말했다. 아빠는 왜 엄마가 나에게 엄격하지 않은지 이해할 수 없나 보다. 저녁 내내 그들은 나를 키우는 방법에 대해 대화를 나눴다. 솔직히, 왜 아빠가 그런 생각을 하는지 알 수 없다. 내가 받은 교육은 아주 좋다고 생각한다. 어쨌든 내가 아이들을 갖게 될 때 나는 아이들을 압박하지 말아야 한다는 것을 알고, 애들이 하고 싶은 것을 하도록 내버려 둘 것이다.

✤ 단어장

la révélation : 새로운 발견, 직관적 인식
annoncer : 알리다, 알려주다
maths : 수학
contrairement à : (와) 반대로, (에) 반하여
craindre : 무서워하다, 겁내다
punir : 벌주다
faire mieux : 좀 더 잘 하다, 최선을 다하다
la prochaine fois : 다음 번
comprendre : 이해하다
strict(e) : 엄중한, 엄한, 엄격한
toute la soirée : 저녁 내내
discuter : 이야기를 나누다, 대화하다
la façon : 방법
élever : 기르치다, 교육하다
franchement : 솔직히
je ne vois pas pourquoi + ind : 나는 왜 … 하는지 알지 못하다, 이해하지 못하다
trouver que + ind : …라고 생각하다
une éducation : 교육, 교양
en tout cas : 어쨌든
lorsque : …할 때, 그때
il ne faut pas + inf : …해서는 안 된다
la pression : 압박, 중압감
mettre : (감정 따위를) 쏟아 넣다
laisser qn/qch + inf : …이 …하게 내버려 두다

2. Je suis soulagé d'être en vacances.

Pendant les vacances de Noël, j'étais tranquillement chez moi et je m'étais dit que c'était trop bien. Mais au final, ce n'était pas le cas. On se dit que durant les vacances, on va enfin pouvoir se reposer. Mais en fait, on s'ennuie. Et donc le samedi suivant, je suis allé acheter un jeu et je suis rentré chez moi pour l'essayer. Franchement, au début, je n'y comprenais rien. Mais petit à petit, je commençais à devenir un bon joueur. Finalement, les vacances se sont très bien passées sauf le jour où je devais faire mes devoirs. J'étais obligé de les faire car sinon, j'aurais été puni.

방학이 되어 해방이다.

크리스마스 방학 동안, 난 조용히 집에서 지냈고 정말 좋다고 생각했었다. 그러나 결국 그렇게 되지는 않았다. 사람들은 방학 동안 쉴 수 있다고 생각하지만, 사실 심심하다. 그래서 그 다음 토요일에 나는 장난감을 샀고 그것을 해보려고 집으로 다시 돌아왔다. 솔직히, 처음엔 아무것도 이해할 수 없었다. 그러나 조금씩 난 능숙한 게이머가 되기 시작했다. 결국, 숙제를 몰아서 한 날만 제외하면 방학을 매우 잘 보냈다. 방학숙제를 꼭 해야만 했다. 그렇지 않으면 벌을 받기 때문이었다.

✤ 단어장

soulager de + inf : 짐 (부담)을 덜어주다
être en vacances : 방학이다
un Noël : 크리스마스
tranquillement : 조용하게
se dire : 생각하다, 스스로 말하다
au final : 마침내, 결국
durant : …동안
se reposer : 쉬다, 휴식을 취하다
en fait : 사실, 실제로
s'ennuyer : 지루하다, (에) 실증하다
suivant : 바로 다음의, 다음에 오는, 이후의
aller acheter : 사러가다
un jeu : 놀이

essayer : 시도하다
franchement : 명료하게, 솔직하게
au début : 처음에(는)
comprendre : 이해하다
petit à petit : 조금씩
commener à + inf : …시작하다
devenir : …(이) 되다
un bon joueur : 놀이 (경기)를 잘하는 사람
finalement : 마침내, 결국
sauf : …제외하고
faire les devoirs : 과제 (숙제)를 하다
être obligé(e) de + inf : …할 의무가 있다

3. Le cours de musique

J'adore le cours de musique. Le professeur, M. Lenoir est très sympathique et gentil malgré son humour qui laisse à désirer. Nous chantons beaucoup avec l'accompagnement du piano et nous apprenons tout juste à faire de la flûte. Les morceaux sont assez faciles pour l'instant mais ils deviendront de plus en plus compliqués. A chaque fois que nous passons chanter à quatre au pupitre devant toute la classe, le professeur nous rajoute un point à la moyenne de musique. Nous écoutons de temps en temps de la musique classique comme des pièces d'Opéra ou des concertos.

음악 수업

나는 음악 수업을 좋아한다. 르느와르 선생님은 그의 유머가 좀 기대에 미치지 못하지만 매우 친절하시고 호감 가는 분이시다. 우리는 피아노 반주에 맞춰 노래도 많이 부르고 이제 막 플롯 부는 것을 배우고 있다. 현재까지의 소품곡들은 쉬운 편이지만 점점 더 복잡해 질 것이다. 우리가 반 아이들 앞에서 4중창을 할 때마다 선생님은 우리에게 음악 평균점수에다 추가점수를 주신다. 우린 가끔 오페라 작품 혹은 콘세르토 같은 클래식 음악을 듣는다.

✤ 단어장

le cours de musique : 음악수업
adorer : 좋아하다
sympathique : 호감 가는
gentil(le) : 친절한
malgré : …에도 불구하고
un humour : 해학, 유머
laisser à désirer : 불완전하다, 만족스럽지 못하다
l'accompagnement du piano : 피아노 반주
apprendre à + inf : …을 배우다
tout juste : 바로, 꼭
faire de la flûte : 플루트를 연주하다
un morceau : (전곡중 독립된) 개개 부분, 소곡, 소(품)곡
pour l'instant : 당분간은, 당장에는
devenir : …이 되다
de plus en plus : 점점 더
compliqué(e) : 복잡한, 까다로운
A chaque fois que + ind : …할 때마다
passer chanter : 노래하는 시간을 갖다
le pupitre : 기악, 합창 파트
la classe : 학급, 반, 교실
rajouter : 첨가하다, 부가하다
un point : 점수
la moyenne : 평균
de temps en temps : 가끔, 때때로
une pièce : 작품, 곡
un concerto : 협주곡

4. Le concert

Le groupe Superbus passait dans notre ville, un vendredi soir, vers huit heures du soir. Nous y sommes allées avec Hélène et Elisa. Nous sommes arrivées au moins avec une demi-heure d'avance et il y avait déjà beaucoup de monde. La salle de concert se remplissait de plus en plus. Une demi-heure plus tard, les Superbus sont arrivés enfin sur scène et ça a été de la folie. Toute la salle criait. Puis ils ont entonné la première chanson et petit à petit, tout le monde a chanté en cœur avec eux. Le concert s'est terminé vers deux heures et demi après. Ça a été un moment inoubliable.

콘서트

쉬뻬르뷔스 그룹이 금요일 저녁 8시경에 우리 도시에 왔다. 우리는 엘렌느, 엘리자와 함께 그곳에 갔다. 우리는 적어도 30분 빨리 도착했다. 벌써 많은 사람들이 있었다. 콘서트 장은 점점 더 채워졌다. 30분 후 쉬뻬르뷔스 멤버들이 무대위로 올라왔다. 그것은 한마디로 광적이었다. 공연장 전체가 소리를 내질렀다. 그들은 첫 번째 노래를 불렀고, 조금씩 모든 사람들이 그들과 함께 마음을 다해 노래를 불렀다. 콘서트는 두 시간 반 경 후에 끝났다. 잊을 수 없는 순간이었다.

✤ 단어장

le concert : 콘서트
passer : 들르다
la ville : 도시, 마을
vers + 시간 : …경에
au moins : 적어도
une demi-heure d'avance : 30분 빨리
la salle de concert : 콘서트 장
se remplir : (으로)가득 차다
de plus en plus : 점점 더
une demi-heure plus tard : 30분 후
sur scène : 무대에서
de la folie : 광기, 격정, 정열
crier : 외치다, 소리 지르다, 날카로운 소리를 내다
entonner : 노래하기 시작하다
une chanson : 노래
petit à petit : 조금씩
se terminer : 마치다, 끝내다
un moment inoubliable : 잊을 수 없는 순간

5. Le gâteau au chocolat

Un soir, ma mère avait préparé un gâteau au chocolat dont la recette se transmettait de génération en génération. Je lui ai alors demandé de me donner la recette. Le lendemain, elle me l'a écrit sur une feuille et j'ai décidé d'en faire un. J'ai mélangé quelques œufs avec de la farine et j'ai fait fondre du chocolat avec du beurre. J'ai eu quelques petits problèmes avec la cuisson mais finalement, le gâteau était assez bien réussi. Certes, il n'était pas aussi bon que celui de ma mère mais c'était déjà bien pour un début. Encore un peu de pratique et je saurais vraiment en faire un délicieux. Du moins je l'espérais.

초코 케이크

저녁에 엄마는 집안 대대로 전해오는 레시피(요리법)를 가지고 초코 케이크를 만들었다. 그래서 나는 엄마께 레시피를 달라고 부탁했다. 다음날, 엄마는 종이에 레시피를 적어 주셨고, 나는 케이크 하나를 만들어 보기로 결심했다. 나는 밀가루에 계란 몇 개를 섞고, 버터와 초콜릿을 녹였다. 빵을 굽는데 약간 어려움들이 있었지만 결국 케이크는 꽤 괜찮게 만들어졌다. 확실히 엄마가 만든 케이크만큼 맛있지는 않았지만 처음치고는 꽤 괜찮았다. 약간의 연습을 통해서 정말 맛있는 케이크를 만들 수 있을 것이다. 적어도 나는 그것을 바랬다.

✤ 단어장

le gâteau au chocolat : 초코 케이크
préparer : 준비하다
la recette : 요리법
se transmettre : 전달되다, 전해지다
de génération en génération : 대대손손, 대대로
demander à qn de inf : …에게 …할 것을 요구하다, 요청하다
le lendemain : 이튿날, 다음날
une feuille : 종잇장
décider de + inf : …하기로 결정하다
mélanger : 섞다
un œuf : 계란
la farine : 밀가루
faire + inf : 시키다, 하게하다
fondre : 녹이다, 용해하다
du beurre : 버터
un problème : 문제, 어려움
la cuisson : (요리를) 익히기, 삶기, 굽기
réussi(e) : 성공적으로 이루어진, 잘 된
certes : 확실히, 물론
un début : 처음에(는)
un peu de pratique : 약간의 실천 (실행, 습관, 행동)
savoir + inf : …할 줄 알다
délicieux : 맛있는
du moins : 적어도, 어쨌든
espérer : 기대하다, 바라다, 희망하다

6. La photographie

Je m'étais trouvé une nouvelle passion, à part l'écriture et le dessin. Ces temps-ci, je m'intéressais beaucoup à la photographie. J'essayais de prendre des clichés d'arbres, de rues, de maisons, enfin de tout ce qui me passait par la tête et je les mettais en noir et blanc. J'effaçais celles que je n'aimais pas. Mon père me disait de ne pas perdre mon temps à prendre des photos inutiles. Mais moi, je ne les trouvais pas inutiles. Au contraire, plus tard, je pourrais faire un album avec toutes ces photos et si un jour je quittais cette ville, je pourrais montrer à mes enfants là où j'avais grandi. Qui sait si plus tard je ne ferais pas une exposition dans un musée?

사진

나는 글쓰기와 그림그리기 외에 새로운 열정을 발견했다. 요즘, 나는 사진에 많은 관심을 갖았다. 나는 나무, 도로, 집들의 사진, 아니 머릿속을 스치는 모든 것들을 찍으려고 했다. 나는 흑백사진으로 찍었다.. 내가 좋아하지 않는 것은 지웠다. 아빠는 쓸 때 없는 사진을 찍으면서 시간을 허비하지 말라고 나에게 말씀하셨다. 나는 그것이 쓸 때 없다고 생각하지 않았다. 오히려, 나중에 나는 이 모든 사진을 앨범으로 만들 수 있을 것이다. 만약 어느 날 이 마을을 떠나게 된다면, 내가 자랐던 곳을 아이들에게 보여줄 수 있을 것이다. 훗날 내가 전시관에서 사진전을 할지 누가 알까?

✤ 단어장

la photographie : 사진술, 사진
se trouver : 자신을 발견하다
une nouvelle passion : 새로운 열정
à part : 별도로, 따로, …을 제외하고
une écriture : 글쓰기
le dessin : 그림
ces temps-ci : 요즈음
s'intéresser à qch : …에 관심을 갖다
essayer de + inf : (하려고) 애쓰다, 노력하다
prendre des clichés : 사진을 찍다
la tête : 머리
mettre qch en noir et blanc : 흑백으로 찍다
effacer : 지우다, 삭제하다
dire à qn de + inf : …에게 …(하라고) 말하다, 명령 (지시) 하다
perdre : 잃다
le temps : 시간
prendre des photos : 사진을 찍다
inutile : 유용하지 않은, 쓸데없는
trouver qch + adj : …을 (…한 상태에서) 발견하다
au contraire : 반대로
plus tard : 나중에, 후일
un album : 앨범
quitter : 떠나다, 나가다

montrer : 보여주다
où j'avais grandi : 내가 자란 곳
Qui sait si plus tard je ne ferais pas une exposition dans un musée? 훗날 내가 전시관에서 사진전을 할지 누가 알까?

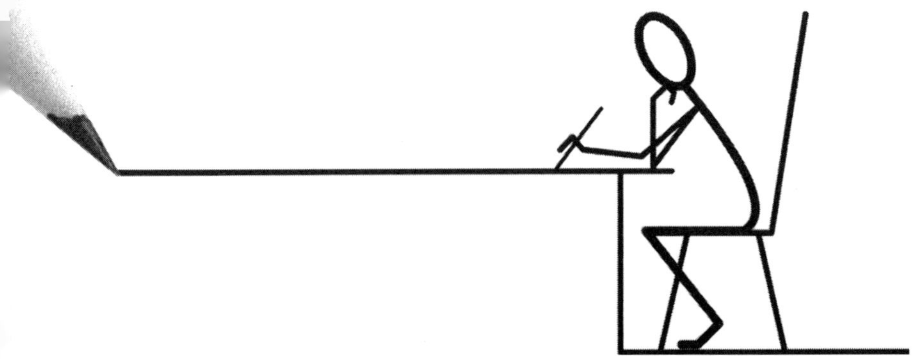

7. Le séjour en Angleterre

Mes parents m'avaient inscrite à un échange avec une fille anglaise. J'allais chez elle durant deux semaines et elle venait chez nous. J'ai pris l'Eurotunnel et un car pour aller à Londres. La famille de ma correspondante qui s'appelait Hanna habitait là-bas. J'ai été bien accueillie et je m'entendais bien avec toute la famille. Elle m'a fait visiter Londres et le week-end, sa famille m'a emmené assister à un match de foot à Manchester. Ils m'ont fait visiter quelques villes comme Brighton, Southampton ou encore Birmingham. Ils habitaient dans une maison, comme la plupart des Anglais. Ils avaient une grosse moquette qui recouvrait le sol et une télévision écran plat. C'était vraiment un voyage extraordinaire.

영국에서 체류

나의 부모님은 영국과의 교환학생 프로그램에 나를 등록시켰다. 나는 그녀의 집에 2주 동안 가는 것이었고, 그녀는 우리 집에 오는 것이었다. 나는 런던에 가기 위해서 유로터널과 버스를 탔다. 하나라고 부르는 나의 교환학생은 그곳에 살았다. 나는 환대를 받았고, 가족 모두와 잘 지냈다. 그녀의 가족은 런던을 방문시켜 줬고, 주말에는 맨체스터에서 하는 축구 시합에 나를 데려가 주셨다. 그들은 나를 브라이튼과 사우스햄턴 또는 버밍햄 같은 몇몇 도시를 관광시켜 주었다. 그들은 대부분의 영국인들처럼 주택에 살았다. 바닥을 다 덮는 큰 양탄자와 평면 텔레비전이 있었다. 정말로 멋진 여행이었다.

✤ 단어장

le séjour en Angleterre : 영국에서 체류
inscrire qn à + qch : …을 …에 등록시키다
un échange : 교환, 교류
anglais(e) : 영국인의
durant : …동안
prendre l'Eurotunnel : 유로터널을 타다
un car : 관광버스, 장거리버스
correspondant(e) : 펜팔 상대, 전화 상대
accueilli(e) : 환대 받은, 접대 받은
s'entendre bien avec qn : …와 사이가 좋다, 의가 통하다
faire visiter : 방문하게하다
emmener qn + inf : …을 …하기 위해 데리고 가다
assister à : …에 참여하다, 참관하다
un match de foot : 축구시합
une ville : 도시
la plupart de : 대부분의
une grosse moquette : 큰 양탄자
recouvrir : 완전히 뒤덮다
le sol : 바닥, 땅
une télévision écran plat : 평면 텔레비전
un voyage : 여행
extraordinaire : 매우 좋은, 훌륭한

8. Un dîner au restaurent

Mon père avait eu une promotion à son boulot et pour fêter ça, il nous avait emmener dans un restaurent chic. Quelques bougies étaient parsemées par-ci par-là et les serveurs étaient habillés élégamment. La table était joliment décorée. J'ai commandé du saumon avec du riz et un mélange de légumes. Mon frère a voulu un menu poulet-frite et mes parents ont choisi un rôti de porc aux champignons caramélisés. En dessert, j'ai pris une île flottante et mon frère a choisi une glace à la vanille. Ça a été un repas délicieux. Le prix faisait peur à voir mais nous avions bien mangé.

레스토랑에서 저녁식사

아빠는 직장에서 승진을 했다. 승진을 축하하기 위해 아빠는 우리를 멋진 레스토랑으로 데려갔다. 몇 개의 초들이 여기저기 불을 밝히고 있었고, 종업원들은 똑같은 정장을 하고 있었다. 테이블은 예쁘게 장식되어 있었다. 나는 밥이 곁들여진 연어와 혼합된 야채를 주문했다. 내 남동생은 닭고기-감자튀김 메뉴를 원했고, 부모님은 캐러멜 돼지고기 구이를 주문했다. 디저트로 나는 플로트 아일랜드, 내 남동생은 바닐라 아이스크림을 먹었다. 맛있는 식사였다. 가격을 보기가 무서웠다. 하지만 우리는 참 잘 먹었다.

✤ 단어장

une promotion : 승진
un boulot : 일, 직업
fêter : 축하하다
emmener : 데리고 가다(오다)
chic : 멋진, 근사한, 세련된
une bougie : 초
parsemé(e) : 흩어져 있는, 점재하는
par-ci par-là : 여기 저기
un serveur : 종업원
habillé(e) : 옷을 입은, 정장을 한
élégamment : 똑같이, 동등하게
joliment : 예쁘게, 귀엽게
décoré(e) : 장식된
commander : 주문하다
un saumon : 연어
du riz : 쌀
un mélange de légumes : 혼합된 야채
un menu poulet-frite : 구운 닭고기-감자튀김 메뉴
les champignons caramélisés : 캐러멜을 섞은 버섯
un dessert :디저트
une île flottante : 플로팅 아일랜드 (커스터드 크림에 달걀 흰자를 얹은 디저트의 일종)
une glace à la vanille : 바닐라맛 아이스크림
délicieux(se) : 맛있는
le prix : 가격
faire peur : 겁주다, 무섭게 하다

9. Un nouveau compagnon

Ces temps-ci, mes parents pensaient souvent à adopter un chien. Ils trouvaient que la maison était trop vide et qu'un nouveau compagnon ne nous ferait pas de mal. A ma grande joie, nous sommes allés au Centre des chiens perdus pour recueillir notre nouveau compagnon à quatre pattes. Il y avait de nombreux chiens dans des cages qui n'arrêtaient pas d'aboyer. C'était vraiment triste à voir. Je les aurais tous pris si j'avais pu. Nous avons eu le coup de foudre immédiat pour un petit chien noir. C'était le seul qui n'aboyait pas. Il était tranquillement assis dans sa cage et nous regardait de ses magnifiques yeux brillants. Nous avons décidé de l'appeler Shino car en anglais, «shine» signifie brillant.

새로운 동반자(가족)

요즘 부모님께서 개 한 마리를 키울 생각을 하고 있었다. 부모님은 집이 너무 텅 빈 것 같고 새로운 동반자는 우리에게 크게 나쁘지 않을 것이라고 생각하셨다. 기쁘게도, 우리는 우리의 네 발 달린 새로운 친구를 데려오기 위해 유기견보호소에 갔다. 우리 속에는 많은 개들이 멈추지 않고 계속 짖어대고 있었다. 그광경을 보는 것이 무척 슬펐다. 만약 할 수만 있다면 나는 그 개 모두를 키웠을 것이다. 우리는 한 작은 검은 강아지에게 즉시 마음을 빼앗겼다. 짖고 있지 않은 강아지는 유일하게 그 강아지뿐이었다. 그 강아지는 침착하게 우리 속에 앉아있었고 빛나는 멋진 눈으로 우리를 쳐다보고 있었다. 우리는 그 강아지를 시노라고 부르기로 결정했다. 왜냐하면 시노는 영어로 «샤인»(빛나는)이라는 뜻이기 때문이다.

단어장

un compagnon : 친구, 동료, 동반자
ces temps-ci : 요즈음, 근래
penser à + inf : …하는 것을 생각하다
adopter : 입양하다, 택하다
trouver que + ind : …라고 생각하다
vide : 텅 빈
faire du mal (à qn/ qch) : …를 아프게 하다, 해를 입히다

à ma grande joie : 기쁘게도
centre des chiens perdus : 유기견 보호소
recueillir : 거두다, 모으다, 얻다
une patte : (동물의) 발
une cage : (짐승의)우리, 새장
arrêter de + inf : …하는 것을 멈추다, 그만두다
aboyer : (개 따위가) 짖다, 짖어대다
triste : 슬픈

le coup de foudre : 한눈에 반하기
immédiat(e) : 즉시의, 당장의, 직접의
C'ést ~ qui : (주어 강조) …하는 것은 바로 …이다
tranquillement : 조용히, 침착하게, 평온하게
assis : 앉아 있는
magnifique : 굉장한, 훌륭한, 멋진
brillant(e) : 빛나는
décider de + inf : …하기로, (하는 것을) 결정하다
appeler qn + 이름명 : …를 …라고 이름을 붙이다, 부르다
car : 때문에
en anglais : 영어로
signifier : 의미하다

10. La lettre de demande de stage

Nous devions faire un stage de trois jours dans une entreprise de notre choix pour découvrir le monde du travail. Je ne savais pas encore exactement ce que je voulais faire mais je me dirigeais plutôt vers les métiers de la presse. J'envoyais donc une lettre au journal *Le Métro* et j'ai attendu impatiemment leur réponse. Quelques jours plus tard, une lettre signée au nom du directeur du Métro est arrivé. Je l'ai ouverte précipitamment et j'ai sauté de joie en lisant la réponse favorable du directeur. J'étais maintenant soulagée et me sentais toute légère. Mes amis étaient contents pour moi et je l'étais aussi.

연수신청 편지

우리는 직업의 세계를 알기 위해서 우리가 선택한 회사에서 3일 동안 연수를 해야만 했다. 나는 아직 내가 하고 싶은 일이 무엇인지 정확히 모르지만 언론에 관련된 직업으로 방향을 잡고 있었다. 나는 르 메트로지에 편지를 보내었고 그들의 답장을 초조하게 기다렸다. 며칠 뒤에 르 메트로지 사장의 이름이 사인된 편지 한 장이 도착했다. 나는 황급히 그 편지를 열었고, 사장의 호의적인 답변을 읽으면서 기쁨으로 펄쩍 뛰었다. 나는 그 때 안심이 되었고 마음이 매우 홀가분했다. 내 친구들은 나에 대해 매우 만족했고 나 역시도 그랬다.

✤ 단어장

demande de stage : 연수 요구 (신청)
une entreprise : 회사
un choix : 선택, 선정
découvrir : 발견하다
exactement : 정확히, 엄밀하게
se diriger vers + qch : …쪽으로 방향을 잡다, …쪽을 향하다
plutôt : 오히려, 차라리
les métiers de la presse : 언론관련 직업들
envoyer : 보내다
impatiemment : 참을 수 없이, 안달나서, 초조하게
la réponse : 대답, 답장
plus tard : 나중에
signé(e) : 서명되어 있는
au nom de : …의 이름으로
le directeur : 우두머리, 장
précipitamment : 급히 서둘러서, 부랴부랴, 황급히
sauter de joie : 기뻐서 펄쩍 뛰다
favorable : 호의적인, 유리한, 알맞은
soulagé(e) : 진정된, 안심한
se sentir + adj : (기분, 느낌이) …하다
se sentir léger(ère) : 마음이 가볍다, 홀가분하다

11. Un grand soulagement

Il y a quelques jours de cela, nous avions passé le contrôle de la fin d'année. J'avais beaucoup révisé et je stressais en attendant le résultat. Heureusement pour moi, les résultats sont arrivés assez vite et j'ai crié de joie en voyant que j'avais la moyenne. J'avais réussi à passer mon contrôle. Au niveau des maths, la note restait à désirer mais pour le français et l'histoire, j'avais bien réussi. Quant à Elisa, elle était un peu déçue de sa note, mais elle s'en est remise. En tout cas, j'étais vraiment soulagée.

안도

지금으로부터 며칠 전 우리는 학년말 시험을 보았다. 나는 열심히 복습을 했고, 결과를 기다리면서 스트레스를 많이 받았다. 다행히도 결과는 꽤 빨리 나왔고 나는 내가 중간 점수를 받았다는 것을 알고 기뻐서 소리를 질렀다. 나는 시험에 통과했다. 수학 영역에서는 점수가 기대에 미치지 못했지만 프랑스어와 역사는 아주 좋은 결과를 얻었다. 엘리자에 관해 말하자면, 그녀는 점수에 약간 실망했지만 그녀는 다시 기운을 차렸다. 어쨌든 나는 정말로 안심이 되었다.

✤ 단어장

un soulagement : 진정, 완화, 위안, 안도
Il y a quelques jours de cela : 이것으로부터 며칠 전
passer le contrôle : 검사를 받다, 시험을 보다
la fin d'année : 연말
réviser : 재검토하다, 복습하다
stresser : 스트레스를 일으키다(주다)
le résultat : 결과
crier de joie : 기쁨으로 소리치다
la moyenne : 평균, 시험 따위의 중간점
réussir à + inf : …하는데 성공하다
au niveau de : …의 수준에, …의 영역에서, …에 관해서
rester à + inf : …해야 할 일로 남다, …할 필요가 있다
déçu(e) de + qch : 실망한, 환멸을 느낀
la note : 노트, 주석, 점수
se remettre de : 회복되다, 다시 기력을 차리다
en tout cas : 어쨌든
soulager : (고통, 정신적 부담 따위를) 덜어주다

12. Un cadeau

Je suis allé à la librairie pour acheter un cadeaux pour mon neuveu qui a 7 ans. Le livre *La prophétie des grenouilles* a attiré mon attention. La famille de Tom vit en haut d'une colline. En bas, les grenouilles paniquent: un déluge va se produire. C'est leur prophétie. Elles décident d'aller prévenir les hommes. Quand la pluie s'abat sur la planète pendant 40 jours, hommes et animaux unissent leurs efforts pour s'en sortir. La couverture est peu attractive mais finalement, le livre a passionné mon neuveu. Le vocabulaire est parfois compliqué mais le graphisme est simple et sympa.

선물

나는 7살인 조카에게 선물을 사주기 위해 서점에 갔다. <개구리들의 예측>이라는 책이 나의 시선을 끌었다. 톰의 가족은 언덕 위에서 산다. 언덕 아래에서 개구리들이 공포에 사로잡혀 있다 : 홍수가 곧 발생하기 때문이다. 이것은 그들의 예측이다. 개구리들은 사람들에게 알리러 가기로 결정한다. 비가 40일 동안 쏟아졌을 때, 사람과 동물들은 그 난관에서 벗어나기 위해서 노력을 함께 한다. 표지가 별로 매력적이지 않았지만 결국 조카는 책에 열중했다. 어휘가 때때로 까다롭긴 했지만, 필체는 단순하고 호감이 간다.

✤ 단어장

une librairie : 서점
un neuveu : 조카
la prophétie : 예언, 신탁
une grenouille : 개구리
attirer mon attention : 나의 시선을 끌다
vivre : 살다
en haut de : …위에
une colline : 언덕
en bas : 아래에, 밑에
paniquer : 공포에 사로잡히게 하다
un déluge : 홍수, 폭우
se produire : 발생하다, 일어나다
décider de + inf : …하기로 결정하다, 정하다
prévenir : 예상하다, 예고하다
la pluie : 비
s'abattre : (비 따위가) 쏟아지다
la planète : 지구, 세계
unir : 연결하다, 결합하다, 결혼하다
un effort : 노력
s'en sortir : 궁지에서 벗어나다
la couverture : 표지
attractif(ve) : 매력적인
finalement : 결국, 마침내
passionner : 열광(집중)시키다, 열중하게하다
le vocabulaire : 어휘, 단어
compliqué(e) : 복잡한, 까다로운
le graphisme : 필적, 필체

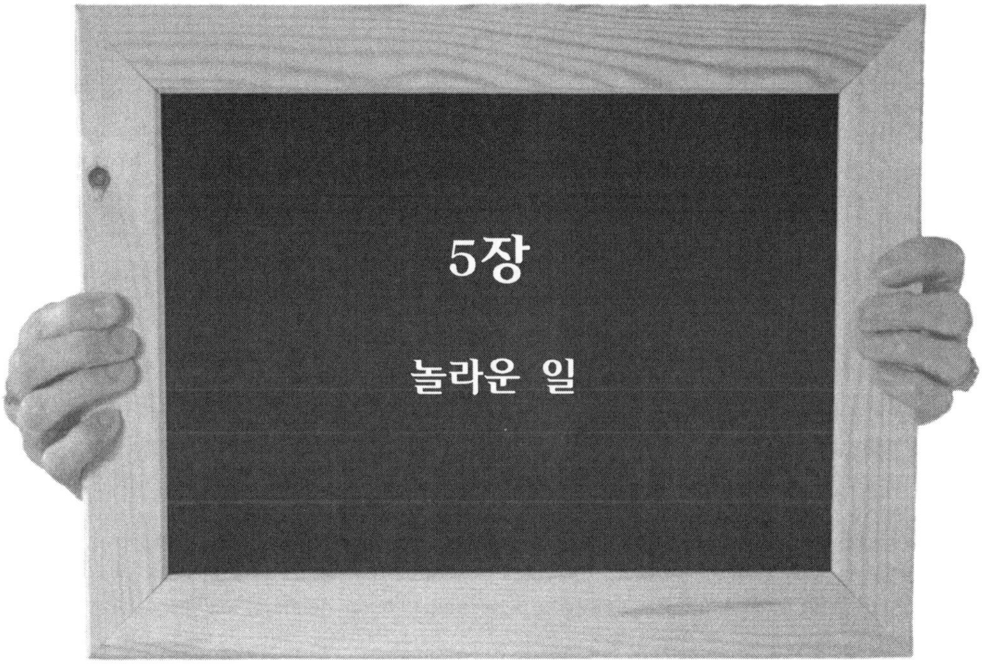

1. Un cadeau inattendu

Les vacances me semblent de plus en plus longues. Je m'ennuie horriblement et toute la journée, je ne fais que regarder la télévision et naviguer sur Internet. Mes parents étaient partis faire les courses et j'en avait marre de regarder des émissions débiles. A leur retour, j'ai eu une merveilleuse surprise car ils avaient avec eux une cage dans laquelle un tout petit hamster ouvrait des yeux ronds et observait ce nouvel environnement. J'étais tellement contente que je les ai embrassés en les remerciant.

뜻밖의 선물

방학이 점점 더 길게 느껴진다. 나는 지독하게 지루하고, 하루 종일 TV를 시청하거나 인터넷 서핑만 한다. 부모님은 시장보러 나가셨고, 난 재미없는 방송은 보기도 이젠 지겨웠다. 그들이 돌아 왔을 때, 난 깜짝 놀랐다. 왜냐하면 눈을 동그랗게 뜨고 새로운 환경을 관찰하고 있는 작은 햄스터 한 마리가 든 철장을 가지고 오셨기 때문이다. 난 너무 좋아서 부모님께 감사드리며 뽀뽀를 해드렸다.

✤ 단어장

inattendu(e) : 예기치 못한, 뜻밖의
sembler à qn + 속사 : …처럼 보이다, 같다
de plus en plus : 점점 더
long(ue) : 긴, 오랜, 오래 걸리는
s'ennuyer : 지루해 하다
horriblement : 지나치게, 지독하게
ne faire que + inf : 단지 …하고만 있다, 계속 …하다
naviguer : (정보)서핑하다
faire les courses : 장을 보다
en avoir marre de + inf : 지긋지긋하다, 물리다
une émission : 방송
débile : 형편없는
le retour : 돌아옴, 귀한
merveilleux(se) : 훌륭한, 멋진, 굉장한, 놀라운
une surprise : 놀라움
une cage : (짐승의) 우리, 철장
les yeux ronds : 동그란 눈
observer : 관찰하다
un environnement : 환경
être content(e) que : …해서 만족하다
embrasser : 껴안다, 포옹하다
remercier qn de qch : …에게 …에 대해 감사하다

2. Quelle drôle d'idée !

La fille de Brad Pitt et d'Angelina Jolie a deux ans et demi et fait beaucoup rire ses parents. La petite fille veut être appelée John qui sonne selon elle beaucoup mieux. Brad Pitt a confirmé que sa fille, Shiloh, veut être uniquement appelée John ou Peter. C'est sûrement lié à Peter Pan. Il me semble que cela risque de devenir très compliqué si les autres s'y mettent, car Brad Pitt a six enfants. Six prénoms, c'est déjà beaucoup, mais 12 pour 6 enfants, il risque lui aussi de finir par trouver cela insupportable.

정말 우스운 생각!

브래드 피트와 안젤리나 졸리의 딸은 두 돌 반이고, 그녀의 부모를 많이 웃게 한다. 이 어린 딸은 훨씬 더 듣기 좋다며 John으로 불러주길 원한다. 브래드 피트는 그의 딸 Shiloh가 단지 존이나 피터로만 불러주길 원한다는 것을 확인했다. 분명 피터팬과 관련된 것이다. 브래드 피트는 6명의 아이들이 있기 때문에 다른 아이들도 이렇게 한다면 너무 복잡해질 것 같다. 이미 6명의 이름도 많다. 6명의 아이를 위한 12개의 이름, 결국 그도 그것을 감당할 수 없다는 것을 알 것이다.

✤ 단어장

drôle : 우스운, 재밌는
une idée : 아이디어, 생각
faire + inf : 시키다, …하게 하다
rire : 웃다
appeler : 불리다, 명명하다
sonner : 울리다, 발음 되다, 소리 나다
selon : …따라
confirmer : 확인하다
uniquement : 유일하게, 오로지, 단지
sûrement : 확실하게, 분명
lier à : (생각, 현상 따위를) 연관 짓다
Il me semble que : …인 것 같다, …한 듯하다
risquer de + inf : (할) 위험이 있다, …할 가능성이 있다
devenir : …되다, …이루다
compliqué(e) : 복잡한, 까다로운
les autres : 다른 사람(것)들
se mettre à + qch : 시작하다, …의 습관을 갖다
finir par + inf : 마침내 …하다
insupportable : 참을 수 없는, 견딜 수 없는

3. La surprise de ma vie

Un soir, je rentrais chez moi pour aller dîner. J'ai ouvert la porte quand soudain, j'ai remarqué qu'il n'y avait personne. J'ai appelé ma mère, mon père, ma sœur il n'y avait personne. Je n'osais pas avancer car j'avais trop peur. J'ai alors entendu un bruit. J'allai au salon pour voir s'il y avait quelqu'un. Soudain, voilà que ma sœur, ma mère et mon père me souhaitaient un joyeux anniversaire. J'ai faillis faire une crise cardiaque. Devant moi, il y avait un gros gâteaux et un cadeau bizarre. Vers huit heures du soir, je l'ai ouvert et à ma surprise, un petit chiot m'a léché le visage. C'était le cadeau le plus extraordinaire et le plus bizarre.

내 인생의 서프라이즈

저녁에 나는 저녁 먹으러 집으로 돌아왔다. 문을 열었을 때, 난 집에 아무도 없음을 알아챘다. 엄마, 아빠, 여동생을 불러봤지만 아무도 없었다. 난 너무 무서워서 감히 안으로 들어가지 못했다. 그때, 어떤 소리를 들었다. 누가 있나 보려고 거실로 갔다. 갑자기 여동생, 엄마 그리고 아빠가 내 생일을 축하해 주려고 거기 있었다. 난 심장마비가 올 뻔했다. 내 앞엔 커다란 케이크와 수상한 선물이 있었다. 저녁 8시 쯤, 선물을 열고 또 한 번 놀랐다. 작은 강아지가 내 얼굴을 핥았기 때문이다. 가장 특별하고 독특한 선물이었다.

✤ 단어장

la surprise : 놀라움
un soir : 저녁
ouvrir : 열다
soudain : 갑자기, 느닷없이
remarquer : 알아차리다
ne ~ personne : 아무도 없다
appeler : 부르다
oser + inf : 대담하게 (용감하게) …하다
avancer : (앞으로) 내밀다
avoir peur : 두려워하다
entendre : 듣다
un bruit : 소리
voir si + ind : …인지 아닌지 알아보다
souhaiter à qn un joyeux anniversaire : …에게 생일을 축하하다
faillir + inf : 자칫 …할 뻔하다
une crise : 위험, 곤경
cardiaque : 심장의, 심장병의
devant : …앞에
un gros gâteaux : 큰 케이크
un cadeau : 선물
bizarre : 이상한
vers + 시간 : …경에
un chiot : 어린 강아지
lécher : 핥다
le visage : 얼굴, 낯
le plus extraordinaire : 가장 특별한

4. L'Internet

Je trouve que la science a beaucoup évolué au fil des siècles. Maintenant, on dispose d'Internet, ce qui nous permet de rester en contact avec le monde extérieur. Je trouve cela très pratique. J'aime être au courant de ce qui se passe dans le monde. On peut également faire des recherches via Internet pour faire un exposé ou autres. C'est vraiment beaucoup plus pratique que d'aller dans une bibliothèque et de chercher les bouquins qu'il nous faut. Malheureusement, il y a toujours des imbéciles qui veulent pourrir la vie des autres en fabriquant des virus ou en trafiquant des ordinateurs. Je ne vois pas à quoi cela leur mène.

인터넷

나는 세기의 흐름에 따라 과학이 많이 발전되었다고 생각한다. 오늘날 우리는 인터넷을 마음대로 할 수 있다. 이것은 우리를 세계와 접촉할 수 있게 해준다. 나는 이것이 매우 실용적이라고 생각한다. 나는 세상에서 일어나고 있는 것들을 아는 것을 좋아한다. 발표를 준비하거나 다른 것을 할 때 인터넷을 통해 자료를 또한 찾을 수 있다. 도서관에 가거나 필요한 책을 찾아보는 것보다 훨씬 더 편리하다. 불행히도, 바이러스를 만들거나 컴퓨터를 부정하게 이용하여 다른 사람들의 삶을 망치는 어리석은 사람들이 항상 있다. 그것이 그들에게 무슨 도움이 되는지 알 수 없다.

✤ 단어장

trouver : (라고) 생각하다
la science : 과학
évoluer : 발전하다, 진화하다
au fil de qch : …의 흐름에 따라
disposer de : …을 마음대로 처분하다, 소유하다, 사용하다
permettre à qn de + inf : …에게 …을 가능하게 하다, 할 수 있게 하다
en contact avec qn : …와 접촉한
le monde extérieur : 외부 세계
trouver qch pratique : …이 편리하다고 생각하다
être au courant de + qch : …을 알고 있다
ce qui se passe dans le monde : 세상에서 일어나고 있는 것
également : 동등하게, 역시, 같은
faire des recherches : 연구하다
via : …통하여, 경유하여
un exposé : 발표, 보고, 설명
pratique : 편리한, 실용적인
une bibliothèque : 도서관
les bouquins : 헌 책, 고본
il nous faut : 우리에게 …이 필요 하다
malheureusement : 불행히도, 안타깝게
les imbéciles : 바보, 얼간이

pourrir : 나쁜 영향을 주다, 타락시키다
fabriquer : 제조하다, 만들다
trafiquer de + qch : …을 부정하게 이용하다

un ordinateur : 컴퓨터
Je ne vois pas à quoi cela leur mène. : 나는 그것이 그들에게 무슨 도움이 되는지 알 수 없다.

5. *Des fleurs pour Algernon*

Ma tante m'avait donné le livre *Des fleurs pour Algernon*, écrit par l'américain Daniel Keyes. C'était un roman de science-fiction qui parlait d'un homme attardé, Charlie, qui, à la suite d'une opération, était devenu intelligent. Le roman se présentait sous forme d'un journal intime que Charlie gardait pour lui-même et de comptes rendus qui servaient aux scientifiques d'analyser ses progressions. Le début était assez difficile à lire en raisons des nombreuses fautes grammaticales et d'orthographes. Mais l'histoire était intéressante et très émouvante. Elle nous ouvrait les yeux sur la cruauté qu'ont les humains contre ceux qui sont différents des «gens normaux».

알제르농을 위한 꽃들

이모께서 내게 미국인 다니엘 케이스가 쓴 <알제르농을 위한 꽃들>이라는 책을 주셨다. 그것은 수술을 받은 후에 똑똑해진 저능한 남자 샤를리에 관해 이야기하는 공상과학소설이었다. 소설은 샤를리가 자기 자신을 위해 남겨둔 일기와 그의 진행 사항을 분석하는 과학자들에게 사용되는 보고서의 형식을 띄었다. 처음 부분은 꽤 많은 문법과 철자의 오류로 인해 읽는데 어려움이 있었다. 하지만 이야기는 흥미 있고 굉장히 감동적이었다. 그 이야기는 «정상적인 사람들»과는 다른 사람들에 대해 인간들이 갖는 잔인함에 관해 우리의 눈을 뜨게 해주었다.

✤ 단어장

écrit par : …에 의해 쓰여진
un roman : 소설
une science-fiction : 공상과학 소설 (영화)
parler de : …에 대해 이야기하다
attardé : 지체한, 시대에 뒤떨어진, 지능이 뒤떨어진
à la suite de : (공간적) …의 뒤에, …에 따라
une opération : 작용, 작업, 수술
devenir + adj : …가 되다
se présenter sous forme de + qch : …의 모습을 띄다
un journal intime : (비밀)일기
garder : 지키다, 보존하다, 붙잡아두다
un compte rendu : (임무 따위의) 보고, (신문, 잡지의) 비평
servir à + qn : …에게 소용이 있다
scientifique : 과학자, 자연과학자
analyser : 분석하다
une progression : (단계적, 지속적인)발전, 증가, 진행
le début : 처음, 시초, 시작, 초기
être difficile à lire : 읽기가 어렵다
en raison de : …의 이유로
nombreux(se) : 수많은, 다수의, 많은
une faute : 과오, 잘못
grammatical(e) : 문법에 관한, 문법적인
une orthographe : 철자, 철자법
une histoire : 이야기

intéressant(e) : 흥미 있는
émouvant(e) : 감동시키는, 감동적인
la cruauté : 잔혹, 잔인, 흉포
contre : …에 반대하여, …을 거슬러
ceux (celui의 남성복수형) : 그 사람들, 그것들
différent(e) de : …와 다른
normal(aux) : 정상의, 보통의

6. Un drôle de phénomène

Hélène et moi sommes sorties en ville, pour faire les magasins. Nous étions dans la boutique *Sephora* et essayions plusieurs parfums. Hélène m'a alors montré une vielle dame, très grande avec de très longs cheveux qui lui arrivaient jusqu'aux mollets. Elle était habillée d'un chapeau melon rouge, d'un manteau en fourrure et avait un large pantalon vert. Elle avait également un sac assorti à son manteau et des bottes de cow-boy. Tout le monde dans la boutique la regardait comme si elle avait été un extraterrestre. Je l'ai soupçonné d'ailleurs de venir de la planète Mars. Elle a brièvement regardé quelques flacons et est sortie de la boutique en rouspétant.

재미있는 사건

엘렌과 나는 쇼핑을 하기 위해 시내로 나갔다. 우리는 화장품 가게 세포라에서 여러 가지 향수를 시향해보고 있었다. 엘렌은 내게 키가 매우 크고 장딴지까지 오는 긴 머리를 한 할머니 한 분을 가리켰다. 그녀는 빨간색 중산모자를 쓰고 모피코트를 입고 아주 폭이 넓은 초록색 바지를 입고 있었다. 또한 그녀는 코트와 잘 어울리는 가방과 카우보이 부츠를 신고 있었다. 가게 안에 있던 모든 사람들이 마치 그녀가 외계인인 것처럼 쳐다보았다. 그런데 나는 그녀가 화성에서 온 것이 아닐까라고 의심했다. 그녀는 향수병들을 잠시 쳐다보고는 투덜대면서 가게를 나갔다.

✤ 단어장

un phénomène : 현상, 비정상적인 일(사건)
en ville : 시내에서
faire les magasins : 가게들을 돌아보다, 쇼핑하다
un parfum : 향기, 향수, 향료
montrer : 보여주다, 가리키다
une vielle dame : 노인, 할머니
jusqu'à : …까지
un mollet : 장딴지
habillé(e) de : …의 옷을 입은
un chapeau melon : 중산모자
en fourrure : 모피, 모피모양
large : 폭이 넓은, 넓은
également : 마찬가지로, 동등하게, 역시
assorti(e) à qch : 잘 어울리는, 조화로운
des bottes : 장화, 부츠
comme si : 마치…인 것처럼
un extraterrestre : 외계인
soupçonner de + inf : …라고 의심하다
d'ailleurs : 게다가
la planète Mars : 화성
brièvement : 짧게, 간결하게
un flacon : 작은 병
en rouspétant : 항의하면서, 투덜대면서

7. Le cirque

Mes parents m'ont proposé un jour, d'aller au cirque. Même si je n'étais plus une gamine, j'ai accepté avec plaisir en me remémorant ma jeunesse, lorsque je regardais les tigres et les lions avec des yeux brillants. J'étais, à vrai dire, toute excitée et impatiente de redécouvrir ce spectacle merveilleux. Et je ne fus pas déçue. Au contraire, même, je fus carrément émerveillée. Il y avait des acrobates, des lions, des chevaux, des otaries et des clowns. Pour être franche, lorsque j'étais petite, j'avais peur des clowns et cela n'avait pas changé avec le temps. Lorsque leur tour de monter sur la scène est arrivé, j'étais nerveuse et j'essayais de ne pas croiser leur regard. En y repensant, c'était assez bête de ma part.

서커스

부모님께서 내게 어느 날 서커스를 보러 가자고 권하셨다. 비록 내가 더 이상 어린 소녀가 아니었음에도 불구하고 어린 시절 빛나는 눈으로 호랑이들과 사자들을 쳐다보던 것을 회상하며 나는 기꺼이 찬성했다. 솔직히 말해서 이 훌륭한 공연을 다시 보게 된 것에 매우 흥분됐고 기대되었다. 나는 실망하지 않았다. 반대로 나는 확실히 감탄했다. 곡예사들, 사자들, 말들, 물개들과 광대들이 있었다. 솔직히 말하자면 나는 어렸을 때 광대를 무서워했고 이것은 시간이 지나면서도 변하지 않았다. 광대들이 무대에 올라올 차례가 되었을 때 나는 떨렸고 그들의 시선과 마주치지 않으려고 애썼다. 그것을 다시 생각해보면 바보 같은 일이었다.

✤ 단어장

le cirque : 서커스
proposer à qn de + inf : 누구에게 …를 제안하다, 권하다
même si : 비록 …임에도 불구하고
une gamine : 어린소녀, 어린애
accepter : 받아들이다
avec plaisir : 즐겁게, 기꺼이
se remémorer : …을 회상하다
la jeunesse : 젊음, 청춘
lorsque : …할 때
tigre(sse) : 범, 호랑이
lion(ne) : 사자
des yeux brillants : 빛나는 눈
à vrai dire : 솔직히 말해서
excité(e) : 흥분된, 격양된
impatient(e) : 참을성 없는, 성급한
redécouvrir : 다시 발견하다
le spectacle : 광경, 공연, 구경거리
merveilleux(se) : 훌륭한, 굉장한, 멋진
déçu(e) : 실망한
au contraire : 반대로
carrément : 확실히, 정확하게

émerveillé(e) : 감탄한
acrobate : 줄 타는 사람, 곡예사
cheval(aux) : 말
une otarie : 물개
un clown : 어릿광대, 피에로
pour être franche : 솔직하기 위해서, 솔직히 말하자면
avoir peur de : …를 겁내다, 두려워하다
changer : 바꾸다, 바뀌다
le tour : 회전, 차례
la scène : 무대, 사건
nerveux(se) : 신경질적인, 신경질의
essayer de + inf : …을 하려고 애쓰다
croiser : 교차시키다, 엇갈리다, 마주치다
un regard : 눈길, 시선
bête : 어리석은, 바보 같은
de ma part : 내 편에서

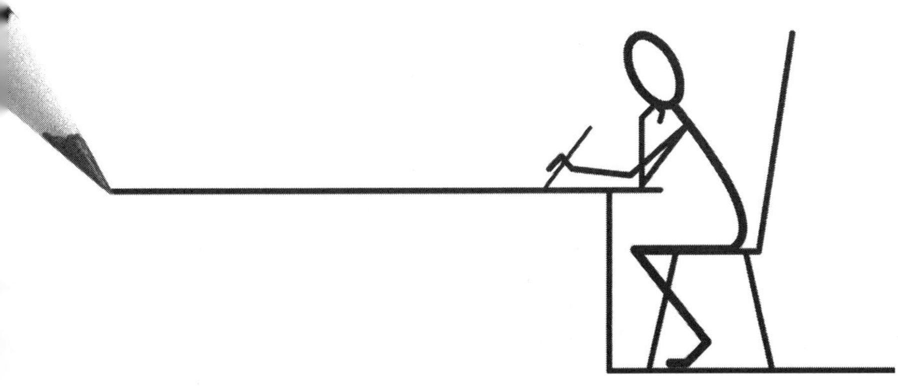

8. Une rencontre inattendue

Jeanne et moi traînions tranquillement en ville. C'était une belle journée ensoleillée et il faisait vraiment très chaud. J'ai cru que j'allais en mourir, le soleil était brûlant. Il n'y avait presque pas d'ombre, malheureusement. Nous sommes entrées dans un magasin lorsque j'ai aperçut Fiona, ma meilleure amie en maternelle. Je suis allée la saluer et nous avons discuté un peu. Elle n'avait pas du tout changé et je reconnaissais ses yeux pétillants de malice qu'elle avait autrefois. Cela me fit vraiment plaisir de la revoir. Cela faisait tellement longtemps que l'on ne s'était pas vu. On s'est échangée nos adresses MSN et nos numéros pour rester en contact.

뜻밖의 만남

잔느와 나는 시내를 천천히 돌아다니고 있었다. 해가 내리쬐는 화창한 날이었고 정말 더웠다. 태양이 뜨겁게 이글거려서 정말 죽을 것 같았다. 불행히도 그늘이 거의 없었다. 유아원 때 가장 친한 친구인 피오나를 상점에서 보고 우리는 그곳으로 들어갔다. 그녀는 하나도 변한 게 없었다. 나는 그녀에게 인사를 건네러 갔고, 우리는 잠시 이야기를 나누었다. 예전의 짓궂은 반짝이는 눈을 알아볼 수 있었다. 그녀를 다시 봐서 매우 기뻤다. 그녀를 못 본지 너무나 오래 되었다. 우리는 연락을 하기 위해서 MSN주소와 연락처를 교환했다.

✤ 단어장

une rencontre : 만남
inattendu(e) : 예기치 못한, 뜻밖의
traîner : 배회하다, 어슬렁거리다
tranquillement : 고요하게, 평온하게
en ville : 도시에서, 시내에서, 집 밖에서
ensoleillé(e) : 햇빛이 드는, 쾌청한, 날씨가 좋은
Il faisait chaud. : 날씨가 더웠다
mourir de : (으로) 죽을 지경이다
presque : 대략, 거의
une ombre 그늘, 응달
apercevoir : 보다, 알아보다, 식별하다
meilleur(e) : 더 나은, 더 좋은
une maternelle : 유아원
saluer : (에게) 인사하다
discuter : 대화하다
pas du tout : 전혀
changer : 바꾸다, 교체하다,
reconnaître : 알아보다, 기억해 내다
pétillant(e) : (눈 따위가) 반짝반짝 빛나는
malice : 짓궂은 장난, 놀림
autrefois : 예전에
faire plaisir à qn de + inf : …를 기쁘게 하다
cela fait longtemps que + ind : 만큼 …오래되다
se voir : 서로 만나다, 교제하다
s'échanger : 교환하다, 맞바꾸다
rester en contact : 접촉하다

9. Quelle chance il a eu !

C'était un samedi et avec mes parents, nous nous dirigions vers une grande surface. Nous étions sur l'autoroute quand soudain, un homme alcoolique s'est mis en plein milieu de l'autoroute. Heureusement, il était éloigné de notre voiture. Une voiture l'a percuté mais il s'est relevé en titubant et il a dit qu'il allait bien. Nous avons continué de rouler. C'est alors qu'il s'est mis devant notre voiture. Mon père s'est arrêté brusquement. Heureusement, les policiers sont arrivés et l'ont emmené. Le lendemain, quand mon père lisait le journal, j'ai aperçut un article qui parlait du monsieur alcoolique. Il était sur la première page et il y était écrit qu'il avait échappé à la prison à cause de ses blessures.

그가 얼마나 행운아인지!

토요일 부모님과 함께 대형 슈퍼마켓을 갔다. 우리가 고속도로를 가고 있을 때 갑자기 술 취한 사람이 고속도로 중앙에 있었다. 다행히도, 우리 차에서는 멀리 떨어져 있었다. 한 차가 그와 충돌했지만 그가 비틀거리며 다시 일어서서 괜찮다고 말했다. 우리는 계속 달렸다. 그 때 그가 우리 차 앞에 있었다. 아빠가 차를 갑자기 멈췄다. 다행히 경찰이 도착했고, 그를 데려갔다. 이튿날 아빠가 신문을 읽었을 때, 술 취한 사람에 대한 기사를 보았다. 그 기사는 신문 첫 면에 있었다. 그는 부상으로 인해 감옥행을 면했다고 쓰여 있었다.

✤ 단어장

une chance : 기회, 찬스
se diriger vers : …쪽을 향하다
une grande surface : 대형 슈퍼마켓
sur l'autoroute : 고속도로에서
un homme alcoolique : 술 취한 사람
se mettre : (몸을) 두다
en plein(e) : …의 한복판에
un milieu de l'autoroute : 고속도로 한복판
éloigné de : …로부터 떨어진
percuter : (와)부딪치다, 충돌하다
se relever : (다시) 일어나다, 일어서다
tituber : 비틀거리다, 갈짓자로 걷다
aller bien : (건강 상태가) 괜찮다, 양호하다
continuer de + inf : …을 계속하다
rouler : 달리다
alors que + ind : …인데 비해, …할 때
s'arrêter : 멈추다
brusquement : 갑자기
emmener : 데려가다(오다)
le lendemain : 다음날, 이튿날
le journal : 신문,
apercevoir : 얼핏 보다, 발견하다
un article : 기사
parler de : …대해 말하다

la première page : 첫째 장
échapper à qch : …을 모면하다, 피하다
la prison : 감옥

à cause de : … 때문에 …의 원인으로
une blessure : 상처, 부상

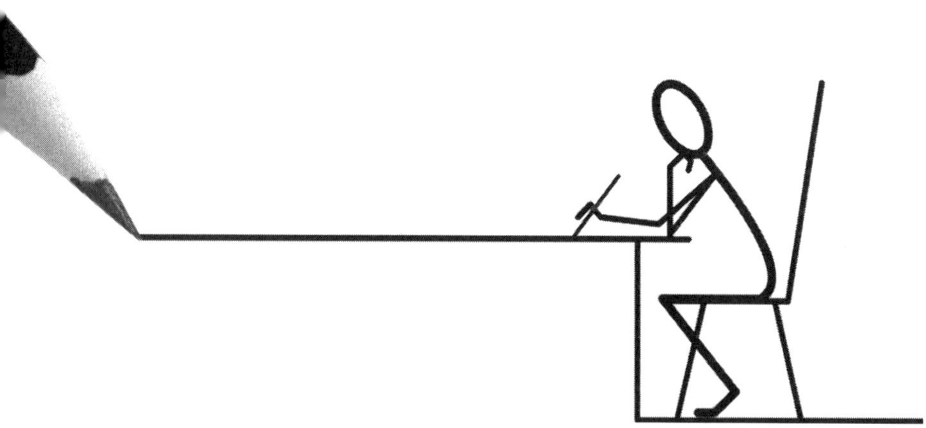

10. Une collection de timbres

Mon père m'a dit qu'il avait collectionné des timbres, quand il était petit. Ces timbres ont beaucoup de valeur sentimentale pour mon père mais on lui a malheureusement tout volé. On m'a dit que ce sont les Anglais qui ont inventé le timbre-poste en 1840. Il me semble n'avoir vu que des timbres carrés dans ma vie mais mon père dit que les formes peuvent changer : le carré et le rectangle sont les plus fréquents mais les timbres ronds ou triangulaires existent aussi. Ce serait bien de collectionner les timbres qui ont une forme originale mais il faudrait beaucoup chercher.

우표수집

아빠는 그가 어렸을 때 우표를 수집하였다고 말씀해 주셨다. 아빠에게 그 우표들은 많은 정서적 가치를 가진 것이었지만 불행히도 그것을 도둑맞았다. 1840년에 우표를 발명한 것은 영국인들이었다. 내 인생에서 정4각형의 우표만 본 것 같았지만, 아빠는 우표의 형태가 바뀔 수 있다고 말씀하셨다. 정방형이나 장방형이 가장 일반적이지만 둥글거나 세모난 우표 역시 존재한다. 독특한 형태의 우표를 수집하는 것은 좋지만 많이 찾아봐야 할 것이다.

✤ 단어장

une collection de timbres : 우표수집
collectionner : 수집하다, 모으다
avoir de la valeur : 값어치가 있다
sentimental(e) : 감정적인, 애정의, 애정에 관한
voler : 훔치다, 도둑질하다, 빼앗다
les Anglais : 영국인들
inventer : 창조하다, 발명하다
le timbre-poste : 우표
Il me semble +inf : …처럼 보이다, …한 듯 하다
carré(e) : 정사각형의, 네모난, 각이 진
la forme : 형태, 형체
le carré : 정사각형, 네모난 것
le rectangle : 장방형
les plus fréquents : 가장 자주 일어나는, 가장 빈번한
rond(e) : 둥근
triangulaire : 삼각형의, 세모꼴의
exister : 존재하다
ce serait bien de +inf : …하는 것이 좋다
original(e) : 독창적인, 참신한

11. Un ami étranger

Est-ce que avoir un ami étranger ou une amie étrangère est avantageux? Doté d'une culture différente, il me fera découvrir plein de nouvelles choses, les différents aspects de sa culture, l'humour, la cuisine, la manière de vivre, etc. Mais son grand inconvénient est-il la langue. Je n'en suis pas si sûr. Je connais un couple: la femme est coréenne, son mari, français. Ils se communiquent maladroitement en anglais entre eux. Je connais un autre couple où la femme est chinoise et son mari, coréen. Eux se communiquent maladroitement en français car ils se sont rencontrés en France. Malgré tout, ils ont tous l'air heureux.

외국인 친구

외국인 친구가 있다는 것은 유리합니까? 다른 문화를 접촉함으로써, 나는 그들 문화의 여러 면, 유머, 요리, 삶의 방식 등 많은 새로운 것들을 발견할 수 있을 것이다. 하지만 이것의 큰 장애물은 언어이다. (그래서) 나는 그것에 대해 그렇게 확신하지 못한다. 나는 부인이 한국 사람이고 남편이 프랑스인인 한 커플을 안다. 그들은 영어로 어설프게 대화를 한다. 나는 부인이 중국인이고 그의 남편은 한국인인 다른 부부도 안다. 그들은 프랑스에서 만났기 때문에 프랑스어로 어설프게 대화를 한다. 그럼에도 불구하고 그들은 행복해 보인다.

✤ 단어장

un ami étranger : 외국인 친구
avantageux(se) : 유리한, 잘 어울리는
doter de qch : …을 갖추게 하다, 부여하다, (에게)(을) 주다
une culture différente : 다른 문화
faire découvrir : 발견하게 시키다
plein de + 무관사 명사 : 많은, 가득찬
un aspect : 모습, 외관, (문제의)국면, 양상
l'humour : 해학, 유머
la cuisine : 요리
la manière de vivre : 삶의 방식
un inconvénient : 지장, 장애, 불리한 점
être si sûr : 정말 확신하다
un couple : 부부, 내외, 남녀 한 쌍
se communiquer : 서로 알리다, 자신의 마음을 털어놓다, 전해지다
maladroitement : 서투르게, 어설프게
se rencontrer : 서로 만나다
malgré tout : 그럼에도 불구하고
avoir l'air heureux : 행복한 것처럼 보이다

12. Pratiquer une langue étrangère

Avec ma correspondante, on s'est d'abord envoyé des mails, des photos de nos amis et de notre famille. On se racontait nos journées et on échangeait des anecdotes sur nos amis. C'était très sympa. Puis je suis allée dix jours en Allemagne. Au début, j'étais un peu perdue au milieu de tous ces panneaux en langue étrangère. Mais quand on est immergé dans le pays, on découvre vraiment la langue quotidienne. En discutant, en observant les publicités et les journaux, j'ai découvert des choses qu'on n'apprend pas en cours.

외국어를 실제로 사용하다

펜팔 친구와 우선 친구들과 가족들의 사진 그리고 메일을 주고받기로 했다. 하루 일과에 대해서 서로 이야기를 나누고 친구들에 대한 일화를 교환했다. 아주 좋았다. 그리고 나서 나는 10일 동안 독일에 갔다. 처음에 나는 외국어로 된 모든 간판 들 가운데서 길을 약간 잃었다. 그러나 사람들은 그 나라에 있을 때 진정으로 일상 언어를 익힐 수 있다. 대화를 하면서, 광고와 신문을 보면서, 나는 수업시간에 배우지 않은 것들을 익혔다.

✤ 단어장

pratiquer une langue étrangère : 외국어를 실제로 사용하다
correspondant(e) : 펜팔 친구
s'envoyer : 서로 보내다
se raconter : 서로 이야기하다
une journée : 하루, 일, 날
échanger : 교환하다
une anecdote : 일화
en Allemagne : 독일에(서)
au début : 처음에
perdu(e) : 길을 잃은, 헤매는
au milieu de : …의 한 가운데에
un panneau[x] : 표지판, 광고판
immergé(e) : 물에 잠긴, 수중의
découvrir : 발견하다, 찾아내다
la langue quotidienne : 일상 언어
discuter : 대화하다
observer : 관찰하다
une publicité : 광고
apprendre en cours : 수업시간에 배우다

13. La voiture qui a grillé le feu rouge

Un jour, je me promenais dans la rue. J'ai voulu traversé le passage piéton car le feu était. Soudain, une voiture a foncé sur moi. J'ai dû faire une roulade en avant pour ne pas être blessé. J'avais eu de la chance. Le conducteur était soûl. J'ai cru que j'allais mourir mais je me suis dit «Allé, reprend-toi et met-toi vite à l'abri». Le lendemain, plusieurs personnes ont frappé à ma porte. Je leur ai ouvert et j'ai vu plein de journalistes qui me posaient des questions. J'ai vite refermé la porte. Apparemment, j'étais devenu célèbre dans le département.

빨간불을 무시하고 지나간 차

어느 날 나는 거리를 산책하고 있었다. 나는 보행신호가 들어왔기 때문에 횡단보도를 건너고자 했다. 갑자기, 차 한 대가 나를 향해 돌진했다. 나는 다치지 않기 위해서 앞으로 몸을 굴려야만 했다. 나는 운이 좋았다. 운전자는 술에 취해 있었다. 나는 죽었다고 생각했지만, 나는 스스로 «자, 기운을 차려, 빨리 피해»라고 말했다. 이튿날, 여러 사람들이 우리 집 문을 두드렸다. 내가 그들에게 문을 열어 주었을 때, 나에게 질문하는 많은 기자들을 보았다. 나는 재빨리 문을 닫았다. 아마도 나는 이 지방에서 유명해졌다.

✤ 단어장

griller le feu rouge : 붉은 신호등을 무시하다
se promener dans la rue : 거리를 산책하다
traverser le passage piéton : 횡단보도를 건너다
foncer sur moi : 나를 향해 돌진하다
faire une roulade en avant : 앞으로 몸 구르기를 하다
blessé(e) : 다친, 부상당한
avoir de la chance : 행운이 있다
le conducteur : 운전자
soûl(e) : 술에 취한
mourir : 죽다
se mettre à l'abri : 피난하다
le lendemain : 이튿날, 다음날
frapper à la porte : 문을 두드리다
plein de + 명사 : 많은 …
poser des questions à qn : …에게 질문하다
refermer la porte : 문을 다시 닫다
apparemment : 언뜻 보아, 겉보기에는, 아마도, 십중팔구는
devenir célèbre : 유명해지다
le département : (행정 구역의) 도

14. Gâchis

Un jour, nous étions allés au mariage d'un de nos amis. Nous sommes allés à la mairie de la ville. Nous n'étions pas trop en retard. Dans les films, il y a toujours un pasteur qui dit que le mariage est un don et patati et patata. Je n'aime pas trop ce moment-là. Je préfère plutôt lorsque les jeunes époux s'embrassent. Après avoir quitté la salle, nous étions allés dehors pour aller manger un bout du gros gâteau. Soudain, un homme a frappé sans raison le marié et une bagarre a eu lieu. Les autres essayaient de les séparer lorsque un homme a était projeté sur le gâteau. Le gâteau a été complètement écrasé. J'ai trouvé que c'était du gâchis et en plus, la mariée versait quelques larmes.

엉망진창

어느 날, 우리는 친구 결혼식에 갔다. 우리는 그 도시의 시청에 갔다. 우리는 너무 늦지는 않았다. 영화에서는 항상 결혼은 신의 은총이며 어쩌구 저쩌구 하는 목사가 있다. 나는 그 순간을 너무 싫어한다. 나는 차라리 신혼부부가 키스할 때가 더 좋다. 식장을 떠나 우리는 케이크 한 조각을 먹으려고 밖으로 나왔다. 갑자기, 한 남자가 아무 이유 없이 신랑을 때렸고 소동이 벌어졌다. 다른 사람들이 그들을 떼어놓으려고 애쓸 때, 한 남자가 케이크 위로 내던져졌다. 케이크는 완전히 으깨졌다. 나는 이 결혼식이 엉망진창이라고 생각했고, 게다가 신부는 눈물을 흘렸다.

✤ 단어장

un gâchis : 뒤죽박죽, 엉망진창, 혼란
le mariage : 결혼, 혼인
la mairie : 시청
être en retard : 지각하다
un pasteur : 목사
un don : (신, 자연이주는) 선물, 혜택
patati et patata : 재잘재잘, 어쩌고저쩌고
ce moment-là : 그 때
préférer : 선호하다, 좋아하다
plutôt : 차라리, 오히려
les jeunes époux : 신혼부부
s'embrasser : 포옹하다, 키스하다
quitter : (장소를) 떠나다, 나가다
dehors : …밖에
un bout : 조각, 단편
soudain : 갑자기
frapper : 치다, 때리다
sans raison : 이유 없이
le marié/ la mariée : 신랑 / 신부
une bagarre : 싸움판, 소란, 소동
avoir lieu : 일어나다
essayer de + inf : …하려고 노력하다, 애쓰다
séparer : 떼어놓다, 분리하다, 갈라놓다
projeter sur : …위로 내던지다, 분출하다
complètement : 완전히, 분명히
écrasé(e) : 으깨진
en plus : 게다가
verser : 흐르다
une larme : 눈물

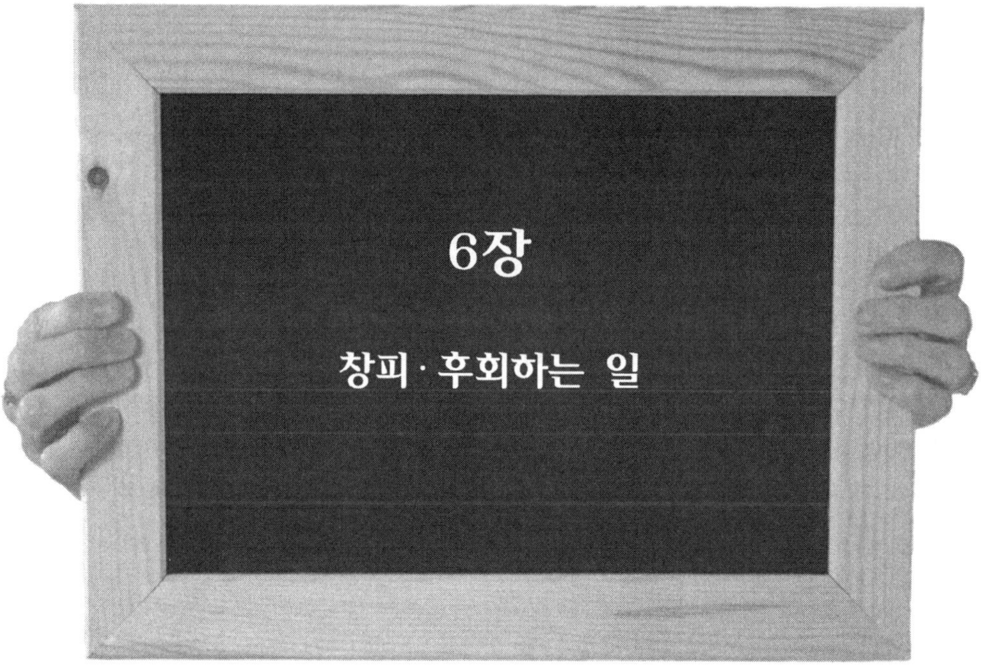

1. La honte

Aujourd'hui, je me suis payé la honte de ma vie. Je marchais tranquillement avec Elisa dans le couloir pour aller en cours d'anglais. Il y avait beaucoup de monde et certains se bousculaient. Nous étions presque arrivées à la salle lorsque soudain, une petite fille qui marchait en face de moi est tombé en avant et m'a entraîné dans sa chute. J'ai atterri sur les fesses et la petite fille s'est écroulé sur mes genoux. Tout le monde riait aux éclats et se moquait de moi. Je suis devenue toute rouge. Elisa est venue à mon secours et m'a aidé à me relever. J'ai fait comme si de rien n'était mais la plupart des étudiants avaient assisté à la scène. Je voudrais tellement changer d'institut pour ne plus avoir à faire face contre ces rires moqueurs.

치욕

오늘 난 내 생에 최악의 치욕을 당했다. 난 조용히 엘리자와 영어수업에 가기 위해 복도를 걷고 있었다. 많은 학생들이 있었고 대부분 이리저리 뛰어 다녔다. 우리가 교실에 거의 도착했을 그 때, 내 정면에서 걸어오던 한 여학생이 내 앞에서 넘어졌고 동시에 나를 끌어들였다. 난 엉덩방아를 찧었고 그 소녀는 내 무릎 위로 떨어졌다. 난 얼굴이 아주 빨개졌다. 엘리자가 나를 구해서 일어나게 도와주었다. 난 아무 일 없던 것처럼 행동했지만, 대부분의 학생들이 그 장면을 목격했다. 난 정말이지 학교를 바꾸고 싶다. 조롱에 맞서서 대처하지 않아도 되도록 말이다.

✤ 단어장

la honte : 부끄러움, 수치, 치욕
un institut : 학원, 연구소
se payer : (고역, 안 좋은 일 따위를) 당하다, 치러내다
tranquillement : 조용히
le couloir : 복도
un cours d'anglais : 영어 수업
certains : 어떤 사람들
se bousculer : 서두르다, 서로 떼밀다, 쇄도하다
presque : 거의, 대부분
soudain : 갑가지
en face de : …정면에
tomber : (사람이) 넘어지다, 쓰러지다
en avant : 앞으로, 앞에
entraîner : 끌고 가다, 이끌다
la chute : 떨어짐, 추락
atterrir : 목적지에 이르다, 다다르다
les fesses : 궁둥이, 엉덩이
s'écrouler : 털썩 주저앉다, 푹 쓰러지다
un genou : 무릎
rire aux éclats : 폭소를 터뜨리다
se moquer de qn : 놀리다, 비웃다, 빈정대다
devenir toute rouge : …붉어 지다
venir à mon secours : 도우러 오다, 구하러 오다
aider à qn à + inf : …하는 것을 도와주다
se relever : (다시) 일어나다, 일어서다
comme si de rien n'être : 아무것도 아닌 것처럼
la plupart de : 대다수, 대부분, 거의 모두
assister à + 장소 : 목격하다
la scène : 장면
avoir à faire face contre ces rires moqueurs : 조롱에 맞서 대처해야 한다

2. Braguette ouverte

Ma mère et moi sommes allées faire les courses dans une grande surface. Il y avait beaucoup de monde et on avait du mal à circuler. Je ne sais pas pourquoi mais certains me regardaient d'un air amusé. J'avais alors pensé qu'ils avaient de la sympathie pour moi et je me sentais assez heureuse. C'est alors que j'avais entendu une petite fille dire à sa mère que j'avais la braguette ouverte. Je regardais pour voir si c'était vrai et en effet, ma braguette était ouverte. Je la refermais discrètement sous le regard amusé de la mère de la petite fille. Je rougissais d'un seul coup et je comprenais pourquoi tous ces gens me regardaient aussi bizarrement.

지퍼가 열리다

엄마와 나는 대형마트로 장을 보러갔다. 많은 사람들이 있었고, 돌아다니기 힘들었다. 나는 몇몇 사람들이 왜 나를 재밌는 표정으로 바라보는지 몰랐다. 그래서 나는 나를 맘에 들어 한다고 생각했고 약간 기분이 좋았다. 그때 한 여자아이가 내가 바지 지퍼가 열렸다고 엄마에게 말하는 것을 들었다. 나는 정말인지 보았고, 실제로 열려 있었다. 나는 아이와 아이 엄마의 재밌는 시선 속에서 지퍼를 조심스럽게 닫았다. 나는 금방 얼굴이 빨개졌고 사람들이 왜 나를 이상하게 쳐다보았는지도 이해했다.

✤ 단어장

une braguette : 바지 앞 쪽의 튼 곳
ouvert(e) : 열린
faire les courses : 장을 보다
une grande surface : 대형마트
avoir du mal à + inf : … 어려움을 갖다
circuler : 순환하다, 돌다, 통행하다
certains : 어떤
un air amusé : 즐거운 분위기
la sympathie : 호감이 가는,
se sentir + adj : (느낌 · 기분이) …하다
c'est alors que : …때문이다
voir si + ind : …인지 아닌지 알아보다
en effet : 실제(로)사실, 정말이지, 확실히
refermer : 다시 닫다, 막다
discrètement : 신중하게, 조심스럽게
le regard : 눈길, 시선
rougir : 빨개지다
d'un seul coup : 금방
bizarrement : 이상하게, 묘하게

3 Quel bazar !

Un soir, j'étais chez un ami pour aller dîner. D'ailleurs, on a mangé de la bonne nourriture coréenne. On est resté chez eux à peu près durant trois heures. Une fois rentré chez nous, on a vu plein de crottes partout, ma chambre était remplie de flaques d'urine et il y avait des fils électriques grignotés. Par miracle la télé marchait. C'est alors qu'on a vu un gros lapin qui rongeait les fils électriques. On l'a attrapé et on l'a jeté dans la nature. Ensuite, on a dû tout ranger tout nettoyer.

난장판이군!

저녁에 나는 저녁을 먹으로 친구 집에 갔다. 더구나 우리는 맛있는 한국 음식을 먹었다. 우리는 대략 3시간 가량 그들 집에 있었다. 집으로 돌아왔을 때 우리는 동글동글한 똥들이 여기저기 흩어져 있는 것을 보았고, 내 방은 오줌으로 채워졌으며, 전선이 갉아져 있었다. 텔레비전이 나오는 게 기적이었다. 그 때 우리는 커다란 토끼 한 마리가 전선을 갉아 먹는 것을 보았다. 토끼를 잡아 정원으로 던져 버렸다. 그리고 나서, 다 정리하고, 청소해야 했다.

✤ 단어장

bazar : 무질서한 곳, 흐트러진 물건들
dîner : 저녁식사를 하다
d'ailleurs : 게다가, 더구나
la nourriture : 음식, 영양물, 먹거리
rester : 머무르다
à peu près : 대략, 거의
durant : …동안
une fois + 과거분사 : 일단 …하게 되면
plein de : …로 가득한
une crotte : 동글동글한 똥
partout : 사방에, 도처에
rempli(e) de + qch : …으로 가득 찬
une flaque d'urine : 소변 웅덩이
des fils électriques grignotés : 갉아먹은 전선
Par miracle : 기적적으로
marcher : 작동하다, 움직이다
un lapin : 토끼
ronger : 갉아먹다
attraper : 잡다, 붙잡다
jeter : 버리다, 내던지다
la nature : 자연
ranger : 정리하다
nettoyer : 씻다, 청소하다

4. Un Anglais, style Hugh Grant

Ma meilleure copine Elsa m'a raconté son histoire de cet été. Elle s'est inscrit dans une école de langue en Angleterre. Dans sa classe, elle a vu un Anglais du style Hugh Grant. Elle était folle de lui. Il ne se déplaçait qu'entouré de deux cents filles. Difficile de se faire remarquer. Elle a alors décidé de se lancer. A une soirée, elle a foncé et elle lui a parlé: «Could I be intimate with you» (Est-ce que je peux être intime avec toi?). Il lui a juste répondu «No». Suite à cet événement, elle était déprimée. Après m'avoir raconté cette histoire, Elsa n'arrêtait pas de rire et je finissais par rire moi aussi.

휴 그랜트 스타일의 영국인

나의 가장 친한 친구 엘자는 여름에 있었던 이야기를 들려주었다. 그녀는 영국에서 어학당에 등록했다. 교실에서 그녀는 휴 그랜트 스타일의 영국인을 보았다. 그녀는 그에게 빠졌다. 그는 움직이는 곳마다 200명의 여자 아이들로 둘러싸여 있었다. 그의 눈에 띄게 하기가 어려웠다. 그래서 엘자는 과감하게 나가기로 결심했다. 파티에서 그녀는 그에게 다가갔다. 그리고 그에게 «내가 너와 친해 질 수 있을까?»라고 말했다. 그가 내 친구에게 딱 잘라 대답했다 «아니». 이 사건 이후로 그녀는 의기소침해졌다. 이 이야기를 나에게 한 후 엘자는 웃음을 멈추지 못했고, 나 역시 웃고 말았다.

✤ 단어장

meilleur(e) : 더 나은, 더 좋은
copin(e) : 친구
raconter : 이야기하다
un été : 여름
s'inscrire : 등록하다
en Angleterre : 영국
être fou(folle) de qn : …에게 홀딱 빠져있다
se déplacer : 움직이다, 이동하다
entouré(e) de : …에 둘러싸인
difficile de + inf : …하기가 어렵다, 힘들다
se faire remarquer : 눈에 띄게 하다
décider de + inf : …하기로 결정하다, 결심하다
se lancer : (과감하게) 뛰어들다
une soirée : 야회, 파티
foncer : 빨리 가다, 돌진하다
être intime avec qn : …와 친밀하다
une suite : 계속되는 것, 후속
un événement : 사건, 일
déprimé(e) : 의기소침한
arrêter de + inf : …하는 것을 중지하다, 중단하다
rire : 웃다
finir par + inf : 마침내 …하게 하다

5. La peur des serpents

J'ai peur des serpents. Si l'on me demande pourquoi, je ne saurai pas répondre. Je ne sais pas d'où vient cette peur. Les gens pensent qu'ils sont dangereux alors qu'ils ne tuent qu'une personne par an pour se défendre. Par contre, les chiens qui attaquent les gens font beaucoup plus de dégâts et peuvent tuer. Pourtant, on en a moins peur. Comment expliquer cela? Un spécialiste dit que la peur des serpents n'est pas justifiée. Selon lui, il suffit de s'y intéresser pour ne plus en avoir peur. Mais il me reste question: peut-on avoir comme animal de compagnie un serpent ?

뱀의 공포

나는 뱀이 무섭다. 나에게 왜냐고 묻는다면, 나는 대답하지 못할 것이다. 이 두려움이 어디에서부터 오는지 모르겠다. 사람들은 뱀이 자신을 보호하기 위해, 일 년에 단 한 사람만 죽이는데도 불구하고 뱀이 위험하다고 생각한다. 반대로 사람을 공격하는 개들은 더 많은 피해를 입히고 죽일 수도 있다. 하지만 사람들은 개를 덜 무서워한다. 이것을 어떻게 설명 할까? 한 전문가는 뱀에 대한 공포는 근거가 없다고 말한다. 그에 따르면 더 이상 두려움을 갖지 않기 위해 관심을 갖는 것으로 충분하다고 한다. 하지만 의문점이 있다 : 뱀을 애완동물처럼 가질 수 있을까?

✤ 단어장

la peur des serpents : 뱀의 공포
avoir peur de : …을 두려워하다
demander à qn pourquoi : …에게 이유를 묻다
savoir répondre : 답을 할 줄 알다
venir de : …부터 오다, …출신이다
penser que ~ : …라고 생각하다
dangereux(se) : 위험한
alors que ~ : …인데 반해, …인데 불구하고
tuer : 죽이다, 살해하다
une personne par an : 1년에 한 사람
se défendre : 막다, 방어하다
par contre : 반대로, 역으로
attaquer : 공격하다
beaucoup plus de : 더욱 더 많이
des dégâts : 피해, 손해
pourtant : 그렇지만, 하지만
moins : …보다 덜
Comment expliquer cela? : 그것을 어떻게 설명할까요?
un spécialiste : 전문가
justifié(e) : 정당화된, 근거가 있는
selon : …따라서, …의해서
il suffit de + inf : …하는 것으로 충분하다
s'intéresser : 흥미를 갖다
il me reste question : 의문점이 있다
un animal de compagnie : 애완동물

6. Enfin arrivé...

Nous allions en vacances de ski et nous étions toujours dans le car. Avec mon copain Thomas, on s'était mis au fond du car. Nous étions en train de jouer aux cartes. Il fallait à peu près trois heures pour y arriver. Pendant ce temps, nous étions en train de faire des blagues aux autres. Mais petit à petit, nous nous ennuyions et nous avons commencé à nous bagarrer pour nous amuser. Cela faisait longtemps qu'on attendait. Enfin, le chauffeur a dit haut et fort qu'on était arrivé. Ce n'était pas trop tôt! Le car reculait pour se garer quand soudain un garçon a vomi en plein milieu du car. Tout le monde s'est bouché le nez parce que ça puait. On devait passer au-dessus du vomis.

마침내 도착

우리는 스키 바캉스를 떠났다. 우리는 여전히 차에 있었다. 친구 토마와 함께 차 뒷좌석에 앉아 있었다. 우리는 카드놀이를 하는 중이었다. 그곳에 도착하려면 적어도 3시간은 걸린다. 그동안 우리는 다른 친구들을 골려줬다. 하지만 조금씩 우리는 지루해져서 즐기기 위해 싸움을 시작했다. 기다린 지 한참이 되었다. 마침내 운전기사 아저씨는 도착했다고 소리 높여 크게 말했다. 그렇게 일찍 도착한 것은 아니었다. 주차하기 위해 차를 뒤로 후퇴시킬 때 갑자기 한 소년이 차 한 복판에 토했다. 냄새가 났기 때문에 모두들 코를 막았다. 모두들 토사물 위로 지나가야했다.

✤ 단어장

le car : 차
un copain : 친구, 동료
se mettre : 몸을 두다
au fond de : …의 깊숙한 곳, 안 쪽
être en train de + inf : …하는 중이다
jouer aux cartes : 카드놀이를 하다
Il faut trois heures pour + inf : …하기 위해서 3 시간이 필요하다
à peu près : 대략, 거의
pendant ce temps : 그 시간 동안
faire des blagues à qn : …을 골려주다
des autres : 다른 사람들
petit à petit : 조금씩
s'ennuyer : 지루해하다, 지겨워하다
commencer à + inf : …하기를 시작하다, 착수하다
bagarrer : 싸우다, 주먹다짐 하다
s'amuser : 즐기다, 놀다
cela fait longtemps que + ind : …한지 오래되었다
Le chauffeur dit haut et fort. : 운전기사 아저씨가 큰 소리로 목청껏 말하다.
reculer : 물러나다, 후퇴하다
se garer : 주차하다
vomir : 토하다, 구역질하다
en plein milieu de : …중앙에, 한 복판에
se boucher le nez : 코를 막다
puer : 냄새가 나다
au-dessus de : …의 위로
le vomis : 구토, 구역질

7. Mon physique

Aujourd'hui, je me sens bien dans ma peau, mais lorsque j'étais plus jeune, j'avais quelques kilos en trop. C'est difficile pour une adolescente un peu ronde de se comparer à toutes ces filles fines et élancées qui apparaissent dans les publicités ou à la télévision. A dix-sept ans, j'avais beaucoup de mal à accepter mon corps. Lorsque l'on grandit, on s'aperçoit que la beauté est primordiale. Aujourd'hui, j'aime mon corps et mes formes. Ma plus grande faiblesse est le poulet frit. Lorsque j'ai encore faim, je prends un sandwich chaud avec du fromage.

나의 외모

요즘 나는 만족한다. 하지만 내가 좀 더 어렸을 때 나는 몇 킬로그램 더 많이 나갔다. 좀 통통한 사춘기 소녀는 광고나 텔레비전에 출연하는 가냘프고 마른 여자와 비교되는 것이 힘들다. 17살 때 나는 내 몸매를 받아들이기가 너무 어려웠다. 사람은 자라면서, 아름다움이 가장 중요하다고 느낀다. 요즘 나는 내 신체와 몸매를 좋아한다. 나의 가장 큰 약점은 프라이드치킨이다. 나는 여전히 배가 고플 때 따뜻한 샌드위치와 치즈를 먹는다.

✤ 단어장

le physique : 용모, 외관
se sentir bien dans ma peau : 기분이 좋다
lorsque + ind : …할 때, 그 때
en trop : (정상보다) 더 많이, 초과하여
une adolescente un peu ronde : 조금 통통한 사춘기 소녀
c'est difficile de + inf : …하기 힘들(어렵)다
se comparer à : 필적하다, 견줄만하다
les filles fines : 가냘픈 여자 아이들, 마른 여자 아이들
élancé(e) : 호리호리한, 날씬한
apparaître : 나타나다, 보이다
une publicité : 광고
avoir du mal à + inf : …하기 어렵다
accepter : 받아들이다, 승낙하다
le corps : 몸, 신체
grandir : 자라다, 성장하다
s'apercevoir : 깨닫다, 느끼다, 알아차리다
la beauté : 아름다움
primordial(e) : 가장 중요한
la forme : 윤곽, 몸매
la plus grande faiblesse : 가장 큰 약점
le poulet frit : 프라이드치킨
avoir faim : 배가 고프다
un fromage : 치즈

8. L'anglais pour le futur

L'anglais peut servir dans tous les domaines. Je faisais de l'anglais depuis l'école primaire mais je ne savais pas que ça avait une si grande importance. J'ai su que c'était important et j'ai commencé à suivre les cours d'anglais pour être plus à l'aise. Dès le premier cours, je n'ai pas pu tout suivre. C'était très dur car le professeur ne parlait qu'en anglais. Mais finalement, je suis devenu un professionnel en anglais. Je me demandais ce que je pouvais devenir lorsque je serai grand. Je me suis posé la question longuement. Sur une feuille, j'ai fais une liste sur laquelle je mettais tous les noms de métiers qui me plaisaient. C'était dur à choisir et finalement, j'ai fini par abandonner. Je me suis dit que j'étais encore trop jeune pour penser à cela.

미래를 위한 영어

영어는 모든 분야에서 쓸모가 있다. 나는 초등학교 때부터 영어를 했지만 그렇게 큰 중요성을 갖고 있는지 몰랐다. 나는 영어가 중요하고 좀 더 쉽게 영어를 구사하기 위해서 영어 수업을 계속 들어야 한다는 것을 알았다. 첫 수업부터, 나는 다 따라갈 수가 없었다. 선생님은 영어로 밖에 말씀을 안 하셨기 때문에 너무 어려웠다. 하지만 결국, 나는 영어 전문가가 되었다. 내가 어른이 될 때 무엇이 될 수 있는지 자문해 보았다. 나는 오랫동안 자문했다. 종이 위에 마음에 드는 모든 직업명을 적었다. 선택하기가 어려웠다. 결국 마침내 나는 포기했다. 직업에 대해 생각하기에 내가 아직 너무 어리다고 생각했다.

✤ 단어장

le futur : 미래
servir : …에 쓸모가 있다, 소용되다
dans tous les domaines : 모든 분야에, 영역에
l'école primaire : 초등학교
une si grande importance : 정말 대단한 중요성
commencer à + inf : …하는 것을 시작하다
suivre les cours d'anglais : 영어수업을 계속 수강하다
être à l'aise : 편안하다
dès le premier cours : 첫 수업부터
dur(e) : 힘든, 고된, 어려운
parler en anglais : 영어로 말하다
un professionnel en anglais : 영어 전문가 (직업인)
se demander : 자문하다, 생각하다
lorsque je serai grand : 내가 성장했을 때
se poser la question : 스스로 질문을 하다
longuement : 오랫동안, 길게
une feuille : 종이, 종잇장
mettre : 기재 (기입) 하다
un métier :직업

plaire à qn : …의 마음에 들다
C'était dur à choisir. : 선택 (정)하기 힘들었다.
finir par + inf : 마침내 …하다
abandonner : 포기하다, 그만두다
penser à qch : …을 생각하다

9. L'argent de poche

Ma mère m'avait donné mon argent de poche. Je disposais de cent euros pour à peu près trois mois. J'étais tellement contente d'avoir autant d'argent que j'en dépensais une grande partie dès le premier mois. J'achetais quelques pulls et jeans, des bijoux et des accessoires. Je dépensais tellement que lorsque le deuxième mois est arrivé, il ne me restais plus que quinze euros. Je me suis rendu compte que j'avais dépensé sans réfléchir et je regrettais beaucoup. Pourtant, ma mère m'avait prévenu de ne pas acheter sur un coup de tête. Au moins, cela m'aurait servi de leçon et la prochaine fois, je pourrais mieux me contrôler.

용돈

엄마는 나에게 용돈을 주셨다. 나는 3개월 치로 100유로를 갖게 되었다. 내가 이렇게 많은 돈을 가지고 있다는 것이 너무나 흡족해서 그만 첫 번째 달에 많은 부분을 지출하고 말았다. 나는 스웨터와 청바지, 보석 그리고 악세서리를 샀다. 두 번째 달이 돌아오자 나는 엄청 돈을 써서 15유로 정도 밖에 남지 않았다. 나는 생각 없이 돈을 썼다는 것을 깨달았고 매우 후회스러웠다. 하지만, 엄마는 나에게 충동적으로 사지 말라고 경고했었다. 적어도 이번 일은 나에게 교훈을 준 것이었고 다음 번에 나는 좀 더 잘 조절할 수 있을 것이다.

✤ 단어장

un argent de poche : 주머니 돈, 쌈지 돈
disposer de : …을 마음대로 처분하다, 사용하다, 소유하다
à peu près : 대략
un mois : (한) 달
être content(e) de + inf : …에 만족하다
autant de + 명사 : …와 마찬가지로, …와 같은 수로 (양으로)
tellement ~ que : 너무나 …해서 …하다
dépenser : 소비하다
une grande partie : 큰 부분, 다량의 부분
dès : …부터 (바로, 곧, 이미), …하자마자
un pull : 스웨터
un bijou[x] : 보석
un accessoire : 악세서리
Il reste qc à qn (비인칭) : (…에게) …이 남아있다
ne ~ plus que : 이제는 …밖에 …않다
se rendre compte : 이해하다, 깨닫다
sans + inf : …함이 없이
réfléchir : 숙고하다, 곰곰이 생각하다
regretter : 아쉬워하다, 후회하다
pourtant : 그렇지만
prévenir de + inf : …할 것을 경고하다, 알리다
un coup de tête : 일시적 감정에 의한 행동
au moins : 적어도
servir à qn de leçon : …에게 교훈을 주다
la prochaine fois : 다음 번
mieux : 나은, 더 괜찮은
se contrôler : 검사 (조사) 받다, 통제되다, 자신을 통제하다

10. Quelques kilos en trop

Ma mère trouvait que je mangeais un peu trop. Et en y réfléchissant bien, elle ne disait pas faux. Je n'arrêtais pas de grignoter entre les repas et je mangeais du chocolat le soir. Parfois, j'allais acheter des friandise au bureau de tabac avec des amies. Un jour, je suis montée sur la balance pour voir combien je pesais. Le résultat a failli me faire tomber à la renverse. J'avais pris au moins cinq kilos pendant trois mois. J'ai alors décidé de ne plus autant manger et j'ai commencé un régime afin de revenir à mon poids d'origine. Je mangeais peu durant les repas et essayais de ne pas grignoter. Je mangeais moins de pain et moins de sucreries. Finalement, j'ai réussi à perdre deux kilos.

몇 킬로 초과

엄마는 내가 조금 지나치게 먹는다고 생각하셨다. 그것을 곰곰이 생각해보면 그녀가 틀린 말을 한 것도 아니었다. 나는 식사와 식사 사이에 군것질을 계속 하였고 저녁에 초콜릿을 먹는다. 때때로 나는 담배 가게에서 친구와 함께 단 것을 사기도 했다. 어느 날, 나는 몇 킬로그램이나 나가는지 보기 위해서 체중계 위에 올랐다. 결과를 보고 나는 뒤로 나자빠질 뻔 했다. 나는 3달 동안 5킬로그램이 쪘다. 그래서 나는 더 이상 예전과 같은 정도로 먹지 않겠다고 결심했고, 내 원래 몸무게로 되돌아가기 위해서 다이어트를 시작했다. 나는 식사를 조금 하였고 군것질을 하지 않기로 하였다. 나는 빵과 단것을 적게 먹었다. 결국 나는 2킬로그램 감량에 성공했다.

✣ 단어장

trouver que + ind : …라고 생각하다
un peu trop : 약간 지나치게
réfléchir : 심사숙고하다, 다시 생각하다
faux(sse) : 잘못된, 틀린, 거짓된, 지어낸
arrêter de + inf : …하는 것을 정지 (중지)하다, 멈추다
grignoter : 조금씩 갉아먹다, (사람이) 조금씩 먹다
entre les repas : 식사 사이에
parfois : 때때로
des friandises : 단것
un bureau de tabac : 담배 가게
un jour : 어느 날
monter sur la balance : 체중계 위로 오르다
peser : 몸무게를 재다
le résultat : 결과
faillir + inf : 자칫…할 뻔하다
faire tomber : (사람을) 넘어뜨리다, 쓰러뜨리다
à la renverse : 바닥에 등을 대고

prendre cinq kilos : 살이 5kg 찌다
au moins : 적어도
décider de + inf : …하는 것을 결정하다
un régime : 다이어트
afin de + inf : …하기 위해서, …하도록
revenir à mon poids d'origine : 원래 나의 몸무게로 되돌아오다
durant : …동안
un repas : 식사
essayer de + inf : …하려고 노력하다, 애쓰다
moins de : 더 적게, 덜
une sucrerie : 단 과자류
finalement : 마침내, 결국
réussir à + inf : 성공하다, 해내다
perdre deux kilos : 2킬로그램을 빼다

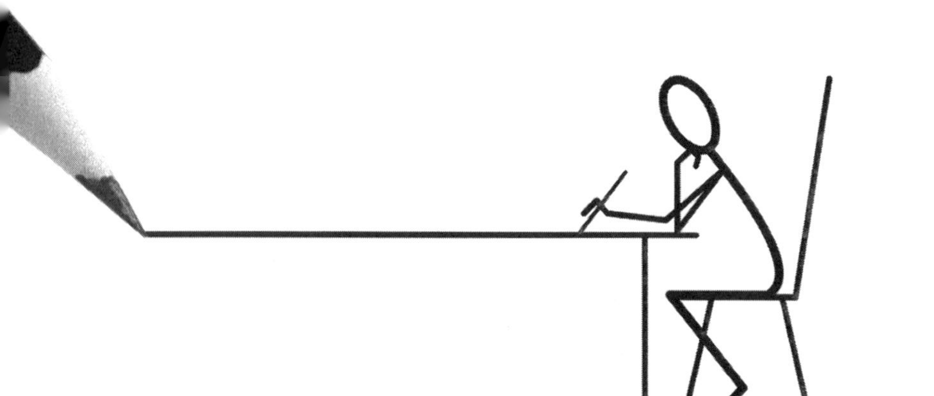

11. La disparition des clés

Mon père me disait souvent que j'étais très étourdie. Ce défaut de ma personnalité s'est confirmé un mercredi après-midi. J'étais sortie car j'avais un cours de piano. Lorsque je suis rentré chez moi, j'ai cherché mes clés dans mon sac mais elles étaient introuvables. J'ai été prise d'un vent de panique. J'ai appelé ma mère, espérant qu'elle pourrait venir. Je lui ai expliqué la situation et elle m'a dit que normalement, mon père devait être à la maison et que pour les clés, je devais voir avec lui. En effet, il est venu m'ouvrir lorsque j'ai sonné à la porte et je lui ai demandé s'il n'avait pas vu mes clés. C'est alors qu'il a sourit et m'a montré les clés que j'avais laissées sur la commode de l'entrée.

열쇠의 분실

아버지께서는 내가 침착하지 못하다고 자주 말씀하셨다. 내 성격의 이런 단점은 어느 수요일 오후에 확인되었다. 나는 피아노 수업이 있어서 외출했었다. 내가 집에 돌아왔을 때 나는 가방 안에서 열쇠를 찾았지만 열쇠를 찾을 수가 없었다. 나는 공포에 사로잡혔다. 나는 어머니가 올 수 있길 바라며 어머니께 전화를 했다. 내가 어머니께 상황을 설명하자 어머니께서는 정상적으로는 아버지께서 집에 계실 것이라고 말씀하셨고, 열쇠에 관해서는 아버지와 함께 알아 봐야한다고 말씀하셨다. 내가 초인종을 누르자 정말로 아버지는 문을 열어주러 오셨다. 나는 혹시 내 열쇠를 봤냐고 아버지께 물어보았다. 그러자 아버지는 미소를 지으셨고 내가 입구에 있는 서랍장 위에 내버려 둔 열쇠를 내게 보여주셨다.

✤ 단어장

la disparition : 사라짐, 분실
la clé : 열쇠
étourdi(e) : 경솔한, 침착하지 못한
le défaut : 부족, 결핍, 결점, 단점
la personnalité : 인격, 개성
se confirmer : 확실해지다, 확인되다
introuvable : 발견할 수 없는, 만날 수 없는
être pris(e) d'un vent de panique : 공포에 사로잡히다
epsérer : 기대하다
la situation : 상황
normalement : 보통으로, 정상적으로
en effet : 실제로, 사실
sonner : 초인종을 울리다
demander à qn si + ind : 혹시 …인지 …에게 물어보다
c'est alors que + ind : 그러자 …하다
sourire : 미소 짓다
montrer : 보여주다, 가리키다
laisser : 내버려두다, 놓다
la commode : 서랍장
une entrée : 입구

12. La journée des droits de l'enfant

Jeudi, c'est la journée des droits de l'enfant. Aux infos télévisées du soir, on a énuméré les droits des enfants. Tous les enfants ont le droit à la vie, à l'éducation, etc. Ce qui me touche le plus, c'est le sixième droit qui dit que tous les enfants ont le droit de manger à leur faim. A nos jours, il est vrai que beaucoup d'enfants manquent de nourriture, alors que dans mes alentours, y compris moi, nous jetons le reste du repas. Honteux de mes comportements, j'ai décidé d'économiser de l'argent afin de l'envoyer à l'association Action contre la Faim.

아동 권리의 날

목요일, 오늘은 아동 권리의 날이다. 저녁 텔레비전 뉴스에서는 아동 권리들에 대해서 열거했다. 모든 아이들은 생존과 교육 등의 권리가 있다. 나를 가장 감동시킨 것은 6번째 권리이다. 이것은 모든 아이들은 배고플 때 먹을 권리가 있다는 것이다. 오늘날 사실 많은 아이들은 먹을 것이 부족한 반면에 나를 포함하여 주변사람들은 남은 음식을 버린다. 내 행동이 부끄러워 진 나는 <기아 퇴치 활동> 단체에 보내려고 돈을 아껴 쓰기로 결심했다.

✤ 단어장

la journée : 날, 하루
le droit : 권리, 법
des infos télévisées : 뉴스
énumérer : 열거하다
le droit à + qch : …할 권리
une éducation : 교육
Ce qui ~, c'est ~ : …것은 …이다
toucher : 감동시키다
sixième : 6번째
avoir le droit de + inf : …할 권리가 있다
la faim : 굶주림, 기근
A nos jours : 오늘날에
il est vrai que ~ : …이 사실이다
manquer de : …이 없다, …을 갖지 않다
une nourriture : 음식, 영양물, 먹거리
alors que ~ : …인데 반해
les alentours : 주변사람들
y compris moi : 나를 포함하여
jeter : 던저 버리다, 버리다
le reste du repas : 남은 음식
être honteux(se) de qch : …에 부끄러워 하다
un comportement : 행동, 태도
décider de + inf : …을 결정하다, 정하다
économiser : 아끼다, 절약하다
afin de + inf : …하기 위하여, …하려고, …하도록
envoyer à : …에 보내다
une association : 협력, 단체, 제휴

13. Ce n'est pas très gentil.

Un dimanche, avec des amis à mes parents, nous sommes allés dans un grand magasin pour aller acheter un canapé. Les amis de mes parents avaient un fils qui s'appelait Aurélien. Avec lui, je m'amusais beaucoup et on faisait n'importe quoi. Le magasin était grand et il y avait beaucoup de canapés. C'est alors que j'ai eu une idée. J'ai proposé à Aurélien de nous cacher pendant que nos parents cherchaient un canapé. Nous avions déjà trouvé la cachette idéale. Elle se trouvait derrière un grand fauteuil. Pendant que nos parents achetaient le canapé, nous étions toujours cachés et nous les observions. Soudain, ils ont commencé à nous appeler. Et là, la mère d'Aurélien a pleuré d'inquiétude. Puis on s'est dit qu'il fallait qu'on sorte et on s'est fait gronder.

착한 짓이 아니다.

어느 일요일, 부모님의 친구들과 함께 소파를 사러 대형 상점에 갔다. 부모님 친구 분은 이름이 오레리앙인 아들이 하나 있다. 그와 함께 나는 재밌게 놀았고, 우리는 이것저것 다했다. 상점은 컸고 많은 소파들이 있었다. 그때 나는 한 가지 생각이 떠올랐다. 나는 오레리앙에게 부모님이 소파를 찾는 동안 숨어있자고 제안했다. 우리는 이미 숨기에 알맞은 곳을 찾았다. 그것은 큰 안락의자 뒤였다. 부모님이 소파를 고르는 동안, 우리는 여전히 숨어 있었고, 그들을 지켜보았다. 갑자기 그들이 우리를 부르기 시작했다. 그리고 그때 오레리앙의 엄마가 걱정스럽게 우셨다. 우리는 이곳을 나가야만 한다고 생각했고 결국 꾸지람을 들었다.

✤ 단어장

un grand magasin : 백화점, 대형 상점
aller acheter : 사러가다
un canapé : 소파
s'amuser : 즐기다, 놀다
n'importe quoi : 어느 것이나
avoir une idée : 생각이 있다
proposer à qn de + inf : …에게 …할 것을 제안하다, 제의하다
se cacher : 숨다
pendant que + ind : …하는 동안
la cachette : 은신처, 숨을 곳
se trouver : 있다
derrière : … 뒤에
un fauteuil : 안락의자
observer : 관찰하다, 확인하다
soudain : 갑자기
commencer à + inf : …하기 시작하다
appeler : 부르다

pleurer d'inquiétude : 걱정스럽게 울다
se dire : 생각하다, 자문하다
il faut que ~ : …해야 한다
sortir : 나오다
se faire gronder : 꾸지람을 듣다

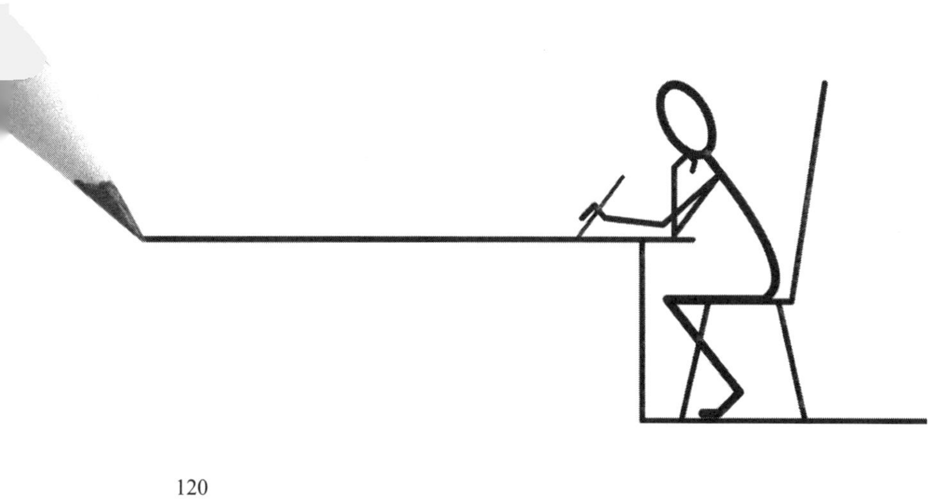

14. Je me suis fais coupé les cheveux.

Aujourd'hui, je suis allé chez le coiffeur. D'habitude je n'aime pas y aller mais cette fois-ci, j'ai voulu essayer pour voir ce que ça allait donner. Donc, avec ma mère, on est allé au salon de coiffure près du magasin où il y a des bonbons. Une fois entré au salon, j'ai dû attendre. Quand ça a été mon tour, je me suis assis sur un fauteuil assez confortable. La coiffeuse qui s'occupait de moi m'a demandé quelle coupe je voulais. J'ai répondu que je ne savais pas. Finalement, la coiffeuse a coupé mes cheveux très court et en haut, elle a laissé un peu de cheveux pour que je puisse mettre du gel. J'ai un air de danseur de hip-hop.

나는 머리를 잘랐다.

오늘 나는 미용실에 갔다. 평소에 나는 미용실에 가는 것을 좋아하지 않지만 이번에는 어떤 모습이 될지 알아보고 싶어졌다. 그래서 엄마와 함께 사탕가게 근처 미용실에 갔다. 일단 미용실에 들어간 나는 기다려야 했다. 내 차례가 되었을 때, 꽤 편안한 의자에 앉았다. 내 머리를 자를 미용사는 어떤 머리를 원하는지 물어보았다. 난 잘 모르겠다고 답했다. 결국 미용사는 내 머리를 아주 짧게 잘랐다. 미용사는 젤을 바를 수 있도록 머리 위쪽을 조금만 남겨두었다. 나는 힙합댄서인 것 같았다.

✤ 단어장

se faire coupé les cheveux : 머리카락을 자르게 하다
chez le coiffeur : 미용실
d'habitude : 평소에
cette fois-ci : 이번에는
essayer : 시도하다, 애쓰다, 노력하다
le salon de coiffure : 미용실
près de : …곁에, …옆에
un bonbon : 사탕
une fois + 과거분사 ~ : 일단 …해서(하면)
le tour : 차례
s'asseoir sur un fauteuil : 안락의자에 앉다
confortable : 편안한
la coiffeuse : 미용사
s'occuper de qn : …를 돌보다
demander à qn : …에게 부탁하다, …에게 요청하다
une coupe : 커트, 자름
finalement : 마침내, 결국
court(e) : 짧은
en haut : 위로, 위에
laisser : 그냥 두다, 내버려주다
pour que + sub : (결과·인과관계) … 위해서
mettre du gel : 젤을 바르다
avoir un air de : …와 같다
danseur(se) : 안무가, 춤추는 사람

15. Un petit incident

Papi a demandé à Mamie de ranger les fils électriques qui étaient sur le sol. Mamie ne l'a pas fait tout de suite parce qu'elle pensait que Papi pouvait le faire lui même. Les fils électriques sont donc restés là pendant quelques jours. Hier, le téléphone a sonné et Papi s'est précipité pour aller décrocher, sans vraiment faire attention. Il s'est pris les pieds dans les fils électriques qui étaient sur son chemin et est tombée sur une plante verte. On a appris à travers cet accident qu'il faut impérativement débarrasser le sol de tout obstacle pour réduire les risques d'accident.

작은 사고

할아버지는 할머니께 바닥에 있는 전선을 정리하라고 부탁했다. 할머니는 할아버지가 스스로 그 일을 할 수 있을 거라고 생각해서 바로 하지 않았다. 그래서 전선은 며칠 동안 그대로 있었다. 어제, 전화벨이 울리고 할아버지는 정말로 조심하지 않고 서둘러 전화를 받으러 갔다. 그는 바닥에 있던 전선에 발이 걸렸고, 화분 위로 넘어졌다. 사고 위험을 줄이기 위해 바닥의 모든 장애물을 반드시 치워야 한다고 이번 사고를 통해 배웠다.

✤ 단어장

demander à qn : …에게 부탁하다, …에게 요청하다
le fil électrique : 전선
tout de suite : 즉시, 바로
décrocher : 전화를 받다, 수화기를 들다
faire attention : 주의를 하다, 조심하다
un chemin : 길, 통로, 행로
impérativement : 반드시
le sol : 바닥
un obstacle : 장애(물)
réduire les risques d'accident : 사고 위험을 줄이다

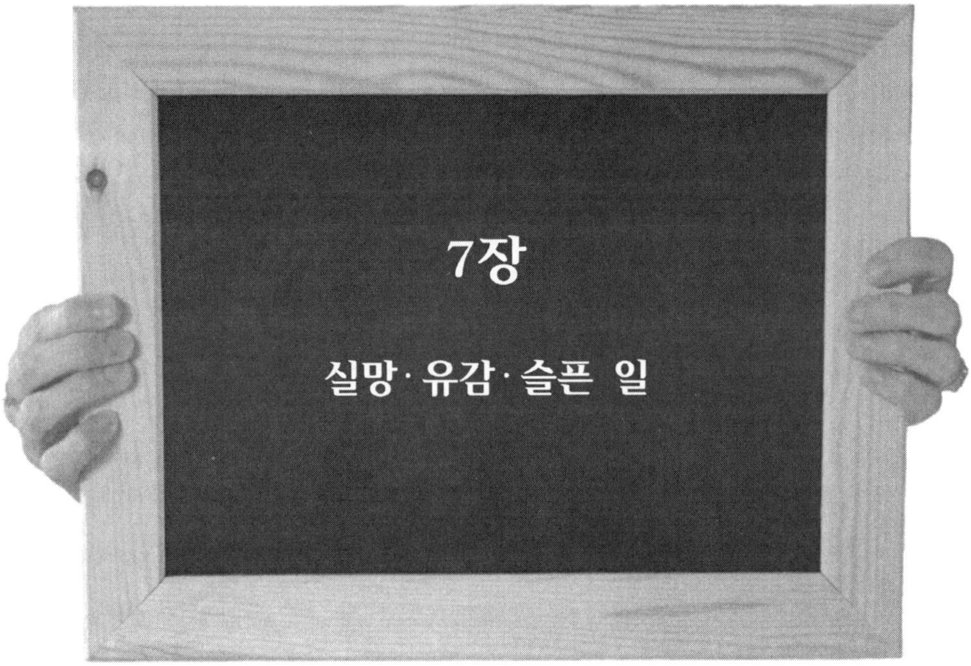

1. Catastrophe naturelle

Ces temps-ci, on voyait beaucoup d'images d'inondation et de tempêtes au journal télévisé de vingt heures. Les populations touchées par le cyclone m'ont particulièrement émue. Les habitants avaient dû abandonner leur maison et aller se réfugier dans des écoles. Tout ce qui leur appartenait avait été emporté par les flots. Je plaignais vraiment ces gens-là et je comprenais à quel point j'ai de la chance de ne pas être victime d'une de ces catastrophes naturelles. Je me suis dit alors que plus tard, lorsque je gagnerai beaucoup d'argent, j'aiderai ces gens et je serai bénévole pour des associations caritatives.

자연재앙

요즈음, 우리는 저녁 8시 텔레비전 뉴스에서 홍수나 폭풍우의 장면들을 많이 본다. 태풍에 의해 피해를 본 주민들은 특히 나의 마음을 아프게 했다. 주민들은 그들의 집을 떠나야만 했고 학교로 피난을 가야했다. 그들이 소유했던 모든 것들은 파도에 의해 떠나가 버렸다. 나는 정말로 이 사람들에 대해 연민을 느꼈고 내가 이런 자연재해의 희생자가 아니라는 것이 얼마나 운이 좋은 것인지 깨달았다. 나는 나중에 내가 돈을 많이 벌게 되면 이런 사람들을 도울 것이고 구호단체들의 자원봉사자가 될 것이라고 다짐했다.

✤ 단어장

une catastrophe naturelle : 자연 재앙, 재해
ces temps-ci : 요즈음, 근래
une inondation : 홍수
une tempête : 폭풍우, 돌풍
le journal télévisé : 텔레비젼 뉴스
une population : 주민, 인구, 국민
toucher : 손을 대다, 충격을 주다, 피해를 입다
le cyclone : 싸이클론 (태풍)
particulièrement : 특히, 유별나게
émouvoir : (정신적으로) 동요시키다, 감동시키다
habitant : 주민, 거주자
abandonner : 아주 떠나다, 버리다, 유기하다

se réfugier : 피난하다, 망명하다
appartenir : …에 속하다, …의 것이다
emporter : 가져가다, 실어가다, 앗아가다
un flot : 물결, 파도, 흐름
plaindre : 불쌍히 여기다, 동정하다, 아끼다
à quel point : 얼마나
avoir de la chance de + inf : 운 좋게 …하다
une victime : 희생자, 피해자
se dire : 속으로 말하다, 생각하다, 혼잣말 하다
gagner beaucoup d'argent : 많은 돈을 벌다
bénévole : 관대한, 호의적인, 무보수의, 자원봉사의
une association caritative : 구호단체

2. Etre fils unique

Je suis fils unique. Je n'ai ni sœur, ni frère. Mes amis m'envient beaucoup. Ils disent souvent qu'ils veulent être à ma place. Mais je leur réponds que moi, au contraire, je voudrais être entouré de frères et sœurs. Marc a quatre frères et sœurs. Il m'a dit que je ne pouvais pas savoir comprendre comment ça se passe au sein d'une famille nombreuse. Lorsque Marc essaie d'avoir une conversation téléphonique, il est interrompu sans cesse par quelqu'un qui décroche le combiné. Le matin, s'il veut aller aux toilettes, il faut qu'il se lève trente minutes plus tôt que les autres. Mais cela ne m'empêche pas de me demander s'il n'y a que des inconvénients quand on a des frères et sœurs.

외아들

나는 외아들이다. 나는 형제 · 자매가 없다. 내 친구들은 나를 굉장히 부러워한다. 그들은 내 입장이 되고 싶다고 자주 말한다. 하지만 나는 반대로 형제·자매로 둘러싸이고 싶다고 그들에게 대답한다. 마크는 4명의 형제자매가 있다. 그는 내가 대가족 안에서 어떤 일이 벌어지는 지 이해할 수 없을 거라고 말했다. 마크가 전화통화를 하고자 할 때 누군가가 수화기를 들고 있어 줄곧 방해를 받는다. 아침에 그가 화장실에 가고 싶다면 다른 사람들보다 30분 먼저 일어나야 한다. 하지만, 형제·자매가 있을 때 단지 불편한 점만 있는지 자문하지 않을 수 없다.

✤ 단어장

un fils unique : 외아들
ne ~ ni ~ ni : …도 아니고 …도 아닌
envier : 부러워하다, 시기하다
à la place de : …(의) 대신에, …의 입장에
répondre : 대답하다, 답하다
au contraire : …반대로
entouré(e) de : (로) 둘러싸인
se passer : 발생하다, 일어나다
au sein de : …의 한 가지 가운데에, 내부에
nombreux(se) : 다수의
essayer de + inf : …하려고 애쓰다, 노력하다
une conversation téléphonique : 전화통화
interrompre : 중단하다, 멈추다
sans cesse : 끊임없이, 줄곧
décrocher : 전화기를 들다
le combiné : 연결된 전화기
les toilettes : 화장실
il faut que + sub : …해야 한다
se lever : 일어나다
plus 부사 que : (비교급) …보다 더
empêcher de + inf : …을 방해하다
se demander si + ind : …을 자문하다
un inconvénient : 불편함, 지장, 장애

3. La pauvreté

Chaque année, on reçoit une lettre qui nous demande de donner de l'argent pour l'association Action contre la faim qui aide à nourrir les enfants d'Afrique. Cette cause me touche particulièrement car on nous montre des photos d'enfants mourrant de faim. Ils sont tellement maigres qu'on voit leurs côtes. Cela me brise le cœur et souvent, je donne cinq ou dix euros. C'est vrai que ce n'est pas beaucoup mais au moins, je sais que j'ai un peu aidé ces enfants. Si j'avais un peu plus d'argent, je donnerais volontiers un peu plus, mais ce n'est pas le cas.

빈곤

매년, 우리는 아프리카 아이들에게 식량지원을 하는 <기근 반대 활동 단체>로부터 기금을 부탁하는 편지를 받는다. 기근으로 죽어가는 아이들의 사진을 보았기 때문에 이런 단체의 동기는 특히 나를 감동시킨다. 그들은 갈비뼈가 보일정도로 야위었다. 그것은 나에게 깊은 마음의 상처를 준다. 나는 5유로나 10유로를 낸다. 많지 않은 액수인 것은 사실이다. 하지만 적어도, 나는 이 아이들을 조금은 도왔다는 것을 안다. 만약 내가 좀 더 돈이 있다면 자발적으로 조금 더 냈을 텐데, 하지만 여의치 않다.

✣ 단어장

la pauvreté : 빈곤, 가난
chaque année : 매 년
recevoir : 받다
demander à qn de + inf : …에게 …하는 것을 부탁하다
une association : 연합, 단체
aider qn à + inf : …가 …하는 것을 도와주다
nourrir : 음식을 제공하다
la cause : 이유, 동기, 원인
toucher : 충격을 주다, 감동시키다
particulièrement : 특히, 특별히
des photos d'enfants mourrant de faim : 기근으로 죽어가는 아이들의 사진
tellement : 정말, 매우
maigre : 마른, 야윈
la côte : 갈비뼈
briser le cœur de qn : …의 마음에 깊은 상처를 주다
au moins : 적어도
volontiers : 기꺼이
un peu plus : 조금 더
le cas : 경우, 상황, 입장

4. La chirurgie esthétique

C'est incroyable le nombre de stars qui se font injecter des produits contre les rides et qui passent entre les mains d'un chirurgien. J'ai remarqué que justement, ces pratiques, au lieu des les rendre plus belles et plus jeunes leur défigurent complètement le visage. Au final, elles se retrouvent encore plus moches qu'avant. Je ne vois vraiment pas ce que la chirurgie esthétique leur apporte à part un visage déformé. Pourtant, certaines actrices restent belles sans chirurgie, même après la cinquantaine passée, comme par exemple l'actrice Meryl Streep qui a joué récemment dans *Le diable s'habille en Prada*. En tout cas, je sais que je ne ferai jamais l'erreur que tant de stars font en faisant confiance à la chirurgie.

성형수술

주름을 제거하기 위한 약품들을 주사하게 하고 성형외과 의사의 손을 거쳐 가는 스타들의 수는 정말 놀랄만하다. 나는 이런 시술들이 그녀들을 더욱 아름답고 젊게 하는 대신에 그들의 얼굴을 완전히 흉하게 한다는 것을 알아차렸다. 결국, 그녀들은 예전보다 더 못생기게 된다. 나는 성형수술이 그들에게 흉측한 얼굴 이외에 무엇을 가져다주는지 정말 모르겠다. 그러나 예를 들어 최근에 <악마는 프라다를 입는다>라는 영화에서 연기한 메릴 스트립처럼 몇몇 여배우들은 성형수술 없이 50대가 지나도 아름다움을 유지하고 있다. 어쨌든, 나는 그렇게 많은 스타들이 성형수술을 신임하면서 행하는 오류를 결코 범하지 않을 것이라는 것을 안다.

✤ 단어장

la chirurgie esthétique : 성형수술
incroyable : 믿어지지 않는, 정말이라고는 생각되지 않는
se faire + inf : 자기 자신을 …하게 하다
injecter : 주사하다, 주입하다
une ride : 주름
passer entre : …사이를 지나가다
un chirurgien : 외과의사
une pratique : 실천, 실행, 행동, 실시
au lieu de : …대신에
rendre qn + adj : 누구를 …하게 만들다
complètement : 완전히, 전적으로
défigurer : 모습을 흉하게 하다, 왜곡하다
au final : 결국, 마지막으로, 최후의
se retrouver : 다시 발견되다
plus ~ que : …보다 더
moche : 못생긴, 보기흉한
apporter : 가져오다, 일으키다

à part : 별도로, …이외에
déformé(e) : 변형된, 보기 흉하게 된
pourtant : 그러나, 그럼에도 불구하고
rester + adj : (같은 상태, 자세)로 있다
sans chirurgie : 성형수술 없이
même : 같은, 조차, …까지도
la cinquantaine passée : 오십대가 지난
jouer : 연기하다
récemment : 최근에
en tout cas : 어쨌든
faire l'erreur : 잘못을 범하다, 실수하다
tant de : 그처럼 많은
faire confiance à qn : …를 신용하다, 신임하다

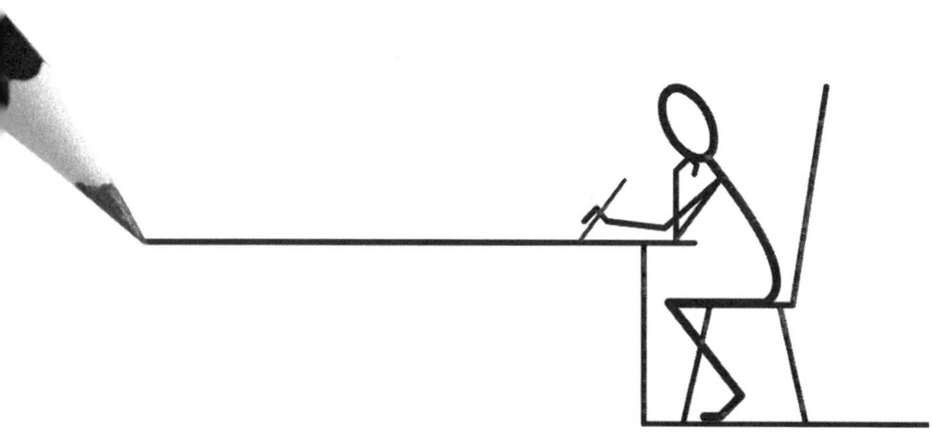

5. Le réchauffement de la planète

On n'arrêtait pas de parler du réchauffement climatique sur les chaînes de télévision. Cela devenait inquiétant, surtout pour la nouvelle génération dont j'en fais partie. Je dois avouer que c'est vraiment très réjouissant d'entendre qu'on va peut-être mourir noyé ou qu'on va devoir subir les conséquences des actes de nos ancêtres. Je ne dis pas que je ne pollue pas mais depuis que j'ai compris que la planète allait mal, je fais de mon mieux pour recycler les déchets, économiser de l'énergie et de l'eau, etc. Mes parents s'en fichent complètement. Il faut dire qu'ils ne seront sûrement plus là lorsque tous les icebergs disparaîtront et qu'il n'y aura plus de couche d'ozone pour nous protéger des rayons du soleil.

지구 온난화

텔레비전 방송에서 기후 온난화에 관한 이야기를 계속 하였다. 그것은 특히 나와 같은 신세대에게는 염려가 되는 일이었다. 우리가 아마도 익사해서 죽거나 우리 조상들이 행한 행위의 결과를 감당해야 한다는 이야기를 듣는 것은 정말로 재미있는 거라고 단언한다.(역설적) 나는 오염시키지 않는다고 말할 수 없지만, 지구가 나빠지고 있다고 이해한 후부터는 쓰레기를 재활용하고 에너지와 물을 아껴 쓰는 등 최선을 다한다. 그러나 나의 부모님은 완전히 그것을 무시한다. 모든 빙산이 사라지고, 햇빛으로부터 우리를 보호해주는 오존층이 없어질 때 그들은 분명히 지구에 남아있지 않을 것이라고 말해주어야 한다.

✣ 단어장

le réchauffement : 데우기, 다시 따뜻해짐
la planète : 지구
arrêter de + inf : …하는 것을 중단하다, 중지하다
parler de : …대해 이야기하다
climatique : 기후의, 풍토의
une chaîne de télévision : TV 채널, 방송
devenir + adj : …되다, …이루다
inquiétant(e) : 걱정되는, 염려스러운
la nouvelle génération : 신세대
faire partie de qch : …의 일부를 이루다, …에 속하다
avouer : (사실을) 고백하다, 인정하다
c'est vraiment très réjouissant de + inf : (역설적으로) … 하는 것은 참 유쾌한 일이다
peut-être : 아마도
mourir noyé : 익사해서 죽다
subir : 겪다, 감내하다
une conséquence : 결과, 영향, 결론
des actes de nos ancêtres : 우리 조상들의 행위
polluer : 오염시키다
depuis que + ind : …한 이래로, …인 이상, …인

까닭에
comprendre : 이해하다, 납득하다
aller mal : 악화되다
faire de mon mieux : 최선을 다하다
recycler : 순환 사용하다
un déchet : 찌꺼기, 폐기물, 쓰레기
économiser : 절약하다, 아껴 쓰다
se ficher de qch : 무시하다, 아랑곳 않다
complètement : 완전히, 분명히
Il faut dire que : …을 말해야만 한다
sûrement : 분명히, 확실히
un iceberg : 빙산
disparaître : 사라지다
une couche d'ozone : 오존층
protéger : 보호하다, 지키다
un rayon du soleil : 태양광선, 햇빛

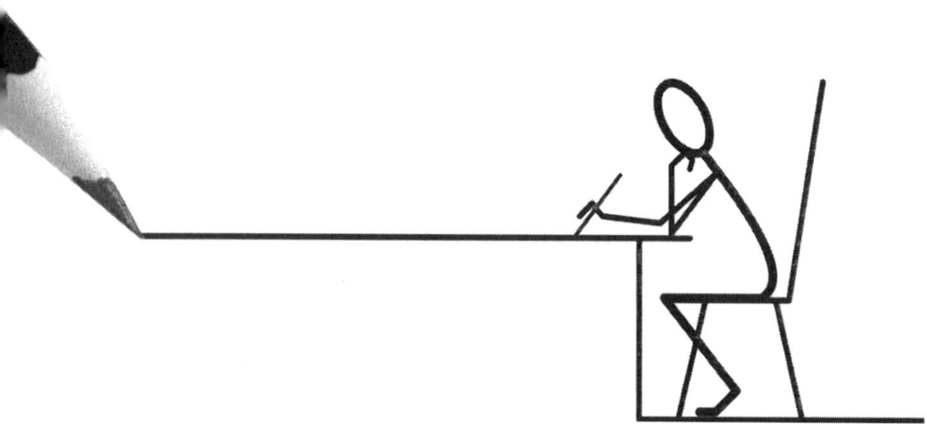

6. Une déception !

Aujourd'hui, j'étais vraiment excité parce que le soir, à vingt heures cinquante, il y avait un match de foot. Ce n'était pas n'importe quel match. C'était mon équipe préférée qui jouait en final. En cours d'histoire, je n'écoutais rien de ce que disait le professeur, tellement j'étais excité. Enfin arrivé chez moi, j'ai fait mes devoirs. Je me suis dépêché pour les faire mais il n'était que vingt heures. En attendant, j'ai dessiné. Dessiner est la pire activité que je puisse faire. Enfin, quand il était vingt heures cinquante, je suis vite parti pour allumer la télé. J'ai eu beau appuyer sur la télécommande, la télé ne marchait pas. Ma mère m'a dit alors que l'électricité ne marchait pas. J'ai été scotché pendant quelques minutes.

실망!

오늘 저녁 8시 50분에 축구 시합이 있기 때문에 나는 굉장히 들떠 있었다. 그것은 그냥 아무런 경기가 아니었다. 내가 좋아하는 팀의 결승 경기였다. 역사수업에서 나는 선생님이 말씀하시는 것을 전혀 귀 기울여 듣지 않았다. 그만큼 나는 흥분되어 있었다. 집에 돌아온 나는 숙제를 했다. 나는 서둘러 숙제를 끝냈다. 그런데 8시 밖에 되지 않았다. 기다리면서 나는 그림을 그렸다. 그림 그리는 것은 내가 할 수 있는 것 중 가장 안좋은 활동이다. 마침내, 8시 50분이 되었을 때 나는 텔레비전을 키려고 재빨리 방 밖으로 나왔다. 리모콘을 아무리 눌러도 소용이 없었다. 텔레비전은 작동되지 않았다. 그때 엄마는 전기가 들어오지 않는다고 말씀하셨다. 나는 몇 분 동안이나 꼼짝하지 않고 그 자리에 서 있었다.

✤ 단어장

une déception : 실망, 환멸
excité(e) : 흥분된, 들뜬
un match de foot : 축구시합
n'importe quel match : 아무 경기
une équipe préférée : 선호하는 팀
jouer en final : 결승경기를 하다
tellement : 매우, 정말
enfin : 겨우, 마침내
faire les devoirs : 숙제를 하다
se dépêcher : 서두르다
dessiner : 그림을 그리다
la pire activité : 가장 나쁜 활동
partir : 떠나다
allumer la télé : 텔레비전을 키다
avoir beau + inf : 아무리 …해도 소용없다
appuyer sur la télécommande : 리모콘을 누르다
marcher : (기계 따위가) 작동하다, 움직이다
une électricité : 전기, 전력
scotcher : 스카치 테이프로 붙이다

7. Un peu déçu

Aujourd'hui, avec ma mère et ma sœur nous sommes allés dans une grande surface pour aller faire les courses mais aussi pour aller acheter un vêtement. C'était une récompense pour ma bonne attitude. On se dirigeait vers *Carrefour*. Quand on est entré dans le parking, j'ai remarqué qu'il n'y avait pas beaucoup de voitures. Une fois garé, nous sommes sortis de la voiture. Il n'y avait presque personne. C'était bizarre. Entré dans la grande surface, il n'y avait qu'une seule dame de ménage. Cette dame nous a alors dit que c'était fermé. J'étais déçu parce que je n'avais pas pu acheter mon jeu mais aussi parce qu'on n'avait presque plus rien à manger dans le frigo.

약간의 실망

오늘 엄마와 동생과 함께 장을 보고 또한 옷을 사기 위해 대형마트에 갔다. 착한 행동을 한 댓가였다. 우리는 까루푸로 향해 갔다. 우리가 주차장에 들어갔을 때 나는 차가 많이 없는 것을 알아차렸다. 일단 주차한 우리는 차에서 내렸다. 거의 사람이 없었다. 이상했다. 마트에 들어서자 청소부 아주머니만 계셨다. 그 아주머니는 우리에게 휴업이라고 말했다. 나는 장난감을 살 수도 없을 뿐만 아니라 또 냉장고에 먹을 것이 거의 없다는 것 때문에 실망했다.

✣ 단어장

déçu(e) : 실망한
faire les courses : 장을 보다
un vêtement : 옷
une récompense : 보답, 보수
une bonne attitude : 좋은 자세, 태도
se diriger vers : …쪽으로 방향을 잡다
le parking : 주차
remarquer : 주목하다, 알아차리다
une fois : 한번
garer : 주차하다
Il n'y avait presque personne. : 거의 아무도 없다.
bizarre : 이상한
une seule dame de ménage : 청소부 아주머니 한분
fermer : 닫다
ne ~ plus rien à manger : 더 이상 먹을 것이 아무 것도 없다
le frigo : 냉장고

8. La guerre

Il y avait une époque où la guerre était considérée comme un moyen normal de résoudre des problèmes entre les Etats. Les chefs d'Etat pouvaient aussi déclarer la guerre sans consulter les populations. Aujourd'hui, nous jugeons la guerre inacceptable, nous sommes choqués par ces conflits. Mais cela ne suffit pas pour arrêter les attentats. Dès que je me connecte à Internet, je suis submergé par des infos concernant les guerres, les conflits, les terroristes. En 2009, j'espère qu'il y aura plus de paix, d'amour et je voudrais dire une chose : on a tous droit d'être heureux.

전쟁

전쟁이 국가들 사이에서 문제를 해결하는데 당연한 수단처럼 간주되던 시대가 있었다. 나라의 통치자는 국민들과 상의 없이 전쟁을 선포할 수 있었다. 오늘날, 우리는 전쟁이 허용될 수 없다고 생각한다. 그리고 군사적 분쟁에 충격을 받는다. 하지만 테러를 중단시키기에는 이것으로는 충분하지 않다. 내가 인터넷을 연결하자마자 나는 전쟁과 대립, 테러리스트와 관련된 정보들로 파묻혔다. 2009년에는 더 많은 평화와 사랑이 있길 바란다. 나는 우리들 모두가 행복할 권리가 있다고 말하고 싶다.

✣ 단어장

la guerre : 전쟁
une époque : 시대
considérer comme + 속사 : …으로 간주되다
un moyen normal : 당연한 방법
résoudre des problèmes : 문제를 해결하다
entre : …사이의
un Etat : 정부, 국가
un chef : 원수, 수장
déclarer : 선언하다, 선포하다
sans + inf : …없이
consulter : 상담하다, 문의하다
une population : 인구, 국민
juger : 생각하다, 여기다
inacceptable : 받아들일 수 없는, 승낙 할 수 없는
choquer : (정신적으로) 타격을 주다, 감정을 상하게 하다
un conflit : 분쟁, 충돌
cela ne suffit pas : 충분하지 않다
arrêter : 멈추다, 정지하다
un attentat : 폭행, 습격, 테러
dès que ~ : …하자마자
se connecter : 결합되다, 연결하다
submerger : 휩쓸다, 사로잡다
concernant : …에 관한, …에 대하여
j'espère que ~ : 나는 … 되기를 바라다, 희망하다
plus de : 더 많은
une paix : 평화
un amour : 사랑
avoir droit d'être heureux : 행복할 권리가 있다

9. Un acte barbare

Un ours a été encore tuée par un chasseur. Je suis vraiment contre cet acte de barbarie. Selon les gendarmes, la femelle, accompagnée de son ourson de 10 mois, s'est sentie menacée et a chargé les chasseurs. Pour se défendre, l'un des chasseurs a tiré. Sans sa mère, l'ourson risque de ne pas passer l'hiver. Mercredi, un groupe de savants est parti à sa recherche et ils l'ont entendu pleurer dans la forêt. J'espère qu'ils le retrouveront rapidement et qu'ils pourront le garder pendant quelques temps.

야만적인 행위

사냥꾼에 의해 또 다시 곰이 죽었다. 나는 이러한 야만적 행동을 정말로 반대한다. 경찰기동대에 따르면 10개월 가량 된 아기 곰을 동반한 암컷은 위협을 느끼자 사냥꾼을 공격했다. 사냥꾼들 중 한 명이 자신을 보호하기 위해 총을 쏘았다. 어미 없는 아기 곰은 겨울나기가 염려스럽다. 수요일, 동물학자 그룹이 그를 찾아 떠났다. 그들은 숲속에서 곰이 우는 소리를 들었다. 나는 그들이 곰을 빨리 찾기 바라며, 그들이 얼마 동안 곰을 보호해주길 바란다.

✤ 단어장

un acte : 행위, 행동, 동작
barbare : 미개한, 야만스러운
un ours : 큰 곰
tuer : 죽이다, 살해하다
un chasseur : 사냥꾼, 밀렵꾼
être contre qch : …반대하다
une barbarie : 잔인, 미개, 야만
selon : …따르면, …의하여
un gendarme : 헌병, 경찰기동대
la femelle : 암컷
accompagné(e) de : …을 동반한
un ourson de 10 mois : 10개월 된 아이 곰
se sentir + adj : (느낌, 기분이) …하다
menacé(e) : 위기에 처한, 위태로운
charger : 공격하다, 돌격하다
se défendre : 막다, 방어하다
tirer : (총을)쏘다
sans : …없이
risquer de + inf : (할)위험이 있다, (할)우려가 있다
un hiver : 겨울
un groupe de savants : 학자의 그룹
à sa recherche : …을 찾아서
entendre qn pleurer : …가 우는 소리를 듣다
la forêt : 숲
J'espère que + ind : 나는 …이기를 바라다
rapidement : 빠르게
garder : 지키다, 감시하다
pendant quelques temps : 얼마동안

10. Les sans-abri

Les personnes qui vivent dans la rue sont des sans-abri. Ce soir, j'ai pu voir ces gens à la station de métro. J'ai pu lire sur leur visage beaucoup de tristesse. Mon père a dit qu'autrefois, les sans-abri étaient des hommes adultes. Mais de plus en plus, on voit des jeunes, des femmes ou même des familles entières vivre dans la rue. Souvent, ces personnes n'ont plus de travail depuis longtemps. Elles n'ont pas assez d'argent pour avoir un logement. Elles doivent se débrouiller pour trouver à manger. Mes parents sont membres aux associations qui aident les sans-abri à affronter la dureté de cet hiver. Pendant les vacances, je pense que moi aussi j'irai à cette association pour me rendre utile.

집 없는 사람

거리에서 사는 사람들은 집 없는 사람들이다. 오늘 저녁, 나는 지하철역에서 그런 사람들을 볼 수 있었다. 나는 그들의 얼굴에서 깊은 슬픔을 읽을 수 있었다. 아빠는 예전에 집 없는 사람들이 성인남자들이었다고 말씀하셨다. 하지만 점점 더 젊은 사람들, 여성 또는 가족 모두가 거리에서 산다. 대개 이러한 사람들은 오래 전부터 일이 없다. 그들은 거처를 구할 충분한 돈도 없다. 그들은 먹을 것을 구하기 위해 스스로 해결해야만 한다. 나의 부모님은 혹독한 이번 겨울을 견뎌낼 수 있도록 집 없는 사람들을 돕는 단체 회원이시다. 나 역시 도움이 되기 위해 방학 동안 이 단체에 참여할 생각이다.

✤ 단어장

les sans-abri : (재해로 인한) 집 없는 사람, 이재민
vivre : 살다
ce soir : 오늘 저녁
la station de métro : 지하철 역
le visage : 얼굴, 낯
la tristesse : 슬픔
autrefois : 예전에
adulte : 성년의, 어른이 된
de plus en plus : 점점 더
des jeunes : 젊은 사람들
même : 같은
entier(ère) : 전체의
ne ~ plus : 더 이상 …않은
depuis longtemps : 오래 전부터
un logement : 주거, 주택, 집, 거처
se débrouiller : 요령 있게 행동(처리)하다, 적절한 조치를 취하다
trouver à manger : 먹을 것을 발견하다
un membre aux associations : 협회(단체) 회원
aider qn à + inf : …가 …하는 것을 돕다

affronter : (적·위험에)과감히 맞서다, 대처하다
la dureté : 엄격함, 몰인정함, 냉혹함
se rendre + 속사 : 스스로를 …하게 만들다
utile : 유용한, 유익한

11. Le Mont Blanc

Hier soir, j'ai regardé un documentaire sur le mont Blanc. A 4,808 mètres, il est le sommet le plus haut de l'Europe. On dit d'ailleurs qu'il est le toit de l'Europe. Le mont Blanc est partagé entre la France, la Suisse et l'Italie. Un tunnel a été creusé en-dessous pour relier la France à l'Italie. Le mont Blanc est parcouru par des sentiers de randonnée. Il faut plusieurs jours pour parcourir le circuit complet. Mais malheureusement, le mont Blanc est en train de fondre. Selon les savants, il a perdu de sa hauteur. Il est certain qu'il y a un rapport avec le réchauffement de la terre.

몽블랑

어제 저녁, 나는 몽블랑에 대한 다큐멘터리를 보았다. 해발 4,808m인 몽블랑은 유럽에서 가장 높은 정상이다. 그래서 사람들은 몽블랑을 유럽의 지붕이라고 말한다. 몽블랑은 프랑스, 스위스와 이탈리아 사이에 걸쳐있다. 프랑스를 이탈리아에 연결하기 위해 몽블랑 밑에 터널을 뚫었다. 몽블랑은 도보여행을 하기 위한 작은 길들이 나 있다. 다 일주하기 위해서는 며칠이 소요된다. 하지만 불행히도 몽블랑이 녹고 있다. 학자들에 따르면 몽블랑의 고도가 낮아지고 있다고 한다. 지구 온난화와 관련이 있는 것이 분명하다.

✤ 단어장

le Mont Blanc : 몽블랑
un documentaire : 다큐멘터리
le sommet : 꼭대기, 정상
le plus haut de l'Europe : 유럽에서 가장 높은
d'ailleurs : 게다가, 더구나, 그래서
le toit : 지붕
partager : 함께하다, 공유하다
entre A et B : A와 B 사이에
un tunnel : 터널
creuser : (에) 구멍을 뚫다, (의)속을 파내다
en-dessous : 밑에, 아래쪽에
relier qch à : (물건, 지점 따위를) 연결하다
parcourir : 관통하다, 뚫고 지나가다
un sentier de randonnée : (주로 산, 숲 따위에서의) 도보여행길
Il faut plusieurs jours : 며칠이 걸리다
parcourir : 주파(답파)하다
le circuit : 일주, 한 바퀴 돌기
complet(ète) : 완전한, 완벽한, 꽉 찬
être en train de + inf : …하는 중이다
fondre : 녹다, 용해되다
selon : …따라서, …의해서
savant(e) : 학자, 과학자
perdre : 잃다
la hauteur : 높이, 고도
Il est certain que + ind : 하는 것이 …확실하다, 분명하다
avoir un rapport avec : …와 관련되다
le réchauffement de la terre : 지표 기온상승

12. Un correspondant

Accueillir un correspondant chez soi, ce n'est pas toujours évident. Lorsque ma correspondante espagnole est venue à la maison, ça s'est plutôt mal passé. On l'a reçue pendant une semaine et j'avais l'impression qu'elle ne m'aimait pas du tout. Elle avait des manières un peu bizarres. Et surtout, c'était difficile de communiquer ensemble. On parlait plutôt en anglais parce que mes connaissances en espagnol sont limitées. Mais de toute façon, j'avais l'impression d'être face à un mur. Elle n'était pas bavarde. Si j'avais eu un minimum de bases dans la langue pour faire un échange.

펜팔친구

자신의 집에 펜팔 친구를 맞이하는 것이 항상 좋은 것은 아니다. 나의 스페인 펜팔 친구가 집에 왔을때 잘 보내지 못했다. 일주일 동아 펜팔 친구를 맞이했고, 그녀가 나를 전혀 좋아하지 않는다는 느낌을 받았다. 그녀는 약간 행동이 이상했다. 특히 함께 대화하기가 어려웠다. 우선, 나의 스페인어 지식이 한정되었기 때문에 영어로 말했다. 어쨌든 벽과 마주한 느낌이었다. 그녀는 수다스럽지 않았다. 교류하기 위해 최소한의 언어의 기초가 있었더라면…

✤ 단어장

correspondant : 펜팔 상대
accueillir : 맞이하다, 받아들이다
chez soi : 자신의 집
évident(e) : 분명한, 확실한, 명백한
ça s'est plutôt mal passé : 일이 잘 되지 못하다
recevoir : 받아들이다
avoir l'impression que + ind : …한 느낌을 가지다
une manière : 품행, 태도, 방법
bizarre : 이상한
surtout : 특히
c'est difficile de + inf : …하기 힘들다, 어렵다
communiquer : 연락을 취하다
parler en anglais : 영어로 말하다
limité(e) : 제한된
de toute façon : 어쨌든
face à : …와 마주하여, …을 향하여
bavard(e) : 말하기 좋아하는, 수다스러운
un minimum de bases : 최소한의 기초

13. Je fais un régime.

Il faut que je fasse un régime pour maigrir du ventre. Quand j'avais à peu près quinze ans, je pouvais me goinfrer de sucreries et de chocolats, mais depuis, j'ai dû me mettre au régime. Ce n'est pas du tout facile. A la télé, il y a toujours des publicités de chocolats et d'autres friandises. Dans ces cas-là, je vais directement à la cuisine pour manger un bout de chocolat mais ma mère me bloque toujours le passage. C'est pourquoi j'en prend en cachette. C'est très dur de faire un régime parce qu'on est privé de délicieuses nourritures. La preuve, un jour, ma mère avait préparé des frites avec du poulet. Mais comme j'étais au régime, je n'ai dû manger que de la salade.

다이어트

나는 뱃살을 빼기 위해서 다이어트를 해야만 한다. 내가 대략 15살 때, 단 과자와 초콜릿을 굉장히 많이 먹었다. 그러나 그 후, 나는 다이어트를 시작해야만 했다. 전혀 쉽지 않은 일이다. 텔레비전에서는 항상 초콜릿과 다른 사탕 과자의 광고가 나온다. 이런 경우에는 나는 초콜릿을 한 조각 먹으려고 바로 부엌으로 간다. 하지만 엄마는 항상 길을 막는다. 그래서 나는 몰래 초코렛을 먹는다. 맛있는 음식을 먹지 못하기 때문에 다이어트 하기가 힘들다. 증거로 어느 날 엄마는 감자튀김과 닭고기를 준비하셨다. 하지만 나는 다이어트 중이었기 때문에 샐러드만 먹어야 했다.

✤ 단어장

faire un régime : 다이어트를 하다
Il faut que + sub : …해야만 한다
maigrir du ventre : 뱃살을 빼다
à peu près : 대략, …거의
se goinfrer de qch : …을 아귀처럼 먹다, 걸신들린 듯 먹다
une sucrerie : 설탕 따위의 단 과자류
depuis : 그 때부터
se mettre au régime : 다이어트를 시작하다
une publicité : 광고
une friandise : 단 것, 사탕 과자
dans ces cas-là : 그런 경우에
directement : 직접적으로, 바로
un bout de chocolat : 초콜렛 한 조각
bloquer : 차단하다, 저지하다
le passage : 행로, 통로
c'est pourquoi : 그래서, 그 때문에
en cachette : 비밀로, 몰래
c'est très dur de + inf : …하기 힘들다
priver : 빼앗다, 박탈하다, 못하게 하다
une nourriture : 음식물, 영양물, 먹 거리
la preuve : 증거, 근거
préparer : 준비하다
des frites avec du poulet : 감자튀김과 닭고기
être au régime : 다이어트 중이다

14. On raconte plein de choses.

Depuis 1980, on raconte des choses à propos de tout et n'importe quoi. Des gens racontent qu'il y a des extraterrestres ou d'autres formes de vie dans l'univers. D'autres disent que le monstre Nessie, plus connu sous le nom du monstre de Lochness, en Ecosse, existe. D'autres encore disent que la terre n'existera plus en 2012. Bref, tout le monde raconte n'importe quoi. Ce que je trouve anormal, c'est qu'il y est des extraterrestres. Moi, je ne pense pas qu'ils existent car sinon, comment se seraient-ils formés? On parle également de la zone 51 où, d'après certaines personnes, on détient des extraterrestres.

많은 것들을 이야기 한다.

1980년 이후부터 사람들은 모든 것에 관해 그리고 아무 것이나 이야기를 해댄다. 사람들은 외계인이나 또는 우주에는 다른 형태의 생명체가 있다고 말한다. 어떤 사람들은 스코트랜드에서 Lochness(로코네스)란 이름으로 더 알려진 Nessie(네시)라는 괴물이 존재한다고 말한다. 또 다른 사람들은 2012년에는 지구가 더 이상 존재하지 않을 것이라고 말한다. 요컨대, 사람들은 아무것이나 이야기 해댄다. 내가 이상하다고 생각한 것은 외계인이 있다는 것이다. 나는 외계인이 존재한다고 생각하지 않는다. 왜냐하면 존재한다고 한다면 그들은 어떻게 형성되어졌을까? 사람들은 또한 51 지역에 대해 말하는데, 어떤 사람들에 의하면 이곳은 외계인을 억류하는 곳이라 한다.

✤ 단어장

raconter : 이야기하다
plein de : 많은 …
depuis : …이래도, …후부터
à propos de : …대해서
n'importe quoi : 어느 것이라도
extraterrestres : 외계인
la forme : 존재 형태, 양식
l'univers : 세계 전체, 우주
le monstre : 괴물, 괴수
plus connu : 더 알려진, 더 유명한
exister : 있다, 존재하다
d'autres : 다른 사람들
la terre : 지구
bref : 요컨대
ce que ~, c'est que~ : …하는 것은 …하는 것이다
sinon : 그렇지 않으면
parler de : …에 대해 말하다
également : 역시, 마찬가지로
la zone : 구역, 대, 지역
d'après : …에 의하면, 따르면
détenir : 소지하다, 점하다, 억류하다

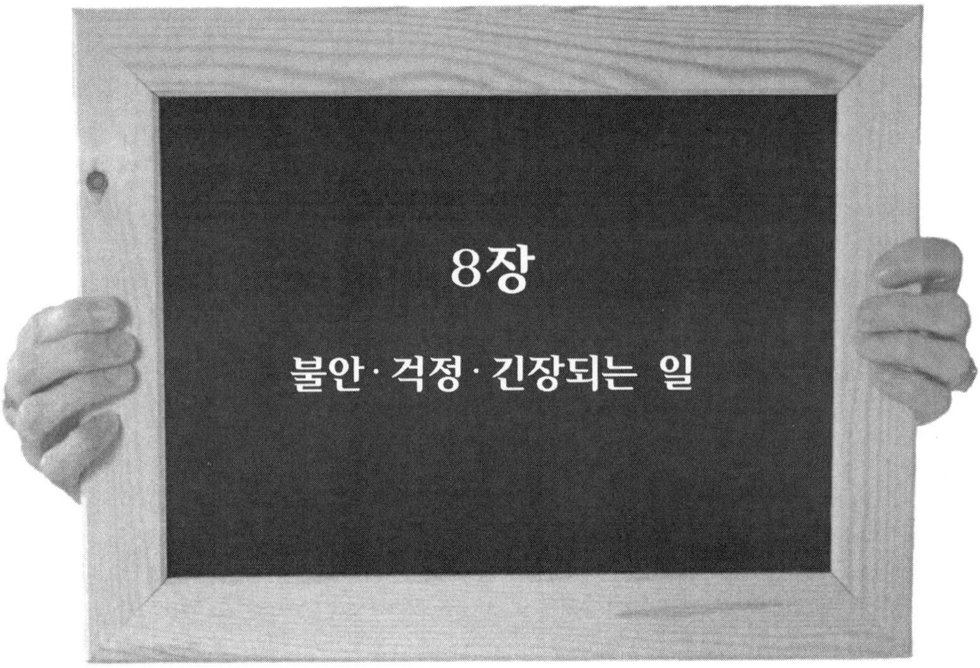

8장

불안·걱정·긴장되는 일

1. La mauvaise note

J'ai eu une mauvaise note au dernier contrôle de maths. Un dix sur vingt. Je ne sais pas comment je vais l'annoncer à ma mère. Elle va être furax lorsqu'elle entendra cela et je sens que je vais être privée de sortie durant un mois entier. Heureusement que les vacances d'hiver arrivent car j'ai vraiment marre des cours. Tout ce que je veux, c'est m'amuser toute la journée avec mes amis sans qu'il y ait personne pour me dire ce que je dois faire.

나쁜 성적

나는 최근의 수학 쪽지시험에서 나쁜 점수를 받았다. 10/20이었다. 어떻게 엄마에게 시험점수를 알려야 할지 모르겠다. 이 이야기를 들을 때 엄마는 화가 날 것이다. 내 예감에 나는 한 달 내내 외출금지를 당할 것이다. 겨울방학이 다가오기 때문에 다행이다. 왜냐하면 나는 수업이 정말로 지긋지긋하다. 오직 내가 원하는 건 내가 해야 할 것들에 대해 나에게 잔소리하는 사람 없이 친구들과 하루 종일 노는 것이다.

✤ 단어장

la note : 점수
mauvais(e) : 나쁜
dernier(ère) : 마지막의, 최후의, 최근의
un contrôle : 평소 시험, 수시평가
maths : 수학
un dix sur vingt : 10/20
Je ne sais pas comment ~ : 나는 어떻게 …해야 할지 모른다
annoncer : 알리다, 알려주다
furax : (은어) 격노한
lorsque : …할 때
entendre : 듣다
sentir que + ind : …하는 것을 느끼다, 지각하다
priver : 빼앗다, 금하다, 못하게 하다
la sortie : 외출
durant : 동안
un mois entier : 한 달 내내
un hiver : 겨울
avoir marre de qch : …에 대해 지긋지긋하다, 물리다
vraiment : 정말로
Tout ce que je veux, c'est ~ : 내가 원하는 모든 것, 그것은…이다
s'amuser avec qn : …와 어울리다, …와 놀다
toute la journée : 하루 종일
sans que + sub : …하지 않고
personne : 아무도

2. La pire peur de ma vie

C'était un jour sombre où il pleuvait. Je me promenais quand, soudain, j'ai entendu quelque chose. C'était un petit bruit qui m'a fait frissonner. Je marchais un petit peu plus vite mais la chose me suivait toujours. Je me suis alors mis à courir au cas où quelqu'un me ferait du mal. J'ai trébuché sur un cailloux et quelque chose a bondi sur moi. J'ai crié de toutes mes forces. Cette chose me regardait dans les yeux et cela m'a glacé le sang. Mais en y regardant attentivement, j'ai remarqué que ce n'était qu'un chat. J'ai soupiré de soulagement et je l'ai caressé gentiment.

내 인생 최악의 공포

비가 오는 어느 어두운 날이었다. 내가 산책할 때 갑자기 어떤 소리를 들었다. 소름 돋게 하는 작은 소리였다. 난 조금 더 빨리 걸었지만 그것은 나를 계속해서 따라왔다. 나는 누군가 나에게 나쁜 짓을 할 것 같아 뛰기 시작했다. 난 자갈에 걸려 비틀거리며 넘어졌고, 어떤 것이 나에게 뛰어들었다. 나는 온 힘을 다해 소리 질렀다. 그것은 나를 쳐다보았고, 나의 피를 얼어붙게 만들었다. 그러나 주의해서 살펴보니 그것은 단지 한 마리의 고양이였다는 것을 알았다. 난 안도의 한숨을 쉬고 그것을 부드럽게 어루만져 주었다.

✤ 단어장

la peur : 공포, 두려움
pire : (mauvais의 비교급)더 나쁜, 더 해로운, 더 고통스러운
sombre : 어두운
il pleut : 비가 내리다
se promener : 산책하다
soudain : 갑자기
entendre : 듣다
un bruit : 소리, 소음
faire + inf : 시키다, …하게하다
frissonner : (몸을)부르르 떨다, 전율하다, 소스라치다
marcher : 걷다
un petit peu plus vite : 조금 더 빠르게
suivre : 뒤따라오다, 쫓아오다(가다)
se mettre à + inf : …하기 시작하다, 착수하다
courir : 달리다, 뛰다
au cas où : …의 경우에, 만약…한다면
faire du mal à qn : …에게 해를 끼치다, 나쁜 짓을 하다
trébucher sur : 비틀거리다, 난관에 봉착하여 머뭇거리다
un cailloux : 자갈, 조약돌
bondir sur : 덤벼들다, 달려들다
crier de toutes mes forces : 있는 힘을 다해 외치다
regarder qn dans les yeux : …을 똑바로 쏘아보다
glacer : 얼다
le sang : 피
attentivement : 주의 깊게
regarder à qch : …에 신경을 쓰다, 집착하다

remarquer : (을)눈여겨 보다
un chat : 고양이
soupirer : 한숨 짓다,
un soulagement : 안도, 완화
caresser : 쓰다듬다, 어루만지다
gentiment : 귀엽게, 상냥하게, 친절하게

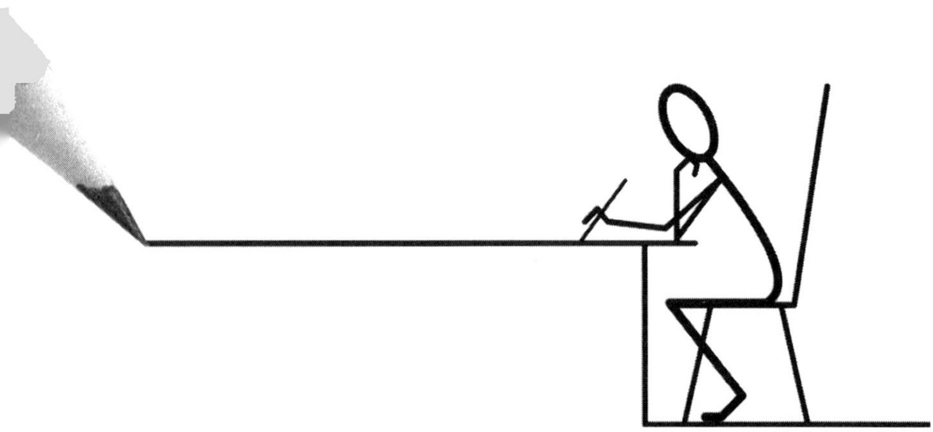

3. L'inquiétude de ma tante

Depuis quelques temps, Marjorie, ma cousine inquiète beaucoup ses parents. Elle a en effet beaucoup de fièvre, tousse à longueur de journée et elle coule du nez. Le médecin lui a prescrit des médicaments mais ils ne font aucun effet. Ma tante s'inquiète de plus en plus de son état. Ma mère lui a conseillé de voir un autre médecin. Celui-ci lui a prescrit un autre médicament et l'état de Marjorie s'améliore petit à petit. Nous sommes tous soulagés de la guérison de Marjorie. Surtout ma tante qui s'affole pour un rien.

숙모의 근심

얼마 전부터 내 사촌 마조리는 부모님들을 많이 걱정시키고 있다. 사실 그녀는 열이 심하게 나고 하루 종일 기침을 하고 콧물도 흐른다. 의사는 그녀에게 약을 처방해 주었다. 하지만 아무 효과가 없었다. 숙모는 점점 더 그녀의 상태를 걱정했다. 우리 엄마는 숙모께 다른 의사를 찾아가 보라고 제안했다. 그 의사는 마조리에게 다른 약을 처방해 주었다. 그녀의 상태는 조금씩 호전되었다. 우리는 모두 마조리의 회복에 안심했다. 특히 아무것도 아닌 일에 쉽게 공포에 사로잡히는 숙모로서는.

✤ 단어장

une inquiétude : 근심, 염려, 두려움
depuis quelques temps : 얼마 전부터
cousin(e) : 사촌
inquiéter : 걱정시키다
en effet : 실제로, 사실
avoir de la fièvre : 열이 있다
tousser : 기침하다
à longueur de journée : 하루 종일
couler du nez : 콧물이 나다
prescrire : 처방하다
un médicament : 약
ne ~ aucun : 아무것도…않은
faire (son) effet : 효과가 있다
s'inquiéter de : …을 걱정하다, (에) 신경 쓰다
de plus en plus : 점점 더
un état : 상태
conseiller à qn de + inf : …에게 …을 조언하다, 충고하다
s'améliorer : 회복하다, 괜찮아 지다
petit à petit : 조금씩
soulager : 덜어주다, 진정시켜주다
la guérison : 치유, 회복
s'affoler : 당황하다, 공포에 사로잡히다
pour un rien : 아무것도 아닌 일로, 사소한 일로

4. La journée la plus terrible

J'étais à l'hôpital à cause de l'incident avec la porte. En fait, je m'étais cassé le nez et j'avais eu quelques os cassés. J'avais un bras et une jambe plâtrés et j'étais en fauteuil roulant. Revenu à l'université, je devais me déplacer prudemment et je ne pouvais même plus écrire. Il était prévu que l'on fasse un contrôle de français. Mon professeur m'avais mis un zéro parce que je ne pouvais pas faire mon contrôle. J'ai trouvé que c'était très injuste. Ce n'était pas de ma faute si je ne pouvais plus écrire. Le plus dur, c'était que je savais ma leçon par cœur.

가장 끔직한 하루

나는 문에 부딪혀 사고가 나서 병원에 갔다. 사실 나는 코도 부러지고, 몇 군데 뼈도 부러졌다. 나는 팔, 다리에 깁스를 하고 휠체어를 탔다. 대학교로 다시 돌아온 나는 조심스럽게 움직여야 했고, 더 이상 글씨도 쓸 수 없었다. 프랑스 시험이 이미 잡혀있었다. 선생님은 빵점을 주었다. 왜냐하면 내가 시험을 치를 수가 없었기 때문이었다. 나는 매우 불공정하다고 생각했다. 내가 글씨를 쓸 수 없었다면 그것은 나의 잘못이 아니었다. 가장 힘든 것은, 시험과목을 완벽하게 알고 있었다는 것이었다.

✤ 단어장

la journée : 날, 하루
la plus terrible : 가장 끔찍한
un hôpital : 병원
à cause de : … 때문에, …의 원인으로
un incident 사소한 사건, (뜻밖의)지장
en fait : 사실
se casser le nez : 코가 부러지다
un os : 뼈, 골
casser : (수족 따위의 뼈를) 부러뜨리다
un bras : 팔
une jambe : 다리
plâtré(e) : 깁스를 한
un fauteuil roulant : 휠체어
revenir : 다시 오다, 돌아오다
se déplacer : 이동하다, 움직이다
prudemment : 신중히
écrire : 쓰다
prévu(e) : 예측된, 예정된
un contrôle : 평소시험, 수시평가
mettre un zéro : 0점을 주다
trouver : 생각하다
injuste : 불공정한, 부당한
une faute : 실수, 잘못
le plus dur : 가장 어려운, 가장 힘든
par cœur : 외워서, 암기하여

5. Drôle de boutique

Un mercredi, avec mon copain Louis, nous nous sommes promenés dans la rue. Soudain, nous avons aperçu une boutique où l'on voyait dans la vitrine des têtes de morts, des citrouilles. Nous étions terrifiés. Louis a parié que j'étais incapable d'entrer dans la boutique. Je lui ai répondu que j'en étais capable. Je lui ai proposé la même chose. Nous sommes donc rentrés tous les deux. Dans la boutique étaient suspendus des têtes de morts, des livres et quelques chauve-souris. Soudain, une vieille dame est apparue et elle nous a dit de sortir de cette boutique et que ce n'était pas pour les petits.

묘한 가게

수요일, 나는 친구 루이와 함께 거리를 산책하였다. 갑자기 우리는 진열장에 해골과 호박들이 보이는 가게를 발견했다. 우리는 소름이 끼쳤다. 루이는 내가 가게 안으로 들어갈 수 없다고 단언했다. 나는 그에게 들어갈 수 있다고 답했다. 나 역시 그에게 같은 것을 제안했다. 그래서 우리는 둘 다 안으로 들어갔다. 가게 안에는 해골, 책들 그리고 박쥐들이 매달려 있었다. 갑자기 한 나이 든 아주머니가 나타나서 우리에게 나가라고 말했다. 이 가게는 아이들을 위한 곳이 아니라는 것이었다.

✣ 단어장

drôle de : 우스운, 재밌는
une boutique : 상점, 가게
un copain : 친구, 동료
se promener : 산책하다
apercevoir : 보다, 발견하다
la vitrine : 진열장, 쇼윈도우
une tête de mort : 해골
une citrouille : 호박
terrifier : 두려움을 주다, 공포심을 일으키다
parier : (내기에) 걸다, 단언하다
être incapable de + inf : …할 능력이 없다
répondre à qn : …에게 대답하다
être capable de …을 할 수 있다
proposer à qn : …에게 제안(제의) 하다
la même chose : 같은 것
rentrer : 들어가다
tous les deux : 둘 모두
suspendu(e) : 매달린, 늘어뜨린
une chauve-souris : 박쥐
soudain : 갑자기
une vieille dame : 중년의 아주머니
dire à qn de + inf : …에게 …하라고 말하다
sortir de cette boutique : 이 가게에서 나가다
les petits : 어린이들, 꼬마

6. Je suis témoin.

Un jour de pluie, avec mon oncle, nous sommes allés dans un petit magasin où il y avait des animaux. Pendant un moment, nous les avons regardé puis mon oncle est parti aux toilettes. J'ai voulu en profiter pour examiner le magasin. J'ai voulu me cacher pour faire croire à mon oncle que j'avais disparu. J'avais trouvé une cachette idéale. Elle se trouvait derrière un aquarium. Soudain, des hommes armés avec des cagoules sont entrés dans le magasin et ils ont braqué leurs armes sur nous en disant de rester à terre. Comme je m'étais caché, les voleurs ne pouvaient pas me voir. Tout le monde était par terre, sauf moi. Par chance, mon oncle était toujours aux toilettes. Les voleurs ont demandé de leurs donner de l'argent. Mais le caissier ne voulait pas et les voleurs lui ont tiré dessus. Depuis, j'ai été traumatisé et je suis allé voir un psychologue.

내가 증인이다.

비 오는 날, 삼촌과 함께 우리는 동물들이 있는 작은 가게에 갔다. 잠시 동안 우리는 그들을 바라보았다. 그리고 나서 삼촌은 화장실에 가셨다. 나는 그동안 가게를 살펴보고 싶었다. 나는 내가 사라졌다는 것을 삼촌에게 믿게 하기 위해서 숨고 싶었다. 나는 숨기에 적당한 곳을 발견했다. 그것은 수족관 뒤였다. 갑자기, 복면을 한 총을 든 남자들이 가게 안으로 들어왔다. 그들은 바닥에 엎드리라고 말하면서 그들의 총을 우리에게 겨누었다. 나는 숨어있었기 때문에, 도둑들은 나를 볼 수 없었다. 나를 제외하고 모두들 바닥에 엎드려 있었다. 운 좋게 내 삼촌은 여전히 화장실에 있었다. 도둑들은 그들에게 돈을 달라고 말했다. 하지만 점원은 원치 않았고 도둑들은 그에게 총을 쐈다. 그 후 나는 충격을 받았고 심리상담사를 보러 갔다.

✤ 단어장

un témoin : 증인, 목격자
un jour de pluie : 비오는 날
un animal(aux) : 동물
un moment : 순간
partir aux toilettes : 화장실에 가다
profiter de : …을 이용하다
examiner : 관찰하다, 살펴보다
le magasin : 가게, 상점
se cacher : 숨다, 은신하다
faire croire à qn : …에게 믿게 하다

disparaître : 사라지다
une cachette : 숨기는 곳, 숨는 곳
idéal(e) : 이상적인
se trouver : …이 있다
derrier(ère) : …뒤에
un aquarium : 어항, 수족관
des hommes armés avec des cagoules : 복면을 하고 총으로 무장한 남자들
braquer les armes sur qn …에게 권총을 겨냥하다
dire de + inf : …하라고 말하다
rester à terre : 바닥에 머무르다
comme + ind : …하기 때문에
voleur(se) : 도둑
par terre : 땅에, 바닥에
sauf : …제외하고
par chance : 운 좋게도
demander de + inf : …할 것을 요청하다, …을 부탁하다
donner à qn de l'argent : …에게 돈을 주다
le caissier : 회계원, 현금출납계원
tirer : (사람, 짐승을) 총으로 쏘다
dessus : …위에
depuis : …그 이래로, 그 후로
traumatiser : 충격을 주다, 불안에 빠뜨리다
un psychologue : 심리학자, 심리상담사

7. On a eu de la chance !

Le week-end, j'étais sortis avec mes copains pour aller jouer au basket. On se dirigeait tout droit vers le terrain de basket juste devant chez moi quand, soudain, on a vu un groupe de voyous qui marchaient tout droit vers nous. On avait vraiment peur. Ils étaient grands et ils avaient des battes de base-ball. On croyait qu'ils allaient nous taper. Le pire c'était qu'il y avait une autre bande de voyous derrière nous. On était cuit. On était encerclé de tous les côtés. Mais heureusement, les voyous étaient juste passés à côté sans nous frapper. Ils ont commencé à hurler comme s'ils étaient dans une bataille. C'est alors que j'ai compris. Ils allaient se battre contre l'autre groupe.

행운이었다!

주말에 나는 친구들과 함께 농구경기를 하기 위해 외출했다. 우리집 바로 앞에 있는 농구장 쪽으로 향하고 있을 때, 갑자기 우리를 향해서 걸어오는 건달 무리를 보았다. 우리는 정말 무서웠다. 그들은 키가 컸었고, 야구 방망이를 들고 있었다. 우리는 그들이 우리를 때리러 온다고 믿었다. 최악인 것은 우리 뒤에 다른 불량 청소년 무리가 있다는 것이었다. 우리는 궁지에 몰렸다. 우리는 사방으로 둘러싸여 있었다. 하지만 다행히도 불량배들은 우리를 때리지 않고 바로 옆으로 지나갔다. 그들은 마치 전쟁을 치르는 것처럼 요란한 소리를 내기 시작했다. 그때 나는 이해했다. 그들은 다른 무리와 싸우러 가고 있었던 것이다.

✤ 단어장

avoir de la chance : 운이 좋다
sortir : 외출하다
les copains : 친구들, 동무들
jouer au basket : 농구(경기)를 하다
se diriger vers : …쪽으로 방향을 잡다
tout droit : 곧장
le terrain : (각종 활동의)장소, 터
juste : 바로, 막
soudain : 갑자기
un groupe de voyous : 불량배 무리
marcher : 걷다
vers : (방향) …의 쪽으로
avoir peur : 두려워하다, 겁내다
des battes de base-ball : 야구 방망이
on croit que ~ : …라고 믿다, …라고 생각하다
taper : 치다, 때리다
le pire c'est ~ : 최악인 것은, 그것은…
une bande de : 한 패, 도당
derrière : …뒤에
cette fois : 이 때
cuit(e) : 끝장이 나다, 패배하다, 파산하다
encercler de : 원으로 두르다
tous : 포위하다, 둘러싸다
les côtés : 측면

à côté : …옆에
sans + inf : …함이 없이
commencer à + inf : …하기 시작하다
hurler : 울부짖다, 큰소리로 외치다
comme si ind ~ : 마치…인 것처럼
une bataille : 싸움, 결투
se battre contre ~ : …와 서로 싸우다

8. Ma phobie à moi

Un jour, avec mes parents, nous étions allés au supermarché. Il était grand et il y avait presque de tout : de la nourriture, des vêtements, des livres. Apparemment, il y avait des réductions de trente pour cent pour tous les produits. Pour cet événement, il y avait plusieurs clowns qui étaient dans le magasin. C'est alors que j'ai commencé à avoir des frissons. Ma mère m'a demandé pourquoi je tremblais. J'ai juste répondu que j'avais froid mais j'avais mentis. En fait, j'avais peur des clowns. Soudain, un clown est venu dans ma direction. Un moment, j'ai cru qu'il allait vers un autre enfant mais il regardait dans ma direction. Puis, quand il s'est penché pour me parler, je l'ai frappé avec mon poing.

나의 두려움

어느 날, 부모님과 함께 슈퍼마켓에 갔다. 슈퍼마켓은 거대했다. 먹거리, 옷, 책 등 거의 모든 것이 다 있었다. 언뜻 보아 모든 제품이 30%할인을 했다. 이 행사를 위해서 가게 안에는 여러 광대들이 있었다. 그때 나는 몸이 떨리기 시작했다. 엄마는 나에게 왜 떨고 있는지 물어보셨다. 나는 단지 춥다고 말했다. 하지만 나는 거짓말을 했다. 사실, 나는 광대들이 무서웠다. 갑자기 한 광대가 내 쪽으로 다가왔다. 순간 나는 그가 다른 아이 쪽으로 간다고 생각했지만 그는 내 쪽을 바라보고 있었다. 그가 나에게 말을 하려고 몸을 구부렸을 때 나는 주먹으로 그를 때렸다.

✤ 단어장

une phobie : 극도의 공포증, 두려움
de tout : 온갖 것
la nourriture : 음식, 먹거리
un vêtement : 옷
apparemment : 언뜻 보아, 겉보기에
une réduction : 할인
un produit : 생산물, 제품
un événement : 사건, 일, 이벤트
un clown : 어릿광대, 익살꾼
commencr à + inf : …하기 시작하다
un frisson : (추위로 인한) 떨림, (공포, 흥분 따위의) 몸서리
demander à qn pourquoi + ind : …에게 왜 그런지 물어보다
trembler : 떨다, 떨리다
juste : 단지, 오직
répondre : 대답하다
avoir froid : 춥다
mentir : 거짓말하다
en fait : 사실

avoir peur de : …에 두려움을 갖다
soudain : 갑자기
une direction : 방향
un moment : 잠시
vers : …쪽으로, …을 향해서
se pencher : 몸을 구부리다
frapper : 치다, 두드리다
avec mon poing : 내 주먹으로

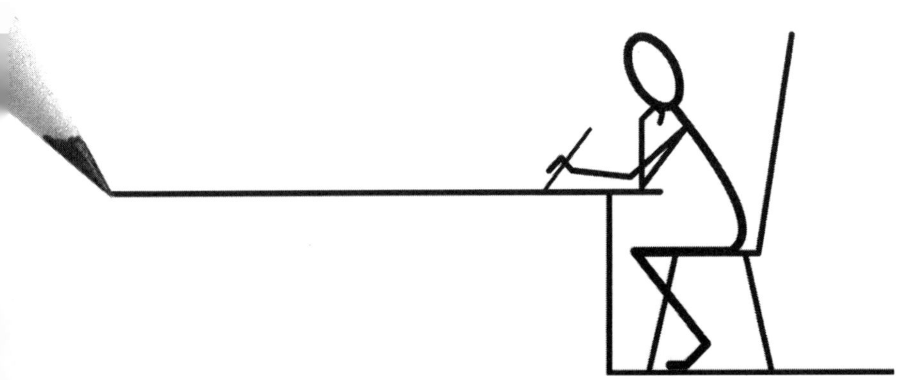

9. L'incident

Je m'occupais presque tout le temps de mon hamster que j'avais appelé Hamtaro, comme dans le dessin animé. Je m'amusais beaucoup avec lui et je l'observais lorsqu'il tournait dans la roue. Un soir, après avoir nettoyer sa cage, j'avais oublié de la fermer. Je m'en suis rendu compte juste quelques minutes après et j'étais prise d'un vent de panique. Mais heureusement, Hamtaro était resté tout près de sa cage et j'ai pu le remettre dedans. Depuis, je fais très attention pour qu'un incident pareil ne se reproduise plus.

사건

나는 만화영화에서처럼 햄토리라고 이름 지어준 햄스터를 돌보며 거의 대부분의 시간을 보냈다. 난 햄스터와 즐겁게 놀았고, 그가 쳇바퀴를 돌리는 것을 지켜보았다. 어느 날 저녁 그의 철장을 청소해주고 나서 그것을 잠그는 것을 깜빡했다. 난 몇 분후에 바로 그 사실을 알았다. 나는 갑자기 공포에 사로잡혔다. 그러나 다행히 햄토리는 철장 가까이에 있었고 난 그를 다시 철장 안으로 들여놓았다. 그 후부터 난 같은 사고가 더 이상 일어나지 않도록 매우 조심한다.

✤ 단어장

un incident : 사고
s'occuper de qn/qch : (을)돌보다, (에)전념하다
tout le temps : 늘, 항상
appeler : (라고) 부르다, 명명하다
le dessin animé : 만화영화
s'amuser avec : …와 함께 놀다
tourner : 돌리다
la roue : 바퀴 모양의 장치, 회전 원반
nettoyer : 청소하다
oublier de + inf : …하기를 잊다
se rendre compte de qch : …을 이해하다, 깨닫다, 납득하다
juste : 단지, 오직
être pris de panique : 공포에 사로잡히다
tout près de : 아주 가까이
remettre : 다시 놓다
dedans : 그 안에
depuis : 그 이후로, 그 후로
faire attention : 주의를 하다
pour que + sub : …하기 위해(위하여)
pareil : 이러한, 이와 같은
se reproduire : 재발하다, 되풀이 되다

10. Le retard

Ce matin, le réveil n'avait pas sonné. J'avais oublié de le régler, la veille au soir. Ce qui fait que je me suis réveillé dix minutes après l'heure à laquelle je me levais d'habitude et j'avais une peur bleue d'arriver en retard. Je me suis habillée en vitesse, me suis lavée le visage, me suis brossé les dents puis je suis sortie de la maison en emportant une barre chocolatée, au cas où j'aurais une petite faim. J'ai attendu le bus pendant bien une dizaine de minutes. Lorsque je suis enfin arrivé devant l'école, ça avait déjà sonné depuis un quart d'heure. Je me suis dépêché de rentrer en cours, l'air le plus normal possible. Le professeur de français m'a accueilli chaleureusement et j'étais soulagée d'être enfin arrivé.

지각

오늘 아침 자명종이 울리지 않았다. 전날 저녁에 그것을 맞추어 놓는 것을 잊어버렸다. 내가 평소에 일어나던 시간보다 10분 늦게 일어나게 된 것이다. 난 지각할까봐 겁에 새파랗게 질렸다. 난 급히 옷을 입고, 세수하고, 이를 닦고, 배가 고플지도 몰라서 초코바 한 개를 들고 집을 나섰다. 10여분 동안 버스를 기다렸다. 학교 앞에 도착 했을 때, 15분 전에 이미 종은 울렸다. 나는 가능한 한 자연스러운 표정으로 서둘러 수업에 들어갔다. 프랑스어 선생님은 나를 다정히 맞이해 주셨다. 나는 학교에 도착한 것에 안심했다.

✤ 단어장

le retard : 지각
le réveil : 자명종
sonner : 울리다
oublier de + inf : …하는 것을 잊다
régler : 조정(조절)하다
la veille : 전야, 밤샘
se lever : 일어나다
d'habitude : 평소에는, 언제나
avoir une peur bleue : 극심한 공포를 느끼다
arriver en retard : 늦게 도착하다
s'habiller : 옷을 입다
en vitesse : 즉시, 지체 없이
se laver le visage : 세수하다
se brosser les dents : 양치질 하다
sortir de la maison : 집을 나서다
emporter : 가지고 가다, 가져가다
une barre chocolatée : 초코바
au cas où que : …할 경우에
une petite faim : 출출함
une dizaine de minutes : 십여 분
un quart d'heure : 15분
se dépêcher de + inf : …하는 것을 서두르다
rentrer en cours : 수업중에 들어가다
le plus normal possible : 가능한 가장 자연스럽게
accueillir : 접대하다, 환대하다
chaleureusement : 열렬히
soulager : (고통, 정신적 부담 따위를) 덜어주다, 진정시켜주다

11. Le stress

Je me stressais parce que j'avais fait quelque chose que je n'aurai pas dû faire. Je devais faire un exposé mais à la place, je parlais avec mes amis sur MSN. Je croyais que j'allais avoir une mauvaise note en exposé. Dès le matin, j'étais stressé. J'étais allé me ranger devant la classe avec mes amis et nous avons attendus là une bonne quinzaine de minutes. Cinq minutes plus tard, un autre professeur est venu nous annoncer que notre enseignant était absent. J'étais si content que j'ai crié de joie et tout le monde me regardait.

스트레스

내가 하지 말았어야 할 것을 해서 스트레스를 받았다. 발표숙제를 준비해야 했지만 그것을 하는 대신에 난 MSN으로 친구들과 수다를 떨었다. 난 발표에서 나쁜 점수를 받을 것 같았다. 그날 아침부터 스트레스 받았다. 나는 내 친구들과 함께 교실 앞으로 나가 정렬을 하고 앉았다. 우리는 거기서 15분 가량 기다렸다. 5분 후에 한 선생님이 와서 우리 선생님이 못 오신다고 알렸다. 난 너무 기뻐서 소리를 질렀고 모두들 나를 쳐다보았다.

✤ 단어장

le stress : 스트레스, 걱정
se stresser : 스트레스를 받다, 걱정하다
dû : devoir의 과거분사
un exposé : 발표
à la place : …의 대신에
Je parlais avec mes amis sur MSN. : MSN에서 친구와 함께 이야기를 나누었다.
une note : 평가, 점수
mauvais(e) : 나쁜
dès : …부터, 바로, …하자마자
se ranger : 정리하다
attendre : 기다리다
une bonne quinzaine de minutes : 15분 남짓
plus tard : 나중에, 후일
enseignant : 교직자, 선생
absent(e) : 결석한, 부재한
si content(e) : 대단히 만족한
crier de joie : 기쁨으로 환호성을 지르다

12. Grand-mère à l'hôpital

Un dimanche, nous étions en train de regarder la télévision en famille lorsque le téléphone a sonné. Ma mère est allée décrocher. Quelques minutes après, elle nous annonçait que c'était mon oncle qui avait téléphoné pour nous prévenir que Grand-mère était à l'hôpital suite à une crise cardiaque. Nous nous sommes rendus en vitesse à l'hôpital et y avons retrouvé mon oncle et ma tante. Celle-ci nous a expliqué que Grand-mère se trouvait chez une amie lorsque l'incident s'est produit. C'était son amie qui avait appelé les ambulances et les avait prévenu. Le médecin est venu nous voir et nous a dit que heureusement, elle allait bien mais qu'il fallait qu'elle reste encore à l'hôpital pour quelques temps.

병원에 계신 할머니

일요일 날 전화가 울렸을 때 우리는 가족끼리 모여 텔레비전을 보고 있었다. 엄마가 전화를 받으러 가셨다. 몇 분 뒤에 엄마는 삼촌이 할머니께서 심장발작으로 병원에 계시다고 알려주기 위해 전화했다고 말씀하셨다. 우리는 즉시 병원으로 갔고 삼촌과 숙모를 만났다. 숙모는 우리에게 그 사건이 일어났을 때 할머니께서는 한 친구분의 집에 계셨다고 설명해주었다. 구급차를 부르고 그것을 알려준 사람은 바로 할머니의 친구였다. 의사가 우리를 보러왔고 다행히도 그녀의 상태는 괜찮다고 말했다. 그러나 얼마간은 병원에 입원해 있어야 한다고 말했다.

✤ 단어장

être en train de + inf : …하고 있는 중이다
en famille : 가족이 모여서, 가족끼리
sonner : 울리다, 소리 나다
aller décrocher : 전화를 받으러가다
prévenir : 알리다, 기별하다, 통지하다
suite à : …로 인해서
une crise cardiaque : 심장발작

se rendre à : …에 가다
en vitesse : 즉시, 지체 없이
celle-ci : 이 사람, 이것
un incident : 작은 사건, 말썽, 혼란
se produire : 일어나다, 생기다, 나타나다
appeler : 불러서 오게 하다, 부르다
aller bien : 몸의 상태가 좋다

13. Satané d'allergic

Le printemps était arrivé et malheureusement pour moi, le pollen était lui aussi de retour. Je n'arrêtais pas d'éternuer et je pleurais des yeux. Un matin, je m'étais même réveillée avec les yeux gonflés et rouges. Ma mère m'a emmené consulter le médecin et il nous a dit que j'avais bel et bien une allergie au pollen. Ce qui était bizarre, c'est qu'auparavant, je n'avais pas d'allergies. Le médecin nous a prescrit un médicament que je devais prendre tous les jours. Mais cela n'arrangeait pas grand chose. J'éternuais toujours autant et les larmes ne cessaient de couler. Alors le médecin m'a prescrit un autre médicament. A ma grande joie, celui-ci était très efficace et bientôt, ce n'était plus qu'un mauvais souvenir.

고약한 알레르기

봄이 왔다. 그리고 불행하게도 꽃가루 역시 돌아왔다. 나는 기침을 멈추지 않았고 눈물을 흘렸다. 어느 날 아침, 나는 퉁퉁 붓고 빨간 눈이 되어 잠에서 깼다. 엄마는 의사선생님과 상의하기 위해 나를 데리고 갔고, 의사선생님은 우리에게 내게 꽤 심각한 꽃가루 알레르기가 있다고 말씀하셨다. 이상한 것은 그 전에 나는 알레르기가 없었다는 것이다. 의사선생님은 내게 매일 먹어야할 약을 처방해 주셨다. 그러나 이것은 그렇게 큰 도움이 되지 못했다. 나는 여전히 기침을 했고 눈물이 흐르기를 멈추지 않았다. 그래서 의사선생님은 내게 다른 약을 처방해 주셨다. 기쁘게도, 이 약은 매우 효력이 있었고 그것은 더 이상 하나의 나쁜 추억에 지나지 않게 되었다.

✤ 단어장

satané : 악마 같은, 흉악한
une allergie : 알레르기
le printemps : 봄
le pollen : 꽃가루, 꿀벌의 먹이
retour : 돌아감, 귀환
arrêter de + inf : …하는 것을 멈추다
éternuer : 재채기하다
pleurer : 울다
se réveiller : 깨어나다
gonflé : 부푼, 부어오른
emmener qn + inf : …를 …하도록 데리고 가다
consulter : 상의하다, 의논하다, 문의하다, 참조하다
bel et bien : 정말로, 참으로
bizarre : 이상한
ce qui ~, c'est que + ind …한 것은 …이다
auparavant : 이전에, 사전에, 미리
prescrire : 처방하다
un médicament : 약

prendre : 먹다
tous les jours : 매일
cela n'arrangeait pas grand chose : 그것은 큰 도움이 되지 못했다
autant : 그 만큼, 그 정도로, 같은 정도로
une larme : 눈물
cesse de + inf : … 하는 것을 멈추다
couler : 흐르게 하다, 흘리다
efficace : 효력 있는, 효과적인
ne ~ plus que : 이제는 … 밖에 … 않다
mauvais(e) : 나쁜

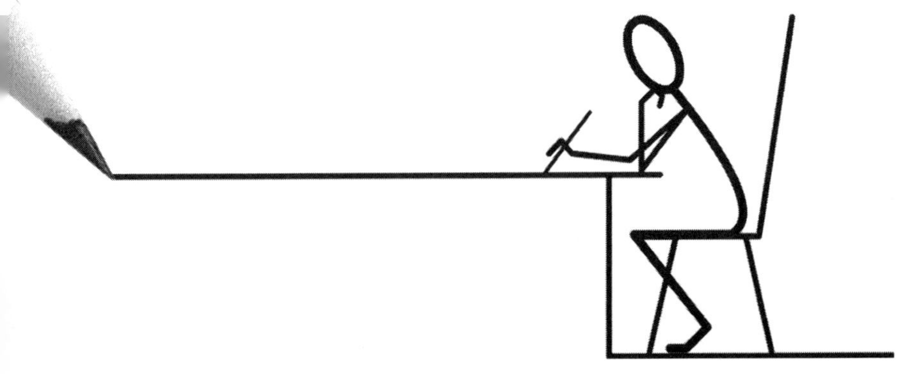

14. La fête de Noël à l'église

Nous faisions toujours une fête de Noël à l'église. Comme prévu, nous allions chanter. D'habitude, nous chantions des chansons divertissantes et nous avions le temps de répéter. D'ailleurs, aujourd'hui, nous avions une répétition générale et j'avais un peu de stress en pensant au spectacle que nous allions faire car nous devions chanter devant tout le monde. Mais je pense que ça ira puisque je ne serais pas seul. Nous allons dans une salle que nous louons pour les fêtes de Noël et il y a toujours beaucoup de monde.

교회에서의 크리스마스

우리는 늘 교회에서 크리스마스 축제를 하곤 한다. 예정된 바대로 우리는 노래를 부르게 되어 있었다. 보통 우리는 즐거운 노래를 불렀고, 반복해서 연습할 시간이 있었다. 그런데 오늘은 마지막 총연습이 있는 날이었다. 나는 모든 사람들 앞에서 노래를 불러야 하기 때문에 우리가 치러야 할 공연을 생각하면서 약간의 스트레스를 받았다. 그러나 나는 혼자가 아니기 때문에 잘 될거라고 생각한다. 우리는 크리스마스 축제를 위해 빌린 강당으로 간다. 여전히 많은 사람들이 있다.

✤ 단어장

la fête de Noël : 크리스마스 축제
une église : 교회
comme prévu : 예정된 바 대로, 예상대로
d'habitude : 평소에
des chansons divertissantes : 즐거운 노래들
avoir le temps de + inf : …할 시간이 있다
répéter : (자기가 한 말을)되풀이 하다, (들은 것을) 말하다, 전하다
d'ailleurs : 게다가, 더구나, 그런데
une répétition générale : (관중 앞에서 하는) 마지막 총연습
un peu de stress : 약간의 스트레스
penser à qch : …을 생각하다
le spectacle : 연극, 공연
ça ira : 괜찮을 것이다
puisque + ind : …이니까, …이므로
seul(e) : 홀로, 혼자인, 유일한
louer : 빌리다

15. La crise économique

C'était un jour mauvais, il ne pleuvait pas mais il faisait nuageux. Le soir, aux journaux télévisés, dans les titres principaux, il y avait les élections présidentielles aux Etats-Unis et il y avait aussi la crise économique. Pour la première fois de ma vie, j'ai trouvé cela intéressant. J'étais vraiment absorbé par la crise économique et j'ai trouvé cela super intéressant. C'était comme s'il y avait l'apocalypse dans le monde entier. Je n'avais pas tout compris de ce qu'ils avaient dit mais je savais que cela touchait beaucoup de pays. Il faut vite trouver une solution.

경제위기

날씨가 좋지 않은 날이었다. 비는 오지 않았지만 구름이 낀 흐린 날씨였다. 저녁에 텔레비전 뉴스의 주요 기사는 미국 대통령 선거와 또한 경제위기였다. 내 인생에서 처음으로 그 뉴스들이 흥미롭게 느껴졌다. 나는 경제위기를 집중해서 들었고 대단히 흥미가 있었다. 그것은 마치 전 세계의 종말이 온 것 같았다. 나는 그들이 말하는 것을 전부 이해하지 못했지만, 경제위기가 많은 나라에 타격을 준다는 것을 알았다. 해결책을 빨리 찾아야 한다.

✤ 단어장

la crise économique : 경제위기
mauvais(e) : 나쁜, 안 좋은
Il pleut : 비오다, 비가 내리다
Il fait nuageux : 구름이 끼다
les journaux télévisés : 텔레비전 뉴스
les titres principaux : 주요기사
une élection présidentielle : 대통령 선거
les Etats-Unis : 미국
pour la première fois de ma vie : 내 인생 처음으로
trouver qch + adj : …을 …라고 생각하다

absorber : 열중케 하다, 마음을 빼앗기다
comme si + ind : 마치…인 것처럼
une apocalypse : 예언서, 세상의 종말
le monde entier : 전 세계
comprendre : 이해하다
toucher : 충격을 주다, 타격을 입히다
le pays : 나라, 국가
il faut + inf : … 해야 한다
trouver une solution : 해결책을 찾다

16. L'examen

L'examen de la fin d'année est une chose sérieuse. Je voulais obtenir la mention très bien, donc j'ai révisé. La dernière semaine, je me suis couché tôt pour être en forme. Je me disais qu'il ne faut pas trop stresser, mais le jour de l'épreuve, j'étais un peu angoissée. J'ai alors tourné la tête et regardé quelques minutes par la fenêtre pour me changer les idées puis je suis revenue à mon sujet. Pour l'épreuve de français, je regardais ma montre pour ne pas perdre de temps. Dès que je n'arrivais pas à faire un exercice, je passais au suivant.

시험

기말고사는 매우 중요하다. 나는 좋은 점수를 받고 싶어서 복습을 했다. 마지막 주에는 나는 컨디션을 조절하기 위해서 일찍 잠자리에 들었다. 너무 스트레스 받을 필요 없다고 나는 생각했다. 하지만 시험 날, 나는 좀 불안했다. 그래서 나는 기분을 전환하려고 고개를 돌려 몇 분 동안 창을 바라보았다. 그리고 나서 나는 다시 문제를 들여다보았다. 프랑스어 시험에서 나는 시간을 허비하지 않으려고 시계를 쳐다보았다. 나는 문제를 풀 수 없으면 바로 다음으로 넘어갔다.

✤ 단어장

l'examen de la fin d'année : 기말 시험
sérieux(se) : 중한, 중대한
obtenir : (결과로서) 얻어내다, 만들어내다
la mention très bien : 매우 우수
réviser : 복습하다
se coucher : 잠자리 들다
tôt : 일찍, 이른
être en forme : 컨디션이 좋다
se dire : 스스로 말하다, 생각하다
une épreuve : 시험
angoissé(e) : 매우 불안해 (괴로워) 하는, 가슴이 미어지는
tourner la tête : 머리를 돌리다
regarder par la fenêtre : 창문을 통해 보다
se changer les idées : 기분을 전환하다
le sujet : 주제
une montre : 시계
perdre : 허비하다, 놓치다
dès que + ind : …하자마자
arriver à + inf : (상태 · 목표 달성에) 도달하다, 이르다
le suivant : 다음 것, 다음 사람

17. L'orage

Ce que je déteste le plus, ce sont les orages. C'est vrai, je ne peux plus les supporter. A chaque fois, le tonnerre me fait sursauter et j'ai peur de me faire électrocuter par un éclair. Un soir, malheureusement, il y a eu un orage. Je n'étais pas vraiment soulagée et un peu nerveuse. Ma mère l'a remarqué et m'a proposé de regarder un film. J'ai accepté volontiers et j'ai allumé la télévision. A ce moment, un éclair a jailli dans le ciel et la télé s'est éteinte. Mon père a pesté que ce n'était vraiment pas ingénieux de la part de ma mère d'allumer la télévision durant un orage. Elle ne marchait plus du tout et nous avons dû en racheter une autre.

뇌우

내가 제일 싫어하는 것은 바로 천둥치는 심한 비바람이다. 정말로, 나는 그것을 참아내지 못한다. 매번 나는 천둥소리에 소스라쳐 놀란다. 그리고 나는 번갯불에 의한 감전사에 대한 두려움이 있다. 어느 날 저녁, 불행하게도 비바람이 치고 천둥이 쳤다. 나는 정말로 안정할 수 없었고 약간 날카로워져 있었다. 엄마는 그것을 알아차리고 내게 영화를 볼 것을 권했다. 나는 기꺼이 받아들였고 텔레비젼을 켰다. 그 때 하늘에서 번갯불이 번쩍 솟았고 텔레비젼은 꺼졌다. 아빠는 뇌우가 있는 동안 텔레비젼을 켜라는 엄마의 권유는 정말 현명하지 못했다고 비난했다. 텔레비젼은 더 이상 작동하지 않았고 우리는 다른 텔레비젼을 사야만 했었다.

✤ 단어장

un orage : 천둥치는 심한 비바람, 뇌우
ce que ~, c'est : …하는 것은 …이다
supporter : 참다, 견디어내다, 감당해내다
à chaque fois : 매번
le tonnerre :천둥
faire + inf : …하게 하다
sursauter : 펄쩍 뛰다, 소스라쳐 놀라다
avoir peur de + inf : …하는 데 겁이 나다, 두렵다
électrocuter : 감전사 시키다, 전기사형에 처하다
un éclair : 번갯불, 번뜩임
soulagé(e) : 짐을 던, 안심한
nerveux(se) : 신경의, 신경질의, 신경질적인
remarquer : 알아차리다, 깨닫다
proposer de + inf : …하는 것을 제안하다, 권하다
accepter : 받아들이다
volontiers : 기꺼이, 흔쾌히
allumer : 불을 켜다, 점화하다
à ce moment : 그 때
jaillir : 솟다, 터져 나오다, 발하다
s'éteindre : 꺼지다, 끊어지다, 소멸되다
pester : 통렬히 비난하다, 욕설을 퍼붓다
ingénieux(se) : 창의력 있는, 기발한
de la part de : …의 부탁(명령)에 따라서, …의 대리로

durant : …동안, …을 통하여
marcher : (기계가)작동하다
ne ~ plus du tout : 더 이상 전혀 … 않는다

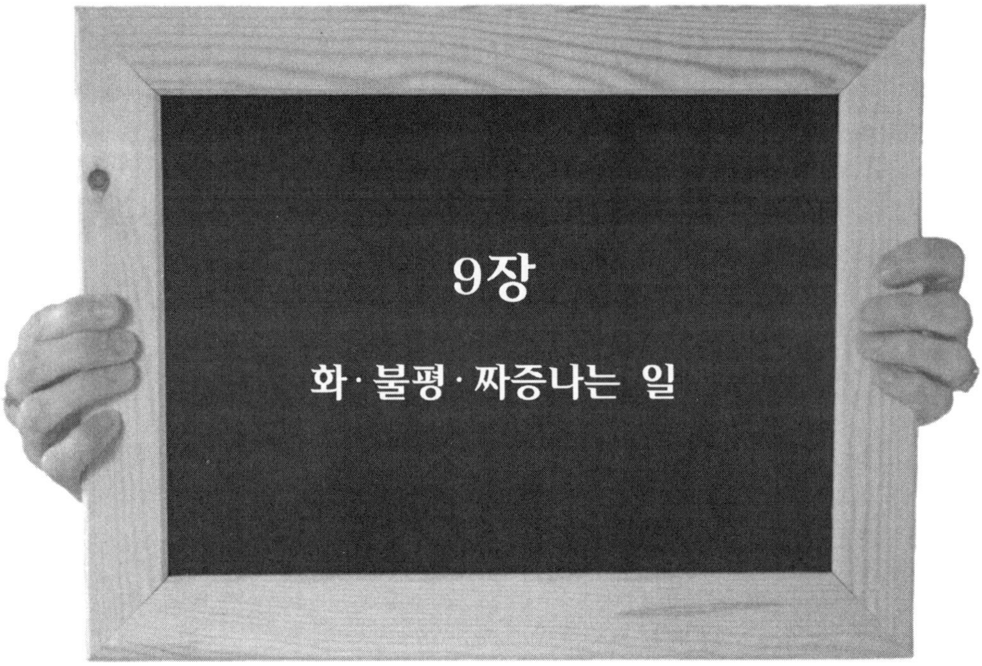

1. L'épidémie

Ces temps-ci, beaucoup d'élèves étaient tombés malades et l'infirmière disait qu'il y avait une épidémie de gastro-entérite. Je crois que j'ai moi aussi été touché par le virus, car une nuit, je me suis réveillée brusquement. Je sentais que mon estomac était noué et que je n'arrivais pas à digérer. Puis soudain, tout le dîner m'est remonté dans la bouche et j'ai couru aux toilettes pour vomir. Ma mère a été réveillée et m'a donné un médicament. Le lendemain, je me sentais fatiguée. Je n'avais pas la force de me lever. Mon père a appelé le professeur pour le prévenir de mon absence et il est resté auprès de moi durant la matinée. Deux jours plus tard, j'étais en forme pour aller à l'école.

전염병

요즘, 많은 학생들이 병에 걸렸고 양호선생님은 위장염의 전염병이 돌고 있다고 말했다. 나 역시 바이러스에 의해 감염된 것 같다. 왜냐하면 어느 날 밤, 갑자기 일어났었는데 난 위가 더부룩하고 소화가 안 되는 것을 느꼈기 때문이다. 그러다 갑자기, 저녁으로 먹었던 모든 것이 입으로 올라와서 난 토하려고 화장실로 뛰어갔다. 엄마가 자다 일어나서 나에게 약을 하나 주었다. 난 피곤했고 일어날 힘이 없었다. 아빠는 선생에게 전화해 내가 결석 할 것을 알렸고, 오전 내내 내 곁에 있었다. 이틀 후에나 난 학교에 갈만큼 건강을 되찾았다.

✤ 단어장

l'épidémie : 전염병, 유행병
ces temps-ci : 요즘
tomber malade : 병들다
une infirmière : 간호사
une gastro-entérite : 위장염
toucher : 충격을 주다, 피해를 입히다
le virus : 바이러스
se réveiller : 잠을 깨다
brusquement : 갑자기
sentir que + ind : …을 느끼다, 지각하다
un estomac : 위
noué : 메인, 더부룩한
arriver à + inf : …하는데 이르다, 도달하다
digérer : 소화하다
soudain : 갑자기
remonter : 거슬러 올라가다
la bouche : 입
courir : 달리다, 뛰다
vomir : 토하다
réveiller : 일어나다
un médicament : 약
le lendemain : 다음날
se sentir + adj : (느낌, 기분이) …하다
fatigué(e) : 피곤한
la force : 힘, 체력
se lever : 일어나다
prévenir : 예고하다, 예상하다
une absence : 결석
auprès de : …의 곁에, 옆에
durant : …동안
la matiné : 아침나절, 오전 중
plus tard : …후에
être en forme : 컨디션(건강)이 좋다

2. Nos séries préférées

J'ai lu un article d'un journal, il parlait des séries *Desperate Housewives* et *Grey's Anatomy*. Serons-nous bientôt privés de séries? Il se pourrait que nous ne puissions pas voir la suite de nos séries préférées si les acteurs mettent à l'exécution leur menace de faire grève. En effet, après celle des scénaristes, qui avait eu de lourdes conséquences financières, une grève des acteurs pourrait avoir lieu début 2009. Je trouve que c'est scandaleux de prendre ainsi en otage les téléspectateurs du monde entier !

우리가 가장 좋아하는 시리즈

나는 <위기의 주부들>과 <그레이 아나토미>에 관한 신문기사를 읽었다. 우리는 드라마 시리즈 보는 것을 포기해야 하는 것일까? 만약 배우들이 파업하겠다고 위협한다면 우리가 좋아하는 드라마 시리즈의 후속편을 볼 수 없을지도 모른다. 사실 힘든 경제적 영향을 받고 있는 시나리오 작가들의 파업에 뒤이어 배우들의 파업도 2009년도에 일어날 수 있을 것이다. 나는 세계 시청자를 볼모로 삼는 것이 지나치다고 생각한다 !

✤ 단어장

une série : 연속, 일련, 시리즈, 연속극
préféré(e) : 좋아하는, 선호하는
un article d'un journal : 신문기사
parler de : …에 대해 말하다
priver de qch : …을 빼앗다, 박탈하다
Il se peux que + sub : …일 수 있다, …일지도 모른다
la suite : 연속, 결과, 실현, 실행
acteur : 배우
mettre qch à exécution : (계획, 명령, 결정 따위를) 실행하다
une menace : 위협, 협박, 흉조,위험
faire grève : 파업하다
en effet : 실제(로), 사실
scénariste : 시나리오 작가
lourd(e) : 부담이 큰, 벅찬
conséquence : 결과, 귀결, 결론
financier(ère) : 금전상의, 재정의, 재무의
avoir lieu : 일어나다, 개최되다
un début : 시작, 시초
trouver que + ind …라고 생각하다
scandaleux de + inf : 분노할만한, 파렴치한, 지나친
prendre en otage : 인질로 잡다, 볼모로 잡다
un téléspectateur : 텔레비전 시청자
un monde entier : 전 세계

3. Mon ordinateur est insupportable.

Pendant les vacances, je ne faisais que regarder la télévision et jouer à l'ordinateur. Je naviguais sur Internet quand soudain, sur mon ordinateur, une fenêtre est apparue sur laquelle il y était écrit de redémarrer l'ordinateur. Je me suis vraiment mis en colère car depuis mon enfance, j'avais dû supporter un ordinateur très lent qui avait plusieurs problèmes. Un jour, alors que je naviguais sur l'ordinateur, j'ai remarqué que l'exposé que j'avais écrit sur Microsoft Word avait été effacé. C'était la pire journée de ma vie. Heureusement que mon père devait m'acheter un nouvel ordinateur.

내 컴퓨터는 도저히 참을 수 없어.

방학 동안 단지 TV보고 컴퓨터를 하는 것 이외에 아무것도 안했다. 인터넷을 서핑하고 있을 때, 갑자기 컴퓨터에서 컴퓨터를 다시 시작하라고 쓰여 있는 창이 한 개 떴다. 난 정말 화가 났다. 왜냐하면 어릴 때부터 여기저기 문제점이 있는 아주 느리게 작동하는 컴퓨터 한 대를 사용해야 했다. 어느 날, 컴퓨터를 뒤적대다가 Word로 작업한 나의 발표 숙제가 지워져 있는 것을 알았다. 그것은 내 인생 최악의 날이었다. 아빠가 새 컴퓨터를 사줄 것 같아 다행이다.

✤ 단어장

un ordinateur : 컴퓨터
insupportable : 참을 수 없는, 견딜 수 없는
pendant les vacances : 방학(휴가) 동안
ne faire que + inf : 단지 …만 하고 있다
jouer à l'ordinateur : 컴퓨터를 하다
naviguer sur Internet : 인터넷 서핑하다
soudain : 갑자기, 느닷없이
une fenêtre : 창문
apparaître : 나타나다, 드러내다
être écrit de + inf : …하라고 쓰여지다
redémarrer : 다시 움직이다, 재출발하다
se mette en colère : 화를 내다
depuis : …이래로
une enfance : 유년기, 소년(소녀)시절
supporter : 견디어 내다, 감내하다
lent(e) : 완만한, 더딘
un jour : 날, 하루
alors que : …할 때
remarquer : 알아차리다
un exposé : 발표
effacer : 지우다, 삭제하다
la pire journée : 가장 나쁜 하루
acheter à qn un nouvel ordinateur : …에게 새 컴퓨터를 사주다

4. Des voisins pas très silencieux

J'en ai vraiment marre de vivre dans un immeuble dont les murs ne sont pas épais. La veille, nos voisin du haut avaient invités quelques uns de leurs amis et avaient fait une petite fête entre eux. Durant toute la nuit, ils n'ont pas arrêté de faire du bruit, rigoler, parler à voix haute. Je les entendais très nettement et cela m'a empêché de m'endormir. Au bout d'un moment, cela m'a énervé tellement que j'ai tapé contre le mur. Les voisins se sont calmés un peu mais quelques minutes plus tard, ils ont recommencé à faire du bruit. Finalement, j'ai renoncé et j'ai essayé de m'endormir.

그렇게 조용하지 않은 이웃

나는 정말 벽이 두껍지 않은 이 건물에서 살기가 지긋지긋하다. 전날, 윗집 이웃은 그들의 친구들 중에서 몇 명을 초대했고, 그들끼리 작은 파티를 열었다. 밤새 그들은 소리 내고, 웃고, 크게 말하기를 멈추지 않았다. 잠시 후, 나를 너무 짜증나게 했고 나는 벽을 쳤다. 이웃들은 조금 조용해 졌지만 몇 분 후, 그들은 다시 소리내기 시작했다. 결국 나는 포기하고 잠들려고 애썼다.

✤ 단어장

un voisin : 이웃
silencieux : 고용한, 조용한
en avoir marre de + inf : …하는 것이 지긋지긋하다, 물리다
vivre : 살다, 거주하다
un immeuble : 건물, 빌딩
un mur : 벽
épais(se) : 두꺼운
la veille : 전야
le haut : 위, 높은 곳
inviter : 초대하다
quelques uns : 몇 명
une fête : 축제, 파티
entre : (상호관계) 서로, 끼리의
durant : …하는 동안
arrêter de + inf : …하는 것을 중단하다, 정지하다
faire du bruit : 시끄럽게 하다, 커다란 반향을 일으키다
rigoler : 재미있게 웃다, 장난치다, 농담하다
à voix haute : 큰 소리로
nettement : 분명하게, 명확하게
empêcher qn de + inf : …에게 …하는 것을 방해하다, 못하게 하다, 막다
s'endormir : 잠자리를 들다
au bout d'un moment : 잠시 후에
énerver : 신경질 (짜증) 나게 하다, 무기력하게 하다
tellement que + ind : 그래서 …하다
taper contre le mur : 벽을 치다
se calmer : 고요해 지다, 잠잠해 지다
recommencer à + inf : …하는 것을 다시 시작하다
renoncer : 포기하다, 그만두다, 단념하다
essayer de + inf : (하려고) 애쓰다, 노력하다

5. L'énervement

Mon frère m'énervait vraiment. Quelques fois, j'avais des envies de lui crier dessus. Un jour, il avait un exercice à faire mais il ne comprenait rien. Ma mère était occupée et elle est venu me demander de lui expliquer. J'ai lu l'exercice et la question qui était demandée et lui ai dit ce qu'il fallait qu'il fasse. Mais il ne comprenait pas. Je lui ai expliqué de nouveau et lui ai demandé s'il avait compris. Il a hésité un moment, puis m'a dit que non. Je me suis alors énervé et lui ai demandé ce qu'il ne comprenait pas. Pourtant, l'exercice était très facile. Heureusement, à ce moment-là ma mère est revenue et elle lui a expliqué tranquillement.

짜증

내 남동생은 나를 정말 짜증나게 했다. 때때로 나는 그에게 소리치고 싶었다. 어느 날, 그는 해야 할 연습문제가 있었다. 하지만 그는 전혀 이해하지 못했다. 엄마는 바쁘셨고, 그녀는 나에게 와서 그에게 설명해주라고 부탁했다. 나는 연습문제와 요구한 질문을 읽었고, 그가 해야 할 것을 그에게 말했다. 하지만 그는 이해하지 못했다. 나는 그에게 다시 설명했다. 그리고 이해했는지 물어보았다. 그는 잠시 망설였다. 그리고 나서 아니라고 대답했다. 그래서 나는 짜증이 났고, 이해를 못하는 것이 무엇이냐고 물었다. 하지만 연습문제는 정말 쉬웠다. 다행히도 그때, 엄마가 다시 오셨고 엄마는 그에게 천천히 설명해 주었다.

✤ 단어장

énervement : 신경질, 흥분
énerver : 신경질(짜증) 나게 하다, 흥분시키다
quelques fois : 몇 번
avoir des envies de + inf : …을 하고(갖고) 싶어 하다
crier : 외치다, 소리 지르다
dessus : …위에
avoir un exercice à faire : 해야 할 연습문제가 있다
comprendre : 이해하다
ne ~ rien : 아무 것도 아닌
occupé(e) : 바쁜, 일에 매인
demander à qn de + inf : 요구하다, 요청하다, 부탁하다
expliquer : 설명하다
lire : 읽다
la question : 질문
nouveau : 다시
demander si ~ : …인지 아닌지 묻다
hésiter : 망설이다
un moment : 순간
s'énerver : 신경질(짜증)나다, 흥분하다
pourtant : 그렇지만, 하지만
à ce moment-là : 그 때
tranquillement : 고요하게, 평온하게

6. Je la déteste.

Cela faisaient plusieurs jours que Léa n'arrêtait pas de m'embêter. Au début, j'essayais de l'ignorer mais à force, cela devenait très énervant. Elle me bousculait, me critiquait dans mon dos et me criait dans l'oreille. Au bout d'un moment, je n'ai pas pu supporter davantage et lui ai demandé si elle avait un problème avec moi. Elle m'a répondu que non, elle n'avait pas de problème mais que c'était moi qui en avais un. Je me suis alors rapprochée d'elle et lui ai dit que le seul problème serait celui qu'elle aurait si je m'énervais vraiment. Je crois qu'elle a été effrayé par mes paroles car elle ne m'a pas répondu et s'en est allée, contrariée. L'incident a été clos et elle ne m'a plus adressé la parole.

나는 그녀를 너무 싫어한다.

레아가 나를 계속 귀찮게 한 지 며칠이 되었다. 처음에는 모르는 척 하려고 노력했다. 하지만 마침내 매우 짜증나게 되었다. 그녀는 나를 떠밀고, 등 뒤에서 욕을 하고 그리고 내 귀에 대고 소리쳤다. 결국 나는 더 이상 참을 수가 없어서 그녀가 나와 문제가 있는지 물어보았다. 그녀는 아니라고 대답했다. 그녀는 문제가 없었지만, 내가 문제점을 가지고 있다고 했다. 그래서 나는 그녀에게 다가갔다. 그리고 그녀에게 내 유일한 문제는 내가 정말로 짜증이 났다면 바로 그녀가 가진 문제점일 것이라고 말했다. 그녀가 나에게 아무 대답도 하지 않고 그냥 가버렸기 때문에 내 말에 겁먹었다고 생각했다. 사건은 이렇게 종결됐고, 그녀는 더 이상 나에게 말을 걸지 않았다.

✤ 단어장

détester : 미워하다, 싫어하다
cela faisaient plusieurs jours que : …한 것이 며칠이 되었다
arrêter de + inf : …하는 것을 중단하다, 중지하다
embêter : 지겹게 하다, 몹시 귀찮게 하다
au début : 처음에
essayer de + inf : …하려고 애쓰다
ignorer : (사실 따위를)모르다
à force : 결국, 마침내
devenir + 형용사 : …이 되어 지다
énervant(e) : 신경질(짜증) 나게 하는
bousculer : 떠밀다, 뒤엎어 놓다
critiquer : 비판하다
dans mon dos : 몰래
crier dans l'oreille : 귀에 대고 소리 지르다
au bout d'un moment : 잠시 후
supporter : 버티다, 견디다
davantage : 더 많이, 더 오래

demander si + ind : …인지 묻다
avoir un problème avec moi : 나와 문제가 있다
se rapprocher de qn : …에게 다가가다, 다가오다
seul(e) : 유일한
s'énerver : 화나게 (짜증나게) 하다
effrayer : 두렵게 (무섭게)하다, 오싹하게 하다
une parole : 말, 언사
répondre à qn : …에게 대답하다
s'en aller : 떠나다, 나가다, 가(버리)다
contrarié(e) : 방해받은, 저지된 , 난처해진, 유감인
un incident : 사소한 사건
clore : 끝맺다, 종결하다, 마감하다
adresser la parole à qn : …에게 말을 걸다

7. Des cours de piano

J'avais entendu dire que Margaux jouait divinement bien au piano. Et en effet, cela était vrai et je l'enviais. J'ai demandé à ma mère si je pouvais avoir des leçons de piano. Elle a été surprise par mon soudain intérêt pour la musique mais elle a accepté. Le professeur de piano est arrivé la semaine suivante et tous les mercredis, il me donne des leçons. Malheureusement, la nature ne m'avait pas donné cette facilité qu'ont les génies à déchiffrer les partitions. Le professeur m'a expliqué où se trouve le do, le ré et les autres notes mais à chaque fois, je suis obligée de compter les lignes pour pouvoir les situer. Finalement, voyant que je n'étais pas douée pour la musique, j'ai renoncé.

피아노 수업

나는 마르고가 피아노를 훌륭하게 친다는 얘기를 들었다. 그리고 그것은 사실이었고 나는 그것이 부러웠다. 나는 엄마께 피아노 레슨을 받을 수 있는지 물어보았다. 엄마는 음악에 대한 갑작스러운 나의 흥미에 놀라셨지만 받아들이셨다. 피아노 선생님이 그 다음 주에 오셨고 매주 수요일에 선생님은 내게 피아노 수업을 해 주신다. 불행하게도, 천재들처럼 악보를 바로 읽어내는 능력을 나는 타고나지 못했다. 선생님은 내게 도와 레 그리고 다른 음들이 어디에 위치해 있는지 설명해주셨다. 하지만 매번 나는 음표들을 위치시키기 위해서 줄을 세야만 했다. 결국, 내가 음악에 재능이 없다는 것을 알고 나는 포기하였다.

✣ 단어장

entendre dire que… : …라고 이야기하는 것을 듣다
divinement : 훌륭하게, 완전무결하게
jouer au piano : 피아노 연주를 하다
envier : 부러워하다, 탐내다
demander à qn si + ind : …에게 …하는 것을 부탁하다, 요구하다
le leçon : 수업, 강의
surpris(e) : 놀란, 뜻밖의
soudain : 불시의, 갑작스러운, 뜻하지 않은
un intérêt : 관심, 재미, 흥미
tous les mercredis : 수요일마다
donner des leçons : 수업을 하다
la nature : 자연, 본성
la facilité : 능력, 재능, 쉬움
le génie : 천재
déchiffrer : 해독하다, 초견으로 연주하다
avoir à + inf : …해야 한다
la partition : 악보, 악곡
la note : 음표, 음
à chaque fois : 매번

être obligé(e) de + inf : …해야만 한다, …하지 않을 수 없는 처지이다
compter : 세다, 계산하다
situer : 위치시키다, 설정하다
voyant que : …을 보고는
être doué(e) pour : …에 재능이 있는
renoncer : 포기하다

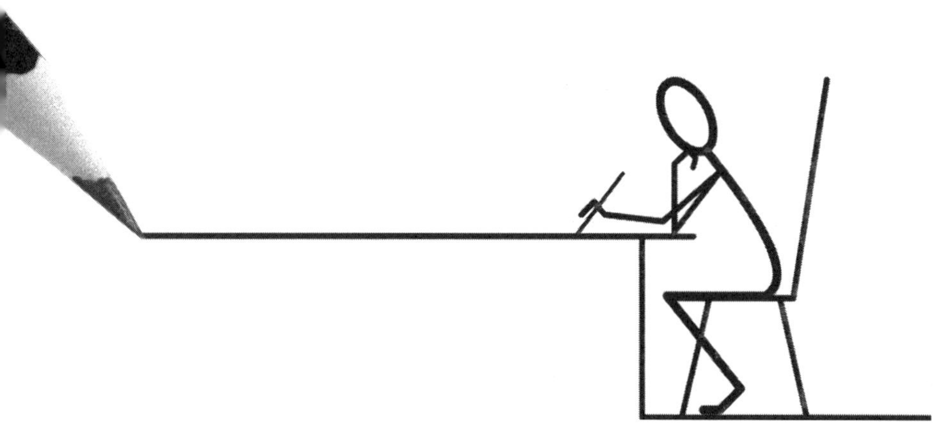

8. Les fumeurs

Déjà que je n'aimais pas les fumeurs en temps général, ils commençaient vraiment à m'énerver. Alors que je marchais tranquillement dans la rue, une femme est arrivée en face de moi. Elle avait une cigarette à la bouche. Lorsque nous étions côte à côte, elle m'a soufflé sur le visage et j'ai respiré cette insupportable odeur. J'ai pesté en moi-même et me suis dit que si cela continuait ainsi, j'allais finir par attraper le cancer. Lorsque j'ai raconté à mon père cet événement, il m'a dit que la meilleure des choses que je pouvais faire, c'était de ne pas fumer moi-même et de l'interdire à mes futurs enfants. Heureusement qu'il y avait maintenant une loi qui interdisait de fumer dans les lieux publics.

흡연자들

평소에 흡연자들을 좋아하지 않게 되면서부터 그들은 정말로 나를 신경질 나게 했다. 내가 조용히 길을 걷고 있었을 때 한 여자가 내 맞은편으로 왔다. 그녀는 입에 담배 한 대를 물고 있었다. 우리가 나란히 옆으로 걸어갔을 때 그녀는 내 얼굴에 담배 연기를 내뱉었고, 나는 이 참을 수 없는 냄새를 들이마셨다. 나는 속으로 맹렬히 비난했고 만약에 이런 일이 계속된다면 마침내 암에 걸리고 말 것이라고 생각했다. 내가 이 일을 아버지께 이야기했을 때 아버지는 내게 내가 할 수 있는 일들 중 최선의 것은 내 스스로 담배를 피지 않는 것이고, 내 미래의 아이들에게 담배 피는 것을 금지하는 것이라고 말씀하셨다. 지금은 공공장소에서 흡연을 금지하는 법이 있는 것이 다행이다.

✤ 단어장

fumeur : 흡연자
vraiment : 정말, 대단히, 확실히
commencer à + inf : …하기를 시작하다
énerver : 신경질 나게 하다, 흥분하게 하다
en temps général : 평소에
alors que + ind : …할 때
en face de : 맞은 편에
une cigarette : 담배
la bouche : 입
lorsque ~ : …할 때
côte à côte : (옆으로) 나란히, 서로 기대어
souffler : 입김을 내불다, 숨을 내쉬다
le visage : 얼굴
respirer : 숨 쉬다, 호흡하다
insupportable : 견딜 수 없게, 참을 수 없게
une odeur : 냄새, 향기
pester : 통렬히 비난하다, 욕설을 퍼붓다
en moi-même : 속으로

se dire : 혼잣말을 하다, 생각하다
continuer : 계속하다
finir par + inf : 마침내 …하다
attraper le cancer : 암에 걸리다
un événement : 사건, 일어난 일
la meilleure (bon의 최상급) : 가장 좋은
mes futurs enfants : 내 미래의 아이들
une loi : 법
interdire de + inf : …하는 것을 금지하다
les lieux publics : 공공장소

9. La dispute

Marie commençait vraiment à me taper sur les nerfs. Elle ne parlait que d'elle à longueur de journée, ne pensait qu'à ses petits soucis de cheveux, de maquillages etc. Elle avait beaucoup changé depuis un an. Avant, elle était gentille, sérieuse, drôle et gaie. Mais maintenant, elle était souvent de mauvaise humeur, à critiquer tout et n'importe quoi et à ne penser qu'à sa petite personne. Je me suis rendus compte qu'elle était devenue superficielle. Un jour, elle m'a tellement énervé que je lui ai répondu que si elle détestais autant ses cheveux, elle n'avait qu'à se raser la tête. Bien sûr, elle l'a pris mal et nous ne nous sommes presque plus parlé malgré les tentatives des autres filles de nous réconcilier.

다툼

마리는 정말로 나를 성가시게 하기 시작했다. 그녀는 하루 종일 그녀에 대한 이야기만 했고 머리 모양이나 화장 같은 사소한 걱정거리에 대해서만 생각했다. 1년 전부터 그녀는 많이 바뀌었다. 예전에 그녀는 친절했고, 진지했고, 재미있었고, 쾌활했다. 하지만 지금 그녀는 자주 기분이 언짢고, 그리고 아무것이나 모든 것을 비판하고, 자기 자신 밖에 생각하지 않고 있다. 나는 그녀가 경박해졌다는 것을 깨달았다. 어느 날, 그녀가 나를 너무 신경질 나게 해서 나는 만약 그녀가 그렇게 머리 모양이 싫다면 머리를 밀어버리면 되는 것 아니냐고 그녀에게 대답했다. 물론, 그녀는 그것을 나쁘게 받아들였고 우리를 화해시키려는 다른 아이들의 시도에도 불구하고 우리는 더 이상 서로 말을 하지 않았다.

✤ 단어장

la dispute : 싸움, 말다툼, 논쟁
commencer à + inf : …하기 시작하다
taper sur les nerfs à qn : …의 신경을 거슬리다, …을 성가시게 하다
à longueur de journée : 하루 종일
penser à : …에 대해 생각하다
un soucis : 걱정, 근심
un maquillage : 화장
changer : 바뀌다, 변화하다
depuis un an : 1년 전 부터
sérieux(se) : 심각한, 진지한
drôle : 재미있는, 유쾌한
gai(e) : 즐거운, 명랑한, 쾌활한
mauvais(e) humeur : 언짢은 기분
être à + inf : …하고 있는 중이다, …에 열중하다
critiquer : 비판하다
n'importe quoi : 무엇이든지, 아무거나
se rendre compte : 깨닫다, 알아차리다
superficiel(le) : 천박한, 경박한, 표면의
énerver : 신경질 나게 하다

détester : 싫어하다
autant : 그만큼
n'avoir qu'à + inf : …하기만 하면 된다
se raser : 면도하다, 밀다
prendre mal : 나쁘게 받아들이다
presque : 거의
malgré : …에도 불구하고
une tentative : 시도
réconcilier : 화해시키다

10. Conversation très enflammée

Nous étions en train de dîner et nous avions laissé la télé allumée. Il y avait un reportage sur les pacifistes et ma mère s'est énervé contre eux. Elle se demandait comment on pouvait régler les problèmes si on ne se battait pas pour nos idéaux. Mon père s'est alors exclamé qu'il ne fallait pas non plus entrer dans une guerre civile pour changer le pays. Nous n'étions quand même pas dans un pays communiste. Et la conversation est devenue de plus en plus enflammée. J'ai remarqué que ma mère s'énervait de plus en plus. A un moment, j'ai cru qu'elle allait jeter sa cuillère sur la tête de mon père, tellement il était tenace. Il faut dire que j'avais pour parents deux fortes têtes, aussi têtus l'un que l'autre.

매우 열정적인 대화

우리는 저녁식사 중이었고 텔레비전을 켜두었다. 평화주의자들에 대한 보도가 있었고 엄마는 그들에 대해서 짜증을 내셨다. 우리의 이상을 위해 투쟁하지 않고 어떻게 문제들을 해결할 수 있는지 자문하셨다. 그러자 아빠는 나라를 바꾸기 위해서 내전 활동에 참여해서는 안 된다고 외치셨다. 어쨌든 우리는 공산국가에서 살고 있지 않았다. 그래서 대화는 점점 더 열기를 띄게 되었다. 엄마가 더욱 더 흥분하고 있다는 것을 알았다. 한순간 엄마가 아빠의 머리에 숟가락을 집어 던질 것 같다는 생각이 들었다. 그만큼 아빠는 완고하셨다. 본인 주장만을 내세우는, 똑같이 고집이 센 두 분을 부모로 모시고 있다고 말해야겠다.

✣ 단어장

une conversation : 대화, 대담
enflammé(e) : 열정적인, 타오르는
être en train de + inf : …하고 있는 중이다
laisser : 내버려두다
allumé(e) : 불이 붙은, 점화된
un reportage : 탐방기사, 현지보도
pacifiste : 평화주의자, 평화론자
énerver : 화 (짜증)나게 하다
contre : …에 반(대)하여
se demander : 자문하다
régler : 해결하다, 결판 짓다
se battre : 싸우다, 다투다
un idéal[aux] : 이상
s'exclamer : 탄성을 발하다, 부르짖다, …라고 외치다
entrer : (활동에) 참가(가담)하다
une guerre civile : 내전, 내란
le pays : 국가, 나라
quand même : 그렇지만, 그래도
un pays communiste : 공산국가

devenir + 형용사 : …이 되다, …되어 지다
de plus en plus : 점점 더
remarquer que : …을 알아차리다
s'énerver : 화가 나다, 짜증이 나다
un moment : 순간, 잠시
jeter : 버리다, 던져버리다
une cuillère : 숟가락, 스푼
tellement : 매우, 몹시, 정말
tenace : 뿌리 깊은, 완고한, 끈질긴, 집요한
Il faut dire que + ind : …라고 말해야겠다
une forte tête : 자기 고집대로 하는 사람
têtu(e) : 고집이 센

11. Cet enfant

Un jour, je suis allé à la bibliothèque pour lire. Je lisais un livre dans un coin tranquille. Soudain, une dame avec un enfant d'à peu près six ans s'est assise sur le banc d'à côté. J'ai continué à lire mais le petit garçon n'arrêtait pas de courir partout et je ne pouvais pas me concentrer. Puis, il a commencé à hurler. Sa mère ne faisait rien, elle lisait un livre. Apparemment, ça ne la gênait pas mais moi, ça me dérangeait. L'enfant, lui, continuait à hurler de plus en plus fort. Soudain, il s'est arrêté et il a pleuré. C'est alors que j'ai eu une idée. Je suis allé le voir et je lui ai donné un bonbon et il s'est tout de suite calmé et j'ai enfin pu reprendre ma lecture.

그 아이

어느 날, 나는 독서를 하기 위해서 도서관에 갔다. 나는 조용한 구석에서 책을 읽고 있었다. 갑자기, 아주머니와 6살가량 된 아이가 내 옆 의자에 앉았다. 나는 계속해서 책을 읽고 있었다. 그런데 이 남자아이가 도서관 여기저기를 계속 뛰어다녀 나는 집중을 할 수 없었다. 그러다가 아이는 소리 지르기 시작했다. 엄마는 아무것도 하지 않고, 책만 읽고 있었다. 얼핏 보아, 그녀는 방해 받는 것 같지 않았지만 나는 방해를 받았다. 그 아이는 점점 더 크게 소리치기 시작했다. 갑자기 아이가 멈춰 서서 울어댔다. 그때 아이디어 하나가 떠올랐다. 나는 그에게 가서 사탕을 주었다. 아이는 바로 조용해졌고 나는 마침내 책을 다시 읽을 수 있었다.

✤ 단어장

la bibliothèque : 도서관
lire : 읽다
un coin : 모퉁이, 구석
tranquille : 고요한, 평온한
soudain : 갑자기
à peu près : 거의, 대략
s'asseoir : 앉다, 앉히다
le banc : 벤치
à côté : …옆에
continuer à + inf : … 하는 것을 계속하다
arrêter de + inf : … 하는 것을 정지하다, 중지하다, 그만두다
courir partout : 여기저기를 뛰다
se concentrer : 집중하다
commencer à + inf : …하기 시작하다, 착수하다, 수행하다
hurler : 짖다, 울부짖다, 절규하다
ne faire rien : 아무 것도 하지 않다
apparemment : 언뜻 보아, 겉보기에
gêner : 방해하다, 폐를 끼치다
déranger : 방해하다, 훼방 놓다
de plus en plus : 점점 더
fort(e) :강한
s'arrêter : 멈추다, 정지하다, 그만두다

pleurer : 울다
une idée : 생각, 아이디어
donner à qn qch : …에게 …을 주다
un bonbon : 사탕

tout de suite : 바로, 즉시
se calmer : 고요해 지다, 잠잠해 지다
reprendre : 다시 시작하다
la lecture : 읽기, 독서

12. Quel grincheux, celui-là!

Notre voisin venait de déménager et d'autres étaient venus habiter dans l'appartement. Nous sommes allés leur souhaiter la bienvenue. On a toqué et ils nous ont accueilli à bras ouverts. Il y avait un couple avec un petit garçon. Je lui ai proposé d'aller jouer dehors. Il m'a dit qu'il ne voulait pas sortir mais sa mère l'a forcé d'aller jouer avec moi. Il est sorti avec moi en soupirant. Il ne disait rien. Je lui est proposé de jouer au basket mais il répondait qu'il n'aimait pas le basket. Je lui ai proposé plusieurs activités et il m'a répondu qu'il voulait rentrer chez lui. Il ne voulait rien faire. C'est vraiment exaspérant, les petits garçons. Il me faisait penser à mon cousin. Finalement, je l'ai laissé rentrer chez lui.

정말 까다로워, 그 아이!

우리 이웃이 얼마 전에 이사를 갔고 다른 사람이 이 아파트에서 살러 왔다. 우리는 그들을 환영해주러 갔다. 우리가 문을 두드리자 그들은 두 팔 벌려 맞이해 주었다. 어린 사내아이가 있는 부부였다. 나는 그에게 밖에 나가서 놀자고 제안했다. 그는 나가서 놀고 싶지 않다고 나에게 말했지만 아이의 엄마는 나가서 놀라고 강요했다. 그는 한숨 쉬며 나와 함께 나갔다. 그는 아무 말도 하지 않았다. 나는 아이에게 농구놀이를 하자고 했지만 그는 농구를 좋아하지 않는다고 대답했다. 난 아이에게 몇 가지 놀이를 제안했지만 아이는 나에게 집에 돌아가고 싶다고 대답했다. 그는 아무것도 하고 싶어 하지 않았다. 진짜 사내아이들은 짜증난다. 내 사촌을 생각나게 했다. 결국 나는 아이가 집에 돌아가도록 내버려 두었다.

✤ 단어장

grincheux(se) : 까다로운, 불평이 많은
voisin(e) : 이웃
venir de + inf : 방금 …하다
déménager : 이사 가다
souhaiter à qn la bienvenue : …에게 환영 인사를 하다
toquer : 두드리다, 건드리다
accueillir : 환대하다
un couple : 커플
proposer à qn de + inf : …에게 …할 것을 제의(제안)하다, 권하다
jouer dehors : 밖에서 놀다
forcer qn de + inf : …에게 …하도록 강요하다
soupirer : 한숨 짓다
jouer au basket : 농구를 하다
répondre : 대답하다
une activité : 활동, 일, 업무
exaspérant(e) : 성가시게 하는, 짜증나게 하는

faire + inf à qn : …에게 …하게 시키다
penser à qn : …를 생각하다
laisser qn + inf : …를 …하도록 내버려두다
rentrer : 다시 들어오다

13. C'est exaspérant.

J'en ai marre des gens qui se prennent pour des génies et qui font leur beau. J'en connais une qui se comporte exactement comme ça. Elle s'appelle Julie et elle a vingt ans comme moi. Ces gens-là sont exaspérants. Elle nous fait stresser. Franchement, j'aimerais ne pas être ami avec des gens comme elle. J'ai un autre exemple. Elle s'appelle Mélise et elle a le même âge que Julie. Elle est agaçante parce qu'elle croit que tout est centré sur elle. Mais bon, chacun à son caractère et sa personnalité.

짜증이 나다.

나는 자신이 천재라고 생각하고 그리고 우쭐대는 사람을 보면 지겹다. 나는 이렇게 행동하는 한 사람을 알고 있다. 그녀의 이름은 쥴리이고 나처럼 20살이다. 이런 사람들은 짜증스럽다. 그녀는 우리에게 스트레스를 준다. 솔직하게 말해서, 나는 그녀와 같은 사람들과 친구하고 싶지 않다. 다른 사례가 있다. 그녀의 이름은 멜리즈이고 쥴리와 같은 나이이다. 그녀는 모든 것이 그녀에게 집중되어 있다고 믿기 때문에 짜증스럽다. 뭐 좋다. 저마다 성격이 있는 것이고 개성이 있는 것이니까.

✤ 단어장

exaspérant(e) : 성가시게 하는, 짜증나게 하는
en avoir marre : 지긋지긋하다
se prendre pour : 자신을 …라고 생각하다
un génie : 타고난 재능, 천재성, 천재
faire le beau : 우쭐대다
J'en connais une. : 나는 한 명을 알고 있다.
se comporter : 행동하다, 처신하다
exactement : 정확히, 명확히
ces gens-là : 그 사람들
énerver : 짜증나게 하다, 화나게 하다
faire + inf : …하게 시키다
franchement : 단호하게, 주저 없이, 솔직하게
être ami avec : …와 친구가 되다
un exemple : 예, 사례
le même âge que qn : …와 같은 나이
agaçant(e) : 성가신, 짜증나게 하는
être centré sur qn : …에 집중되다
le caractère : 성격
la personnalité : 개성

14. Des courbatures

La veille, Hélène, Jeanne et moi avions fait quelques matchs de tennis. J'étais arrivée en deuxième position et c'est Jeanne qui avait remporté le tournoi. Le lendemain, j'avais des courbatures de partout. J'avais mal aux bras, aux jambes, aux mollets. Je n'arrivais presque plus à bouger, tellement j'avais mal. Mon père m'avait obligé à m'étirer pour relâcher un peu le corps et j'avais crû que j'allais mourir de douleur. Finalement, après ces petits étirements, la douleur s'était un peu calmée mais elle était toujours là. Il faut dire que je m'étais tellement donnée pour gagner que j'étais épuisée.

근육통

전날, 엘렌과 잔느 그리고 나는 몇 판의 테니스 시합을 치뤘다. 나는 2위에 올랐고 잔느가 우승을 했다. 이튿날, 나는 온몸에 근육통이 생겼다. 팔도 아프고, 다리도 아프고, 허벅지도 아팠다. 나는 거의 움직일 수가 없었다. 정말 나는 아팠다. 아빠는 나에게 몸을 조금 이완시키기 위해서 나의 손과 발을 뻗으라고 시키셨다. 나는 통증으로 죽을 것 같다고 생각했다. 마침내, 약간의 스트레칭 후에 통증이 조금 가라앉았다. 하지만 통증은 여전했다. 내가 우승하기 위해 전력투구한 만큼 완전히 뻗었다고 해야 할 것이다.

✤ 단어장

une courbature : 근육통, 관절의 통증
la veille : 전야
un match de tennis : 테니스 경기(시합)
arriver : 이르다, 도달하다
en deuxième position : 2위로
remporter : 획득하다, 상을 타다, (성공 따위를) 거두다
le tournoi : 토너먼트, (토너먼트 방식에 의한) 시합
le lendemain : 이튿날, 다음날
partout : 전부
avoir mal aux bras : 팔이 아프다
une jambe : 다리
un mollet : 장딴지
arriver à + inf : …하기에 이르다
bouger : 움직이다, 이동하다
tellement : 정말, 매우
obliger qn à + inf : …에게 …하도록 의무를 지우다, 강제(구속)하다
étirer : (손·발을) 뻗다
relâcher : 늦추다, 느슨하게 하다, (긴장 따위를) 풀다
le corps : 몸
mourir de douleur : 통증으로 죽을 지경이다
finalement : 마침내, 최후로, 결국
un étirement : 손발을 길게 뻗음, 기지개
se calmer : 평정을 되찾다, 고요해지다
se donner : 헌신하다, 전념하다
gagner : 승리하다.
épuisé(e) : 고갈된, 다 써버린, 지친, 기진맥진한

15 Epuisée

Je ne sais pas ce que j'ai ces temps-ci mais je suis souvent fatiguée et je mange très peu. Ma mère n'arrête pas de me dire de manger plus mais je n'y arrive pas. C'est comme si mon estomac refusait d'ingurgiter autant de nourritures. A force, je vais maigrir à faire peur. Je vais peut-être devenir comme ces juifs tout maigres qu'on voit en photo dans notre livre d'histoire. En tout cas, ma mère essaie de me faire découvrir des plats que je ne connais pas. Peut-être qu'elle croit que cela va me redonner envie de manger. Mais pour l'instant, j'essaie de ne pas trop bousculer mon organisme.

지친

요즘 왜 그런지 잘 모르겠지만 나는 자주 피곤하고 적게 먹는다. 엄마는 조금만 더 먹으라고 계속 말씀하신다. 하지만 나는 먹을 수 없다. 그것은 마치 내 위가 전과 같은 양의 음식 먹는 것을 거부하는 것 같다. 결국 나는 무서우리만큼 야위어 갈 것이다. 나는 아마도 역사책에서 사진으로 보았던 굉장히 마른 유태인처럼 될 것이다. 어쨌든, 엄마는 내가 모르는 요리를 맛보게 하려고 애쓰신다. 아마도 엄마는 그 요리가 나의 식욕을 되찾아 줄 거라고 믿는다. 하지만 당분간 내 몸을 급작스럽게 변화시키지 않으려고 한다.

✤ 단어장

épuisé(e) : 지친, 고갈된
ces temps-ci : 요즘
fatigué(e) : 피곤한, 힘든
arrêter de + inf : …하는 것을 멈추다, 정지하다, 중지하다
manger plus : 더 먹다
je n'y arrive pas : 나는 이르지 못하다, 도달하지 못하다
comme si + ind : 마치 …인 것처럼
un estomac : 위
refuser de + inf : …하는 것을 거절하다
ingurgiter : 게걸스럽게 먹다
autant de nourritures : 전과 같은 양의 음식
à force : 결국, 마침내
maigrir : 야위다, 수척해지다
à faire peur : 무서우리 만큼
devenir + 형용사 : …이 되다, …이루다
juif : 유태인
maigre : 야윈, 마른
en tout cas : 어쨌든
essayer de + inf : …하려고 시도하다, 노력하다, 애쓰다
faire à qn + inf : …에게 …을 시키다, …에게 …을 하게 하다
découvrir : 발견하다, 찾아내다
un plat : 요리
peut-être que + inf : 아마 …일 것이다
redonner à qn envie de manger : …에게 식욕을 다시 주다
pour l'instant : 당분간, 당장에는
bousculer : 급작스럽게 변화시키다, 뒤죽박죽으로 만들다
un organisme : 유기체, 생물체, 인체
supporter : 지탱하다, 견디어내다, 감당하다

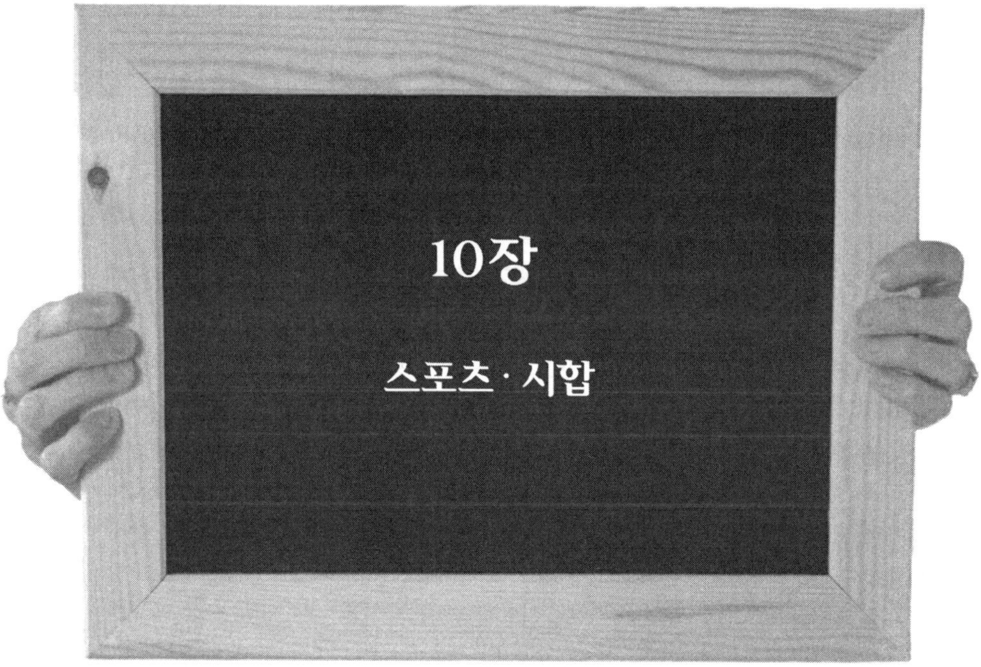

1. Une sortie au bowling

Aujourd'hui, je suis allée faire quelques parties de bowling avec mes cousins et ma cousine. C'était très amusant. Jérémie n'arrêtait pas de faire l'andouille et Etienne faisait des blagues qui n'étaient pas drôles. J'ai gagné une seule partie mais c'est mieux que rien. Nous avons commandé ensuite quelques boissons et des éclairs au café et au chocolat. C'était délicieux. Mon oncle est venue nous chercher vers six heures et demie et j'ai dîné chez eux. Ma tante avait préparé de la purée avec du jambon. Elle avait acheté un gâteau au chocolat pour le dessert. Il était un peu refroidit mais était bon quand même.

볼링장에 외출

오늘 나는 나의 사촌들과 함께 볼링 시합을 하러갔다. 정말 즐거웠다. 제레미는 계속해서 바보짓을 했고, 에띠엔느는 재밌지 않은 농담을 지껄였다. 나는 한 경기만 이겼지만 아무것도 없는 것 보다는 낫다. 그 후로 우리는 음료수와 커피 맛과 초콜릿 맛 에끌레르를 주문했다. 맛있었다. 삼촌은 6시 반쯤 우리를 데리러 오셨고, 삼촌 댁에서 저녁을 먹었다. 숙모는 햄이 들어간 퓨레를 준비해 주셨다. 그녀는 디저트로 초코 케이크를 사셨다. 케이크는 조금 차가웠지만 맛있었다.

✤ 단어장

une sortie : 외출
faire une partie de bowling : 볼링경기를 하다
cousin(e) : 사촌
arrêter de + inf : …하는 것을 멈추다
faire l'andouille : 바보인체 하다, 순진함을 가장하다
une blague : 허풍, 농담
drôle : 우스운, 익살스러운, 재미있는
gagner : 이기다, 승리하다
une seule partie : 한 경기
commander : 주문하다
ensuite : 그리고 나서, 곧 이어
une boisson : 음료수
un éclair au café : 커피맛 에끌레르 (과자의 일종)
délicieux(se) : 맛있는
venir chercher qn : …을 데리러 오다
dîner : 저녁식사 하다
oncle/tante : 삼촌/숙모
préparer : 준비하다
la purée avec du jambon : 햄이 들어간 퓨레
un gâteau au chocolat : 초콜릿 케이크
le dessert : 디저트
refroidir : 식다, 차가워지다
quand même : 그렇지만

2. Le cours de sport

La professeur de sport nous évaluait sur notre endurance. Il fallait que l'on fasse cinq tours de stade à une allure maîtrisée. A vue d'œil, cela me paraissait facile à faire mais lorsque ce fut mon tour de courir, je me suis rendu compte que j'avais un peu de mal à tenir. Au bout du troisième tour, je n'en pouvais plus. Je m'arrêtais un peu pour marcher et reprendre mon souffle. J'avais crié victoire trop tôt. Elisa, qui était plus douée que moi m'a rejoint et nous avons marché tranquillement jusqu'à l'arrivée. Je me suis dit que la prochaine, je ferais mieux.

체육시간

체육 선생님은 우리의 인내력을 평가했다. 우린 일정한 보폭으로 운동장 5바퀴를 돌아야만 했다. 겉보기엔 하기 쉬워 보였지만 막상 내가 뛸 차례가 되었을 때 끝까지 유지하는 것이 좀 힘들다고 생각했다. 세 번째 바퀴가 끝날 즈음에 난 더 이상 뛸 수 없었다. 난 걸으면서 호흡을 조절하기 위해 잠시 멈췄다. 난 너무 빨리 쉽다는 판단을 했던 것이다. 나보다 조금 더 재능이 있는 엘리자는 나에게 합류했고, 우린 천천히 결승점까지 걸었다. 다음번엔 더 잘 해야겠다고 생각했다.

✤ 단어장

évaluer sur : …대해 평가하다
une endurance : 인내력, 참을성, 지구력
Il faut que + sub : …해야만 한다
un tour : 한 바퀴 돌기
un stade : 스타디움, 경기장
une allure : 걸음걸이, 속력
à vue d'œil : 대충 짐작으로
paraître (à qn) + 속사 à + inf : …에게 …하는 것이 …처럼 보이다, 인 듯하다
lorsque : …할 때
courir : 달리다, 뛰다
se rendre compte que : …을 깨닫다, 이해하다
avoir mal à + inf : …하기 어렵다, 힘들다
tenir : 유지하다, 보존하다
au bout de : …끝에
je n'en pouvais plus : 나는 더 이상 그것을 할 수 없었다
s'arrêter : 멈추다, 그만하다
marcher : 걷다
reprendre : (체력을)회복하다
un souffle : 입김, 숨, 호흡
crier victoire : 승리를 외치다
trop tôt : 너무 빨리
être doué(e) : 재능이 있다
plus ~ que : …보다 더
rejoindre qn : …를 다시 만나다, 합류하다
tranquillement : 조용하게
jusqu'à : …까지
l'arrivée : 도착 장소, 결승점
se dire : 생각하다, 자문하다
prochain(e) : 다음의
faire mieux : 좀 더 잘하다, 진보하다

3. Le sport, c'est trop bien.

Aujourd'hui, je crois que tout le monde était épuisé à cause du sport. Moi, je trouvais que ce n'était pas si dur que ça. Un jour, ma professeur de sport m'a proposé un autre cours à la fin de la journée. Bien sûr, j'ai accepté. A la fin des cours, j'allais au gymnase et allais voir notre prof de sport. Elle me disait qu'on allait faire des choses plus difficile et que j'étais plus doué que les autres. En échauffement, j'ai dû faire des pompes, des pas chassés. C'était épuisant mais en même temps, c'était bien. A la fin de ma première séance, la prof m'a félicité pour mes efforts mais je transpirais et je puais.

운동은 너무 좋다.

오늘 모두들 운동 때문에 지친것 같다. 나는 그렇게까지 힘들지 않다고 생각했다. 어느 날, 체육 선생님이 나에게 방과 후에 다른 운동을 제안했다. 당연히 난 받아 들였다. 수업이 끝나고, 난 체육관으로 체육선생님을 보러 갔다. 그녀는 나에게 내가 훨씬 어려운 것을 할 것이고 내가 다른 애들에 비해 재능이 있다고 말했다. 준비운동으로 팔굽혀펴기를 하고 샤세(도약하여 발을 옆으로 차내는 동작)걸음 동작을 했다. 힘들었지만 동시에 좋았다. 첫 회를 끝내자 선생님은 나의 노력에 칭찬해 주었다. 그러나 난 땀을 많이 흘렸고 냄새가 났다.

✤ 단어장

épuisé(e) : 지친, 기진맥진한
à cause de : …때문에
trouver que + ind : (라고)생각하다
dur(e) : 힘든, 어려운
un jour : 어느 날
proposer : 제안하다
à la fin de la journée : 저녁 때
bien sûr : 물론, 당연히
accepter : 받아들이다
le gymnase : (실내)체육관, 체조장
difficile : 어려운
doué(e) : 재능 있는
les autres : 다른 사람
un échauffement : 뜨거워짐, 몸 풀기, 열을 내기
faire des pompes : 팔굽혀 펴기를 하다
des pas chassés : 샤세 스텝
épuisant(e) : 지치게 하는, 힘을 소모시키는
en même temps : 동시에
la séance : 1회
féliciter : 축하하다
un effort : 노력
transpirer : 땀 흘리다
puer : 냄새가 나다

4. La patinoire

Un jour, Marie m'a proposé d'aller à la patinoire avec elle. Elle devait venir me chercher. Elle avait ses propres patins mais moi, je pouvais en louer avec le ticket qu'on nous donnait à l'accueil après avoir payé l'entrée. Cela faisait un bon bout de temps que je n'avais pas patiné et j'étais un peu stressé. Mais finalement, Marie a patiné doucement avec moi et j'ai réussi à faire plusieurs tours sans tomber. Puis petit à petit, j'ai accéléré et me suis sentie libre comme l'air. Ça a été une bonne journée. En rentrant chez moi, j'ai bu un bon chocolat chaud qui m'a réchauffé entièrement.

스케이트

어느 날, 마리는 자기와 함께 스케이트를 타러 가자고 제안했다. 그녀는 나를 데리러 오게 되어 있었다. 그녀는 자신의 스케이트 신발을 가지고 있었다. 그러나 나는 아니었다. 나는 입장료를 구입 한 후에 안내 데스크에서 주는 티켓으로 스케이트 신발을 빌릴 수 있었다. 나는 한동안 스케이트를 타지 못하였고, 약간 스트레스를 받았다. 하지만 결국 마리는 나와 함께 천천히 스케이트를 탔고, 나는 넘어지지 않고 몇 바퀴를 도는데 성공했다. 게다가 조금씩 나는 속도를 내었고, 공기처럼 자유롭게 느껴졌다. 즐거운 하루였다. 집으로 돌아와서, 나는 온 몸을 따뜻하게 해주는 코코아를 마셨다.

✤ 단어장

la patinoire : 스케이트 링크
proposer à qn de + inf : …에게 …할 것을 제안(제의)하다, 권하다
venir chercher qn : …을 데리러 오다
propre : (소유형용사와 함께 명사 앞) 자기 자신의
un patin : 스케이트(신발)
louer : 빌리다
l'accueil : (관청, 기업 따위의) 안내, 접대
après avoir payé : 지불한 후에
une entrée : 관람, 표
un bout : (시간의) 끝, 종단
patiner : 스케이트를 타다
stresser : 긴장하다, 걱정하다, 스트레스를 받다
doucement : 천천히, 완만하게
réussir à + inf : …하는데 성공하다
plusieurs tours : 여러 번의 회전
tomber : 넘어지다
petit à petit : 조금씩
accélérer : (속도, 일을) 빠르게 하다
se sentir libre : 자기 자신이 자유롭게 느껴지다
un air : 공기, 바람, 미풍
une bonne journée : 즐거운 하루
réchauffer : 데우다, 몸을 덥히다
entièrement : 전부, 모두, 완전히, 전적으로

5. Une virée en scooter des neiges

J'étais en train de rêvasser devant la télévision lorsque je me suis souvenue de la promenade en scooter des neiges que j'avais faite avec mes cousins. On était allé dans les Alpes et Jérémie nous avait proposé de faire une petite balade. Comme il était majeur et qu'il avait son permis de conduire, il pouvait diriger un des deux scooters des neiges. Je suis donc monté derrière lui et Etienne est monté derrière le guide. C'était une très belle balade. Nous avons suivis des sentiers à travers les forêts et quelques pistes de ski. Tout autour de nous était blanc et les arbres étaient recouverts de neige. Nous voyions de loin quelques petits animaux comme des lapins. Ça avait été une très bonne expérience.

스키 스쿠터 여행

나는 사촌들과 했던 스키 스쿠터 하이킹을 추억하면서 텔레비전 앞에서 몽상에 잠겨 있었다. 알프스로 갔었다. 제레미는 우리에게 짧은 산책을 하자고 제안했다. 그는 성인이었기 때문에 운전 면허증이 있었다. 그는 스키스쿠터 두 대 중 한 대를 운전할 수 있었다. 그래서 나는 그 뒤에 올라탔고, 에띠엔느는 가이드 뒤에 올라탔다. 진짜 좋은 하이킹이었다. 우리는 숲과 몇몇의 스키 슬로프를 가로질러 오솔길을 따라갔다. 우리의 주변 모두는 하얗고, 눈으로 덮여있었다. 우리는 토끼 같은 몇몇 작은 동물들을 멀리서 보았다. 정말 좋은 경험이었다.

✣ 단어장

une virée : 산보, 간단한 여행
être en train de + inf : …하는 중이다
rêvasser : 공상에 잠기다, 몽상하다
se souvenir de + inf : 회상하다, 기억하다, 생각하다
la promenade en scooter des neiges : 스키스쿠터 산책
cousin(e) : 사촌, 친척
les Alpes : 알프스 산맥
proposer à qn de + inf : …에게 …할 것을 제의(제안)하다, 권하다
une petite balade : 짧은 산책(산보), 소풍
comme + ind : …이므로, …이니까
majeur(e) : 성년이 된
un permis de conduire : 운전면허
diriger : (자동차를) 운전하다
monter derrière qn : …의 뒤에 오르다
le guide : 안내인, 가이드
suivre des sentiers : 오솔길을 따라가다
à travers qc : …을 가로질러, …너머로
une forêt : 숲
une piste de ski : 스키 슬로프
autour de : …의 주위에, 대략
blanc : 흰
recouvert(e) de : …로 덮인, …쌓인

une neige : 눈
de loin : …에서 멀리 떨어진
animal[aux] : 동물
comme : …같은, …처럼
lapin(e) : 토끼
une expérience : 경험, 체험

6. Le patinage artistique

Hélène nous a invité avec Marie et Margaux à assister au concours régional de patinage artistique des moins de dix-huit ans qui se déroulait dans notre ville. Nous sommes donc arrivées à la patinoire, munies de pancartes avec écrit «Allez Hélène», car elle y participait. La patinoire était bondé de monde et certains venaient de petits villages. Les concurrentes étaient toutes belles avec leur costume. Le tour d'Hélène est enfin arrivé et nous avons crié de toutes nos forces. Son programme était merveilleux malgré le fait qu'elle avait failli tomber. Finalement, elle a été placée à la deuxième place. Nous l'avons félicitée et ses parents nous ont pris en photos pour immortaliser ce souvenir.

피겨스케이트

엘렌은 우리 시에서 열리는 18세 이하의 피겨스케이트 지역 대회에 마리와 마르고와 함께 나를 초대했다. 그래서 우리는 «파이팅 엘렌»이라고 쓴 플래카드를 가지고 스케이트장에 도착했다. 왜냐하면 그녀가 대회에 참가했기 때문이다. 스케이트장은 사람들로 가득 차 있었고, 몇몇 사람들은 작은 마을에서 왔다. 경쟁자들 모두는 자신의 의상과 함께 예뻤다. 드디어 엘렌의 차례가 왔고 우리는 온 힘을 다해서 소리쳤다. 그녀의 공연은 그녀가 넘어질 뻔 했음에도 불구하고 정말 훌륭했다. 결국, 그녀는 2위의 자리를 차지했다. 우리는 축하를 해주었고 그녀의 부모님께서는 이 추억을 영원히 남기기 위해서 우리들의 사진을 찍어주셨다.

✤ 단어장

le patinage artistique : 피겨스케이트
inviter qn à + inf : …을 …에 초대하다
assister à : …에 있다, 입회하다, 참석하다
un concours régional : 지역대회
moins de + 숫자 : …이하의, 미만의
se dérouler : 펼쳐지다, 풀리다, 벌어지다
la patinoire : 스케이트장
muni(e) de : …을 갖춘, 마련된
la pancarte : 게시판, 벽보, 플래카드
participer à : …에 참여하다
bondé de : …으로 꽉 찬, 만원의
concurrent(e) : 경쟁자
un costume : 의상, 복장, 의복
le tour : 차례, 회전, 한 바퀴 돌기
crier : 외치다, 소리치다
de toutes nos forces : 온힘을 다하여
merveilleux(se) : 놀라운, 훌륭한, 굉장한
malgré : …에도 불구하고
le fait que + ind : …한다는 사실
faillir tomber : 넘어질 뻔하다
féliciter : 축하하다, 칭찬하다
prendre qn/qch en photos : …의 사진을 찍다
immortaliser : 불멸하게 만들다, 영원히 전하다
le souvenir : 기억, 기억력, 추억

7. L'équitation

Marie m'a proposé un jour d'aller faire une randonnée à cheval. J'aurais accepté volontiers si seulement je savais en faire. Elle m'a proposé alors quelques cours pour connaître les bases. Elle avait un cheval et j'ai monté sur lui pour mes premiers cours. C'était vraiment impressionnant lorsque l'on s'asseyait dessus. Le cheval était très grand et j'avais l'impression que j'arriverais à toucher le ciel. Marie m'a apprit comment ordonner au cheval de marcher, de trotter et enfin de galoper. Mais je n'ai pas eu assez de courage pour le faire courir aussi vite. Après quelques cours, je suis enfin arrivé à le diriger sans l'aide de Marie et je me sentais complètement à l'aise. Nous avons enfin pu faire notre balade.

승마

마리가 어느 날 내게 말을 타고 산책을 하러 가자고 제안했다. 만약 내가 말을 탈줄 알았다면 나는 기꺼이 받아들였을 것이다. 그래서 그녀는 내게 기초를 습득하기 위한 수업을 해주겠다고 제안했다. 그녀는 말 한 마리가 있었고 나는 첫 수업으로 그 말 위에 올라탔다. 말 위에 앉았을 때의 기분은 정말 인상적이었다. 그 말은 굉장히 커서 하늘을 만질 수 있을 것만 같은 느낌을 받았다. 마리는 어떻게 말을 걷게, 종종걸음으로 걷게 그리고 질주하도록 지시하는지 내게 알려주었다. 하지만 나는 그토록 말을 빨리 뛰게 할 용기가 충분하지 않았다. 몇 번의 수업 후에 나는 마침내 마리의 도움 없이 말을 이끌 수 있게 되었고, 나는 완전히 편안한 기분을 느꼈다. 마침내 우리는 산책을 함께 할 수 있었다.

✤ 단어장

une équitation : 승마, 마술
proposer de + inf : …를 권하다, 제안하다
faire une randonnée à cheval : 말을 타고 산책을 하다
volontiers : 기꺼이, 쾌히
si seulement je savais en faire : 만약 내가 그것을 할 줄만 알았었다면
les bases : 기본, 기초
impressionnant(e) : 인상적인, 감동적인
s'asseoir : 앉다
dessus : 위에, 위쪽에, 바깥에
avoir l'impression que + ind : …라는 인상을 받다, 느낌을 갖다
arriver à + inf : …하기에 이르다, 달성하다
toucher : 만지다, 손을 대다
apprendre qn : …에게 알려주다, 가르치다
ordonner à qn de + inf : 누구에게 …하라고 명령하다, 지시하다

trotter : 종종걸음으로 걷다, 쏘다니다, 속보로 달리다
galoper : 질주하다, 급히 가다
assez (de) pour + inf : …할 만큼 충분히 …하다
un courage : 용기
faire courir : 뛰게 하다
diriger : 지휘하다, 지도하다, 제어하다, 이끌다
sans l'aide de qn : 누군가의 도움 없이
se sentir à l'aise : 편한 기분을 느끼다
complètement : 완전히, 전적으로
une balade : 산책, 산보, 소풍

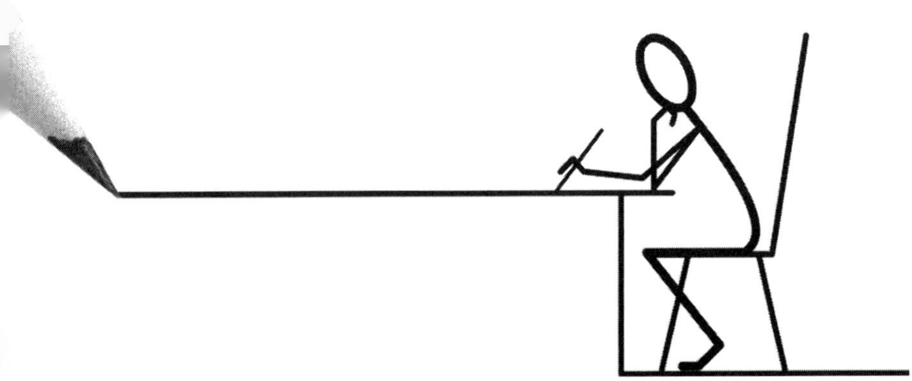

8. Le match de basket

Hélène m'avait invité à aller voir un match de basket avec elle. Son petit copain jouait ce jour-là et nous devions l'encourager depuis les tribunes. Le match a commencé vers dix-neuf heures et demie. Il y avait beaucoup de monde et les gradins étaient plein à craquer. C'était la première fois que j'assistais à un match de basket-ball. C'était très intéressant. L'équipe que l'on encourageait avait une avance de cinq points. Mais l'adversaire a vite remonté la pente et à quelques minutes de la fin, ils étaient à égalité. Malheureusement, notre équipe a perdu de deux points le match. On était tous très déçues mais c'était un moment inoubliable.

농구시합

엘렌은 자기와 함께 농구시합을 보러가자고 나를 초대했다. 그날, 그녀의 남자 친구가 경기를 했고 우리는 관중석에서 그를 응원하여야만 했다. 경기는 저녁 7시 반쯤에 시작되었다. 많은 사람들이 있었고 계단식 좌석은 터지도록 가득 차 있었다. 농구경기를 보러 간 것은 처음이었다. 경기는 매우 흥미로웠다. 우리가 응원하는 팀은 5점 앞서 있었다. 그러나 상대팀은 빠르게 따라붙었다. 그리고 경기가 끝나기 몇 분 전 그들은 동점이었다. 안타깝게도 우리 팀은 2점 차이로 지고 말았다. 우리 모두는 매우 실망했지만 잊을 수 없는 순간이었다.

✤ 단어장

le match : 경기, 시합
inviter qn à + inf : …하는 데 누구를 초대하다
un copain : 친구
jouer : (운동경기를)하다
ce jour-là : 그날
encourager : 용기를 주다, 격려하다
une tribune : (경기장, 경마장의) 관람석
un gradin : 계단식 좌석
plein à craquer : 터지도록 가득 찬
C'est la première fois que + ind : …하는 것이 처음이다
assister à : …에 있다, 참석하다
une équipe : 팀
une avance : 앞서 있음, 앞지르기, 전진, 진행
un point : (게임, 운동 따위의) 점수, 포인트
adversaire : 적수, 상대자
remonter : 다시 오르다, 따라잡다
la pente : 경사, 언덕길, 기울어짐
la fin : 끝, 종말
à égalité : (스포츠, 놀이에서) 동점의, 동등한 조건으로
perdre : 지다
déçu(e) : 실망한
un moment : 순간
inoubliable : 잊을 수 없는

9. Un après-midi à la piscine

Margaux m'a proposé d'aller avec elle à la piscine. J'ai accepté volontiers. Il y avait beaucoup de monde ce jour-là en raison de la forte chaleur. Nous avons rencontré quelques amis de notre ancienne classe et cela nous a fait plaisir. Nous avons fait également la connaissance de deux beaux garçons qui nous ont invité à aller au centre-ville avec eux le lendemain. S'amuser à longueur de journée, faire la rencontre de jolis garçons, être relaxée, aller à la piscine, c'est ce que j'aime le plus. Mes parents ont rechigné un peu à l'idée de me laisser avec des garçons inconnus mais finalement, j'ai réussi à les convaincre.

수영장에서의 오후

마르고는 자기와 함께 수영장에 가자고 나에게 제안했다. 나는 기꺼이 받아들였다. 끔찍한 더위로 그날은 사람들이 많았다. 우리는 예전의 같은 반 친구들을 만나서 기뻤다. 또한 우리는 멋진 남자 2명을 알게 되었다. 그들은 다음날 시내에 가자고 제안했다. 하루 종일 즐겁게 노는 것, 멋진 남자 아이들을 만난 것, 긴장이 풀린 것, 수영장에 가는 것, 그것은 내가 가장 좋아하는 것이다. 나의 부모님은 잘 모르는 남자 아이들과 함께 다닌다는 생각에 조금 싫은 내색을 하셨지만, 결국 나는 부모님을 설득하는데 성공했다.

✤ 단어장

la piscine : 수영장
proposer à qn de + inf : …에게 …할 것을 제안(제의)하다, 권하다
accepter : 받아들이다, 승낙하다
volontiers : 기꺼이, 쾌히
ce jour-là : 그 날
en raison de : …을 고려해서
la forte chaleur : 엄청난 더위
rencontrer : 만나다
ancien(ne) : 오래된, 이전의
faire plaisir à qn : …을 기쁘게 하다, 즐겁게 하다
également : 동등하게, 같이
faire la connaissance : …을 처음으로 알게 되다
inviter à + inf : …에 초대하다
le centre-ville : 시내
le lendemain : 다음 날, 이튿날
s'amuser : 놀다, 즐기다
à longueur de journée : 하루 종일
faire la rencontre de qn …와 알게 되다
relaxé(e) : 긴장이 풀린
c'est ce que j'aime le plus : 내가 가장 좋아하는 것
rechigner : 얼굴을 찌푸리다, …에 싫은 기색을 보이다
à l'idée de + inf : …라는 생각에
laisser : 내버려 두다,
inconnu(e) : 알려지지 않은, 무명의
réussir à + inf : 성공하다, 해내다
convaincre : 설득하다

10. Le ski

Au Lioran, tous les matins nous faisions du ski. Il y a à peu près sept groupes dont chacun avait ses particularités. Les groupes étaient en rapport avec les niveaux. Dès que j'ai chaussé mes skis, j'ai foncé sur les pistes. Il y en avait des différentes. Il y avait une piste rouge, verte et la plus dure, la piste noire. Moi, je n'ai pu aller qu'à la piste verte car je n'avais pas le niveau pour aller plus loin. Mais je m'en suis sorti assez bien malgré quelques difficultés. La piste verte était assez raide et un peu trop glissante. Heureusement que je n'ai pas fait la piste rouge et noire. Je crois que la piste noire n'est faite que pour les adultes, parce qu'il y a des bosses.

스키

리오란에서 매일 아침 우리는 스키를 탔다. 약 7개 그룹이 있고 각각은 특성을 지니고 있었다. 그룹은 수준별로 구성되었다. 나는 스키를 신자마자 슬로프를 향해 돌진했다. 여러 가지 슬로프들이 있었다. 빨간 슬로프, 녹색 슬로프, 그리고 가장 힘든 검정 슬로프가 있었다. 나는 더 멀리 갈 수준이 아니었기 때문에 녹색 슬로프까지만 갈 수 있었다. 하지만 나는 몇 가지 어려움에도 불구하고 비교적 잘 빠져나왔다. 녹색 슬로프는 꽤 가파르고 꽤 미끄러웠다. 내가 빨간 슬로프와 검정 슬로프를 타지 않은 것이 다행이었다. 나는 검정 슬로프는 어른들을 위해 만들어진 것이라고 생각한다. 왜냐하면 둔덕이 있기 때문이다.

✤ 단어장

tous les matins : 매일 아침
faire du ski : 스키를 타다
à peu près : 거의, 대략
chacun : 각 각의
une particularité : 특성, 특징
être en rapport avec qch : …와 연결되다, 접촉하다
dès que + ind : …하자마자
chausser : 신다, 신기다
foncer sur : 덤벼들다, 공격하다
une piste : 스키 활강로
différent(e) de : 다른, 상이한
rouge : 빨간
vert(e) : 녹색의
dur(e) : 힘든, 딱딱한
noir(e) : 검정의
loin : 먼
s'en sortir : 궁지에서 벗어나다, 빠져나오다, 벗어나다
malgré : …불구하고
une difficulté : 어려움, 곤경
raide : (길, 언덕 따위가) 가파른
glissant(e) : 미끄러운
adulte : 성인, 어른
une bosse : 눈이 얼어붙은 둔덕

11. Une rencontre de badminton

Un jour, nous avions eu une rencontre de badminton. Pendant que nous nous dirigions en car vers le lieu de rencontre, mes copains et moi étions allés tout au fond du car. Il n'y avait presque personne dans le car. Au début, on ne faisait que parler des cours puis mon copain Félix a parié cinquante centimes que j'allais perdre en final. Enfin arrivé au gymnase, nous étions échauffés pour les matchs. On devait jouer devant tout le monde. J'étais le premier à passer. J'avais gagné le premier match neuf à zéro. J'étais en demi-final et j'étais contre Félix. Dans ce match, il avait mis toutes ses forces mais j'ai gagné neuf à cinq. En final, j'étais contre un étudiant qui était vraiment fort. Je l'ai gagné de justesse et en même temps, j'ai gagné mon pari.

배드민턴 경기

어느 날 우리는 배드민턴 경기가 있었다. 차를 타고 시합장으로 가는 동안 나와 친구는 차 뒷좌석에 앉았다. 차 안에는 사람들이 거의 없었다. 처음에 우리는 수업에 대해서만 말했다. 그 후 펠릭스는 내가 결승전에서 질 거라는 것에 50쌍팀을 걸었다. 경기장에 도착한 우리는 경기로 인해 흥분되어 있었다. 우리는 모든 사람들 앞에서 경기를 해야 했다. 내가 제일 먼저 경기를 하였다. 나는 첫 번째 경기를 9대 0으로 이겼다. 준결승에서 펠릭스와 겨뤘다. 그는 온 힘을 다해 경기를 했지만 내가 9대 5로 이겼다. 결승전에서 나는 정말 강한 학생이랑 겨뤘다. 나는 그를 가까스로 이겼다. 동시에 내기에도 이겼다.

✤ 단어장

un jour : 어느 날
une rencontre de badminton : 배드민턴 경기
pendant que ~ : …하는 동안
se diriger vers : …쪽을 향해 나아가다
le lieu de rencontre : 만남의 장소
en car : 장거리 버스로, 관광버스로
au fond de : 의 깊숙이
ne ~ personne : 아무도 … 않다
au début : 처음에는, 시작에는
ne faire que parler de ~ : …대해서 말만 하다
parier : 내기에 걸다
perdre : 잃다
en final : 결승에
le gymnase : 경기장
échauffé(e) : 흥분한, 격양된
le match : 경기, 시합
jouer : 경기를 하다
être le premier à passer : 처음으로 경기를 할 사람이다
en demi-final : 준결승

être contre qn : …와 경기를 하다, 싸우다
mettre toutes ses forces : 온 힘을 다하다
j'ai gagné neuf à cinq : 나는 9대 5로 이겼다
fort(e) : 강한
de justesse : 가까스로
en même temps : 동시에
le pari : 내기

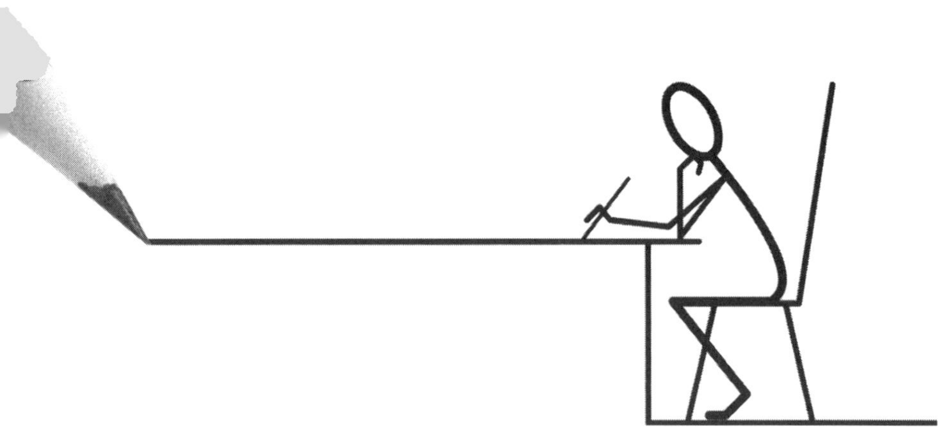

II. 일기에 자주 쓰는 동사구문

A

[1] accepter : 받아들이다, 수락하다

◉ accepter qch

Nous n'acceptons pas cette décision. 우리는 이 결정을 받아들이지 않는다.

◉ accepter que + sub

J'accepte qu'il vienne. 나는 그가 온다는 것을 수락한다.

◉ accepter de + inf

Il accepte d'aller au bord de la mer. 그는 바닷가에 가는 것을 수락한다.

[2] accompagner : 동반하다, 곁들이다

◉ accompagner qn + lieu

J'accompagne mon ami à la gare. 나는 내 친구를 역까지 동반한다.

◉ accompagner qch de + qch

J'accompagne un plat d'un excellent vin. 나는 요리에 좋은 포두주를 곁들이다.

[3] acheter : 사다, 구입하다

◉ acheter qch

J'achète un livre. 나는 책 한 권을 산다.

◉ acheter qch à qn

J'achète un cadeau à mon fils. 나는 내 아들에게 선물을 사준다.

◉ acheter qch + 가격

J'achète ce livre trente euros. 나는 이 책을 30유로에 산다.

[4] admirer : 감탄하다, 탄복하다

◉ admirer qn/qch

J'admire cet homme. 나는 이 남자를 감탄한다.

◉ admirer qn de + inf

J'admire mon ami de réussir ses études. 나는 내 친구가 학업을 잘 해내는 것을 감탄한다.

[5] adorer : 매우 좋아하다

◉ adorer qch

J'adore le chocolat. 나는 초콜릿을 매우 좋아한다.

◉ adorer qn

J'adore ma petite amie. 나는 내 여자 친구를 아주 좋아한다.

◉ adorer + inf

J'adore chanter devant tout le monde. 나는 모든 사람들 앞에서 노래하는 것을 매우 좋아한다.

[6] adresser : 보내다, 말을 걸다, 문의하다

◉ adresser qch à qn

J'adresse une lettre à mon professeur. 나는 나의 선생님에게 편지를 보낸다.

◉ s'adresser à qn

Il s'adresse ensuite aux assistants. 그는 이어서 참석자들에게 말을 건넨다.

[7] agir : 행동하다, 작용하다, 문제되다, 관계되다

◉ agir sur qch/qn

Sa volonté n'avait pas cessé d'agir sur son destin. 그의 의지는 끊임없이 그의 운명에 영향을 끼쳤었다.

◉ Il s'agit de + inf

Il s'agit de patienter. 참고 기다리는 것이 문제이다.

◉ Il s'agit de qch/qn

Il s'agit des problèmes d'une violence dans ce film. 이 영화에서는 폭력 문제를 다루고 있다.

[8] aider : 도와주다, 돕다

◉ aider qn

J'aide mon ami pour ses inscriptions. 나는 내 친구의 등록을 도와준다.

◉ aider qch

J'aide une association. 나는 (공동의 목적을 가진) 단체를 돕는다.

◉ aider à + qch

Je peux aider à la réalisation de ce projet. 나는 이 계획의 실현에 기여할 수 있다.

◉ aider qn à + inf

J'aide mon ami à finir ses devoirs. 나는 내 친구가 숙제를 끝내는 것을 돕는다.

[9] aimer : 좋아하다

◉ aimer qch/qn

Je t'aime toujours. 나는 항상 너를 사랑한다.

◉ aimer + inf

J'aime manger des fruits. 나는 과일 먹는 것을 좋아한다.

◉ aimer que + sub

J'aime que tu viennes me rendre visite. 나는 네가 나를 보러 오는 것을 좋아한다.

[10] aller : 가다, 어울리다, 곧 ~할 것이다

◉ aller + 장소

Je vais à Séoul. 나는 서울에 간다.

◉ aller + 부사

Je vais souvent là-bas. 나는 자주 거기에 간다.

◉ aller 부사 + à qn

Cette couleur te va vraiment bien. 이 색깔은 정말로 너에게 잘 어울린다.

◉ aller + inf

Je vais sortir tout de suite avec mon amie. 나는 곧 내 여자 친구와 외출할 것이다.

◉ aller + contre

Je n'irai pas contre sa volonté. 나는 그의 뜻을 거역하지 않겠다.

◉ s'en aller

Je m'en vais. 나는 (이곳을 떠나) 간다.

[11] amener : 데리고 가다(오다), 이끌다, 끌어들이다

◉ amener qn + 장소

J'amène ma mère à la gare. 나는 기차역에 어머니를 모시고 간다.

◉ amener qn à + inf

J'amène le coupable à se dénoncer. 나는 범인이 자수하도록 이끈다.

[12] amuser : 놀다, 즐기다

◉ amuser qn

J'amuse mes camarades. 나는 내 친구들을 재미나게 해준다.

◉ amuser à qch

Je m'amuse au ballon. 나는 공놀이를 재미있게 즐긴다.

◉ amuser à + inf

Je m'amuse à chercher des chamopignons dans la forêt. 나는 숲 속으로 버섯을 따러 가는 것을 즐긴다.

◉ amuser avec qn

Je m'amuse toujours avec mon ami. 나는 내 친구와 항상 즐겁게 논다.

[13] annoncer : 알리다, 예고하다

◉ annoncer qch

Il annonce le résultat des examens. 그는 시험 결과를 알린다.

◉ annoncer qn

Annoncez-moi. 제가 온 것을 알려주세요.

◉ annoncer qch à qn

J'annonce le succès de l'opération à mon patron. 나는 사장에게 작업의 성과를 알린다.

◉ annoncer que + ind

J'annonce que je pars en voyage. 나는 내가 여행 떠난다는 것을 알린다.

[14] apercevoir : 언뜻 보다, 알아차리다, 깨닫다

◉ apercevoir qn/qch

J'aperçois sa maison. 나는 그의 집을 본다.

◉ s'apercevoir de qch

Je m'aperçois du manque d'eau. 나는 물이 부족하다는 것을 알아차린다.

◉ s'apercevoir que + ind

Je m'aperçois que je dois travailler plus. 나는 내가 더 일을 해야만 한다는 것을 깨닫는다.

[15] appartenir : …의 것이다, …에 속하다

◉ appartenir à qn

Cette voiture m'appartient. 이 자동차는 나의 것이다.

[16] appeler : 부르다, 이름이 …이다

◉ appeler qn

J'appelle vite un médecin. 나는 급히 의사를 부른다.

◉ appeler qn + 속사

J'appelle ma fille 'PiPi'. 나는 내 딸을 '삐삐'라고 부른다.

◉ s'appeler

Je m'appelle Sylvie. 내 이름은 실비이다.

[17] apporter : 가져오다, …에게 갖다 주다

◉ apporter qch

J'apporte le dessert à l'école tous les jours. 나는 매일 학교에 디저트를 가져간다.

◉ apporter qch à qn

Ma petite amie m'apporte du réconfort. 내 여자 친구는 나를 격려한다.

[18] apprendre : 배우다, 가르치다, 알다

◉ apprendre qch

J'apprends le français. 나는 프랑스어를 배운다.

◉ apprendre que + ind

J'apprends qu'il doit partir demain. 나는 그가 내일 떠나야만 한다는 것을 듣는다.

◉ apprendre qch à qn

J'apprends le coréen à mon amie. 나는 내 친구에게 한국어를 가르친다.

◉ apprendre à qn que + ind

J'apprends à mes parents que j'ai réussi mes examens.

나는 부모님에게 내가 시험에 합격했다는 것을 알린다.

◉ apprendre à + inf

J'apprends à nager. 나는 수영하는 것을 배운다.

◉ apprendre à qn à + inf

J'apprends à mon chien à sauter. 나는 내 개에게 뛰어오르는 법을 가르친다.

[19] s'approcher : 다가가다, 접근하다

◉ s'approcher de qch

Je m'approche de la maison. 나는 집 가까이로 간다.

◉ s'approcher de qn

Je m'approche de lui. 나는 그의 곁으로 다가간다.

[20] appuyer : 누르다, …에 기대다

◉ appuyer sur qch

J'appuie sur le bouton rouge. 나는 빨간색 버튼을 누른다.

◉ s'appuyer sur

Je m'appuie sur le banc. 나는 벤치에 기댄다.

[21] arranger : 정리하다, 조정하다

◉ arranger qch

J'ai arrangé les papiers dans ma chambre. 나는 내 방안에 있는 서류들을 정리했다.

◉ s'arranger + pour + inf

Arrange-toi pour rester quelques jours. 며칠 머무를 수 있도록 조정해봐.

[22] arrêter : 체포하다, 멈추다, 그만두다

◉ arrêter qch

J'arrête la voiture. 나는 자동차를 세운다.

◉ arrêter qn

Le policier arrête le voleur. 경찰관은 도둑을 체포한다.

◉ arrêter de + inf

J'arrête de fumer dès maintenant. 나는 지금부터 금연을 한다.

◉ s'arrêter de + inf

Je m'arrête de lire. 나는 책 읽는 것을 멈춘다.

[23] arriver : 도착하다, ...하기에 이르다

◉ arriver

J'arrive par le train. 나는 기차로 도착한다.

◉ arriver + 장소 / 시간

J'arrive chez moi à sept heures du soir. 나는 저녁 7시에 집에 도착한다.

◉ arriver à + inf

Je suis arrivé à le convaincre. 나는 그를 설득하고야 말았다.

[24] asseoir : 앉히다, 앉다, 자리 잡다

◉ asseoir qn/qch

Il assoit un malade dans son lit. 그는 환자를 침대에 눕힌다.

◉ s'asseoir

Je m'assois dans mon fauteuil. 나는 안락의자에 앉는다.

[25] assister : 참석하다, 돕다

◉ assister à qch

J'assiste à la remise des diplômes. 나는 학위 수여에 참석한다.

◉ assister qn

J'assiste mon ami dans cette épreuve jusau'au bout.

나는 내 친구가 이 시험을 치르는 것을 끝까지 도와준다.

[26] assurer : 확신하다, 단언하다, 보장하다

◉ assurer qch

J'assure la réussite de ce projet. 나는 이 계획의 성공을 확신한다.

◉ assurer qn de qch

J'assure mon client de la réussite de ce projet. 나는 손님에게 이 계획의 성공을 단언한다.

◉ assurer à qn que + ind

J'assure à mon client que ce projet va réussir. 나는 이 계획이 성공하리라는 것을 손님에게 보장한다.

[27] attendre : 기다리다, 기대하다, 예상하다

◉ attendre qn/qch

J'attends mon train à la gare. 나는 역에서 기차를 기다린다.

◉ attendre que + sub

J'attends qu'il arrive. 나는 그가 도착하기를 기다린다.

◉ attendre de + inf

J'attends d'avoir assez d'argent pour acheter un ordinateur.

나는 컴퓨터를 사기에 충분한 돈을 벌 때까지 기다리고 있다

[28] attraper : 잡다, (병에) 결리다

J'ai attrapé un rhume. 나는 감기에 걸렸다.

[29] avancer : 나아가다, 내밀다, 빌려주다, 가불하다, 주장하다

◉ avancer

Il y a des enbouteillages. Les voitures n'avancent plus.

교통이 혼잡하다. 자동차들이 더 이상 나아가지 못한다.

◉ avancer qch

J'avance deux cent euros à mon ami. 나는 친구에게 200유로를 빌려준다.

[30] avoir : 가지다, …해야 한다, …할 …가 있다, …하기만 하면 된다

◉ avoir qch à + inf

J'ai un travail à finir. 나는 끝내야 할 일이 있다.

◉ avoir à + inf

J'ai à rembourser un prêt. 나는 대부금을 갚아야만 한다.

◉ n'avoir qu'à + inf

Tu n'as qu'à venir! 너는 오기만 하면 된다.

[31] avouer : 고백하다, 인정하다

◉ avouer que + ind

J'avoue que la situation tourne mal. 나는 사태가 악화되고 있음을 인정한다.

◉ avouer + inf

J'avoue avoir été imprudent. 내가 부주의했음을 인정한다.

◉ avouer qch à qn

Il lui a avoué son amour. 그는 그녀에게 사랑을 고백했다.

◉ avouer à qn

J'avoue au juge que j'ai menti. 나는 판사에게 내가 거짓말을 했다는 것을 자백한다.

B

[32] battre : 때리다, 치다, 이기다

Il bat sa femme. 그는 자기 부인을 때린다.

[33] boire : 마시다

◉ boire

Je bois souvent pour étancher ma soif. 나는 자주 갈증을 해소하기 위해 물을 마신다.

◉ boire qch

Je bois le café chaud. 나는 커피를 따끈하게 해서 마신다.

[34] bouger : 움직이다

◉ bouger

Les branches bougent avec le vent. 나뭇가지들이 바람에 흔들린다.

◉ bouger qch

Je bouge les meubles de ma chambre. 나는 내 방의 가구들을 옮긴다.

[35] brûler : 타다, 불태우다

◉ brûler

Les livres brûlent sur la place publique. 책들이 광장에서 불타고 있다.

◉ brûler qch

Je brûle mes vieux meubles. 나는 낡은 가구들을 태운다.

C

[36] casser : 깨어지다, 부수다

◉ casser

Le verre a cassé en tombant. 유리컵이 떨어져 깨졌다.

◉ casser qch

Il a cassé sa tirelire. 그는 그의 저금통을 깼다.

[37] causer : …(의) 원인이다, …을 야기하다

◉ causer qch

Je cause la défaite de mon équipe. 내가 내 팀의 패배를 초래한다.

◉ causer qch à qn

Je cause une frayeur à mes parents. 나는 부모님에게 공포를 준다.

[38] changer : 바꾸다, 변화하다

◉ changer

Il n'a pas changé. 그는 바뀌지 않았다.

◉ changer qch

Je change la peinture de ma chambre. 나는 내 방의 페인트 색을 바꾼다.

◉ changer de qch (무관사 명사)

Je change de banque. 나는 은행을 바꾼다.

[39] charger : (…에 짐을) 싣다, (책임, 임무를)지우다, 일을 맡다

◉ charger qch

Je charge le sable dans la charrette. 나는 수레에 모래를 싣는다 .

◉ charger qn de

Je l'ai chargé de me tenir au courant. 나는 내게 경과를 알려줄 것을 그에게 부탁하였다.

◉ se charger de + inf

Je me charge de trouver une voiture. 나는 자동차 구입하는 일을 맡는다.

◉ se charger de qch/qn

Je me charge de la cuisine. 나는 요리를 맡는다.

[40] chauffer : 데우다, 덥히다

◉ chauffer

Le moteur chauffe. 모터가 과열된다.

◉ chauffer qch

Je chauffe la salle. 나는 거실을 따듯하게 덥힌다.

[41] chercher : 찾아보다, …하려고 애쓰다

◉ chercher qch/qn

Je cherche mon ami à l'aéroport. 나는 공항에서 내 친구를 찾는다.

◉ chercher à + inf

Je cherche à l'appeler. 나는 그를 부르려고 애쓴다.

[42] choisir : 고르다, 선택하다

◉ choisir qch/qn

J'ai choisi ces fleurs comme cadeau. 나는 선물로 이 꽃을 골랐다.

◉ choisir de + inf

J'ai choisi de venir ce soir. 나는 오늘 저녁 오기로 결정한다.

◉ choisir qn pour

On l'a choisi pour président. 그를 회장으로 선정했다.

[43] coller : …에 붙이다, …에 잘 적응하다

◉ coller à

Ton humeur colle à la situation. 너의 유머는 이 상황에 잘 어울린다.

[44] combattre : …와 싸우다, 저항하다

◉ combattre qn

Je combats mes ennemis. 나는 반대자들과 싸운다.

◉ combattre qch

Il combat la maladie. 그는 병과 투쟁한다.

◉ combattre + contre

Il combat contre son propriétaire. 그는 자기 집주인과 싸운다.

[45] commander : 명령하다, 주문하다

◉ commander qch

Je commande des chaussures au magasin. 나는 가게에서 신발을 주문한다.

◉ commander qch à qn

Le docteur a commandé à mon ami un silence absolu.

의사는 내 친구에게 절대로 입을 열지 말라고 지시했다

◉ commander de + inf

Je commande de diminuer la musique à mon voisin.

나는 내 이웃에게 음악 소리를 낮추어 달라고 요구한다.

[46] commencer : 시작하다, (…하는 것으로) 시작하다

◉ commencer qch

Je commence mes devoirs. 나는 숙제를 시작한다.

◉ commencer à(de) + inf

Je commence à prendre le petit-déjeuner. 나는 아침식사를 하기 시작한다.

◉ commencer par + qch

Je commence ma journée par la lecture du journal. 나는 신문 읽는 것으로 일과를 시작한다.

◉ commencer par + inf

Je commence par boire du café. 나는 커피 마시는 것으로 시작한다.

[47] comprendre : 이해하다

◉ comprendre qch

Je comprends le sens de ce film. 나는 이 영화의 의미를 이해한다.

◉ comprendre qn

Je ne comprends pas bien mon ami. 나는 내 친구를 잘 이해하지 못한다.

◉ comprendre que + ind

Il comprend qu'il faut travailler toute la journée. 그는 하루 종일 일해야 한다는 것을 안다.

◉ comprendre comment + ind

Il comprend comment tu as eu cet accident. 그는 어떻게 네가 이 사고를 당했는지 이해한다.

◉ comprendre que + sub

Il comprend que tu sois en retard. 그는 네가 늦는다는 것을 이해한다.

[48] compter : 계산하다, 기대하다, …할 작정이다

◉ compter qch/qn

Je compte mes CDs. 나는 내 시디들을 센다.

◉ compter sur qch ou qn

Je compte sur toi! 나는 너를 믿는다!

◉ compter sur qch/qn pour + inf

Je compte sur toi pour venir m'aider à déménager.

나는 네가 이사를 도와주러 온다는 것을 기대한다.

◉ compter + inf

Je compte venir demain. 나는 내일 오리라 생각한다.

[49] conduire : 인도하다, 운전하다

◉ conduire qch

Je conduis ta voiture. 나는 너의 자동차를 운전한다.

◉ conduire qn + 장소

Je conduis ma soeur à l'hopital. 나는 내 여동생을 병원에 데리고 간다.

[50] connaître : 알다, 경험하다

◉ connaître qch/qn

Je connais cette personne. 나는 이 사람을 안다.

◉ connaître +속사

Je l'ai connue jeune. 나는 그녀가 어렸을 때 알았다.

[51] conseiller : 충고하다, 권하다

◉ conseiller qn

Je conseille mon ami. 나는 내 친구에게 조언한다.

◉ conseiller qch à qn

Mon professeur me conseille un livre. 나의 선생님은 나에게 책을 추천한다.

◉ conseiller à qn de inf

Je conseille à mon ami d'arrêter de fumer. 나는 내 친구에게 금연할 것을 권한다.

[52] construire : 짓다, 구성하다

Je construis une maison depuis un mois. 나는 한 달 전부터 집을 짓는다.

[53] continuer : 계속하다

◉ continuer qch

Je continue mon travail. 나는 일을 계속한다.

◉ continuer à (de) + inf

Je continue à parler d'elle à mes parents. 나는 부모님에게 그녀에 대한 이야기를 계속한다.

[54] correspondre : …에 일치하다, 상응하다, …와 서신을 주고받다

◉ correspondre à qch

Cela ne correspond à rien. 그것은 아무 것에도 부합하지 않는다.

◉ correspondre avec qn

Je correspond avec mon ami à l'étranger. 나는 외국에 있는 친구와 서신을 주고받는다.

[55] coucher : 눕히다, 잠자리에 들다

◉ coucher qn

Je couche mon bébé. 나는 아기를 눕힌다.

◉ se coucher

Je me couche vers 11 heures. 나는 11시경에 잠자리에 든다.

[56] couper : 자르다

◉ couper qch

Je coupe des tomates. 나는 토마토를 자른다.

[57] coûter : 값이 …이다, (고통, 불안) 을 주다, 잃게 하다

◉ coûter

J'achète du vin qui coûte 20 euros le litre. 나는 리터당 값이 20유로인 포도주를 산다.

◉ coûter qch à qn

Cela lui coûte sa tranquilité. 그것은 그에게서 마음의 평정을 앗아갔다.

[58] couvrir : 덮다, (으로) 가득하게 하다

◉ couvrir qch

Ma mère couvre une marmite avec un couvercle. 엄마는 냄비를 뚜껑으로 덮는다.

◉ couvrir qch/qn de qch

Je couvre mes jambes d'une couverture. 나는 내 다리를 담요로 덮는다.

[59] croire : 믿다, …의 말을 믿다, 생각하다

◉ croire qch

Je crois l'horoscope. 나는 점성술을 믿는다.

◉ croire qn

Je crois les médecins. 나는 의사들의 말을 믿는다.

◉ croire à qn

Je crois au Christ. 나는 그리스도를 믿는다.

◉ croire à qch

Je crois à la résurrection. 나는 부활을 믿는다.

◉ croire en qn

Je crois en Dieu. 나는 신(의 인격)을 믿는다.

◉ croire que + ind

Je crois qu'il fera beau demain. 내일은 날씨가 좋을 것이라고 생각한다.

◉ croire + inf

Je crois avoir agi correctement. 나는 내가 예의바르게 행동했다고 생각한다.

[60] courir : 달리다

◉ courir

Je cours pour ne pas manquer mon train. 나는 기차를 놓치지 않으려고 뛰어간다.

◉ courir + inf

Je cours chercher un pansement. 나는 붕대를 찾으러 달린다.

◉ courir qch

Il court un grave danger. 그는 위험을 무릅쓴다.

D

[61] décider : 결정하다, 결심하다

◉ décider qch

J'ai décidé une promenade. 나는 산책하기로 결심했다.

◉ décider que + ind

Je décide qu'il faut le faire. 나는 그것을 해야만 한다고 결정한다.

◉ décider de + inf

Je décide de patir en France. 나는 프랑스로 떠나기로 결심한다.

◉ se décider à

Je me suis décidé à apprendre à chanter. 나는 노래를 배우기로 결심했다.

[62] défendre : 지키다, 보호하다, 금지하다

◉ défendre qn

Je défend ma femme. 나는 나의 부인을 보호한다.

◉ défendre qch

Je défend la justice. 나는 정의를 옹호한다.

◉ défendre de + inf

Le médecin m'a défendu de fumer. 의사는 내게 담배 피우는 것을 금했다.

◉ défendre que + sub (비인칭)

Il est défendu que tu sortes avant la semaine prochaine. 다음 주 전에 외출하는 것이 금지되어있다.

◉ Il est défendu de + inf (비인칭)

Il est défendu de traverser la rue. 길을 건너는 것은 금지되어있다.

[63] déjeuner : 점심식사하다

◉ déjeuner

Nous avons déjeuné au restaurant. 우리는 레스토랑에서 점심식사를 했다.

◉ déjeuner de qch

Je déjeune d'un sandwich. 나는 샌드위치로 점심을 한다.

[64] demander : 묻다, 요구하다, 자문하다

◉ demander qch/qn

Je demande un crédit. 나는 대출을 요구한다.

◉ demander qch à qn

Je demande de l'aide à mes parents. 나는 부모님에게 도움을 요청한다.

◉ demander que sub

Je demande que tu viennes rapidement. 나는 네가 빨리 와주기를 요구한다.

◉ demander à qn de + inf

Je te demande de me prêter de l'argent. 나는 돈을 빌려달라고 너에게 부탁한다.

◉ demander à + inf

Je demande à voir ce que vous avez fait. 나는 당신이 한 것을 보기를 원한다.

◉ se demander si + ind

Je me demande s'il fera beau demain. 나는 내일 날씨가 화창할지를 자문한다.

[65] se dépêcher : 서두르다

◉ se dépêcher

Je me dépêche, car le train va partir. 기차가 곧 떠나기 때문에 나는 서두른다.

◉ se dépêcher de + inf

Je me dépêche de finir mon travail. 나는 서둘러 일을 끝낸다.

[66] dépendre : …에 달려있다, 좌우되다

◉ dépendre de qch/de qn

Le succès dépend de votre ténacité. 성공은 당신의 끈기에 달려있다.

[67] dépenser : (돈을) 쓰다, 지출하다

◉ dépenser qch

Je dépense mon énergie dans ce projet. 나는 이 계획에 나의 에너지를 쏟는다.

◉ dépenser qch pour/à qch

Je dépense mon argent pour mon voyage. 나는 여행으로 돈을 쓴다.

[68] descendre : 내려가다, 내리다, …의 후손이다

◉ descendre

Je descends par l'ascenseur. 나는 승강기로 내려간다.

◉ descendre de qch

Je descends du deuxième étage. 나는 3층에서 내려온다.

◉ descendre de qn

Il descend vraiment de son père. 그는 정말로 자기 아버지의 후손이다.

◉ descendre + 장소

Je descends dnas une petite auberge. 나는 작은 여관에 투숙한다.

◉ descendre qch

Elle a descendu l'escalier en courant. 그녀는 뛰어서 계단을 내려갔다.

[69] désirer : 바라다

◉ désirer qch

Je désire un nouvel ordinateur. 나는 새 컴퓨터를 원한다.

◉ désirer + inf

Je désire partir tôt pour ne pas manquer le train. 나는 기차를 놓치지 않기 위해 빨리 떠나기를 바란다.

◉ désirer que + sub

Je désire qu'il vienne me voir. 나는 그가 나를 보러 오기를 바란다.

[70] détester : 싫어하다, 미워하다

◉ détester qn

Je déteste ce garçon. 나는 이 소년이 싫다.

◉ détester qch

Je déteste la cuisine grasse. 나는 기름진 음식을 싫어한다.

◉ détester + inf

Je déteste prendre des médicaments. 나는 약 먹는 것이 정말로 싫다.

◉ détester que + sub

Je déteste qu'il parte sans me prévenir. 그가 나에게 알리지 않고 떠나는 것을 아주 싫어한다.

[71] devenir : …이 되다

◉ devenir + 형용사

Je deviens vieux. 나는 늙어진다.

◉ devenir qch

La glace est devenue de l'eau. 얼음이 물이 되었다.

◉ devenir + 직업

Tu est devenu un étudiant sérieux. 너는 진지한 학생이 되었다.

[72] devoir : 빚지다, …해야 하다

◉ devoir qch à qn

Je dois cent euros à mon voisin. 나는 내 이웃에게 100유로를 갚아야 한다.

◉ devoir + inf

Il devrais faire plus de sport. 그는 운동을 좀 더 하는 게 좋을 것 같다.

[73] dire : 말하다, 명령하다

◉ dire qch

Je dis ce que je pense. 나는 내가 생각한 바를 말한다.

◉ dire que + ind

Je dis que j'ai fini mes devoirs. 내가 숙제를 끝냈다고 말한다.

◉ dire à qn que + ind

Je dis à mes amis qu'il faut payer le loyer. 나는 집세를 지불해야한다고 친구에게 말한다.

◉ dire à qn de + inf

J'ai dis à ma soeur de faire les courses. 나는 여동생에게 시장을 보라고 말한다.

◉ dire + inf

Il a dit être fatigué. 그는 피곤하다고 말했다.

◉ dire qch de qn/qch

Il ne m'a dit rien de son projet. 그는 자기 계획에 대해 내게 아무 말도 안했다.

[74] discuter : 토의하다, 논의하다

◉ discuter qch

Je ne discute pas les ordres du directeur. 나는 사장의 명령에 대해 왈가왈부하지 않는다.

◉ discuter de qch

Je discute du prix de cette voiture avec le vendeur. 나는 점원과 이 자동차의 가격에 관해 논의한다.

◉ discuter avec qn

Je discute avec mon voisin le dimanche. 나는 일요일마다 나의 이웃과 토론한다.

[75] donner : 주다, …로 향해 있다

◉ donner qch à qn

Il donne un cadeau à sa femme. 그는 자기 부인에게 선물을 한다.

◉ donner qch à inf

Mon professeur m'a donné un livre à lire. 나의 선생님은 나에게 읽을 책을 주었다.

◉ donner sur qch

Cette porte donne sur le jardin. 이 문은 정원으로 나 있다.

[76] durer : 지속되다, 계속되다

Ce film a duré deux heures. 이 영화는 두 시간 계속되었다.

E

[77] écouter : 듣다

◉ écouter qch

J'écoute de la musique toute la journée. 나는 하루 종일 음악을 듣는다.

◉ écouter qn

J'écoute bien mon professeur. 나는 나의 선생님 말씀을 잘 듣는다.

◉ écouter + inf

J'écoute chanter mon père. 나는 아버지가 노래하는 것을 듣는다.

[78] écrire : 쓰다

◉ écrire qch

J'écris mon journal. 나는 일기를 쓴다.

◉ écrire à qn

Ma soeur écrit à nos parents une fois par mois. 내 여동생은 한 달에 한번 부모님에게 편지를 쓴다.

◉ écrire qch à qn

J'écris une longue lettre à mon ami. 나는 친구에게 긴 편지를 쓴다.

◉ écrire à qn que + ind

J'écris à ma femme que je rentrerai la semaine prochaine.

나는 부인에게 다음 주에 집이 들어갈 것이라고 편지를 쓴다.

◉ écrire à qn de + inf

J'écris à mon cousin de venir rapidement. 나는 사촌에게 빨리 오라고 편지로 부탁한다.

[79] élever: 들어 올리다, 양육하다

◉ élever qch

Il a élevé le niveau des connaissances. 그는 지식 수준을 향상시켰다.

◉ élever qn

Elle élève son fils au sein. 그녀는 아들을 모유로 키운다.

[80] emmener : (사람을 다른 장소로) 데리고 가다

◉ emmener qn + 장소

J'emmene ma petite amie à l'aéroport. 나는 내 여자 친구를 공항에 데리고 간다.

◉ emmener qn + inf

J'emmene mon ami prendre son train. 나는 내 친구를 기차를 타게 하기 위해 데리고 나간다.

[81] empêcher : 막다, 방해하다

◉ empêcher qch

Il a empêché un accident. 그는 사고를 막았다.

◉ empêcher que + sub

J'empêche que tu prennes ce train. 나는 네가 그 기차를 타는 것을 막는다.

◉ empêcher qn de + inf

Mon père m'empêche de partir tout de suite. 나의 아버지는 내가 곧 출발하지 못하게 한다.

[82] employer : 사용하다, 고용하다

◉ employer qch/qn

Cette société emploie vingt personnes. 이 회사는 20명을 고용한다.

◉ employer qch à inf

J'emploie mon temps à le rechercher. 나는 내 시간을 그것을 연구하는데 사용한다.

[83] engager : 약속하다, 고용하다, 착수하다, 끌어넣다

◉ engager qch/qn

Il a engagé deux mercenaires. 그는 두 명의 외국인 용병을 징집하였다.

◉ s'engager

La discussion s'est engagée après la conférence. 강연이 끝나자 토론이 시작되었다.

◉ engager dans qch

Il s'est engagé dans l'armée. 그는 군에 입대하였다.

◉ engager à + inf

Je m'engage à te rembourser. 나는 너에게 돈을 갚는다는 것을 약속한다.

[84] enlever : 없애다, 제거하다

◉ enlever qch/qn

J'enlève mon blouson. 나는 잠바를 벗는다.

◉ enlever qch à qn

Le juge enlève la liberté au criminel. 판사는 범인에게서 자유를 박탈한다.

[85] ennuyer : 귀찮게 하다, 지루하게 하다, 싫증나다

◉ ennuyer qn

Il m'ennuie avec ses histoires. 그의 이야기 듣는 것이 귀찮다.

◉ s'ennuyer

Je m'ennuie profondement de Paris. 나는 파리가 정말로 싫증이 난다.

[86] enregistrer : 기록하다, 기입하다, 녹음하다

◉ enregistrer qch/ qn

La secrétaire enregistre ma demande. 비서가 내 신청서를 기록한다.

[87] enseigner : 가르치다, 배우다

◉ enseigner qn

Ma soeur enseigne les enfants au collège. 내 여동생은 중학교에서 아이들을 가르친다.

◉ enseigner qch à qn

Ce professeur enseigne la physique à ses étudiants.

이 선생님은 자기 학생들에게 물리학를 가르친다.

◉ enseigner à qn + à + inf

Je lui ai enseigné à nager. 나는 그에게 수영하는 법을 가르친다.

[88] entendre : 들리다, 듣다, 이해하다

◉ entendre qch/qn

J'entends les voitures depuis ma chambre. 나는 내 방에서 자동차 소리를 듣는다.

◉ entendre qn + inf

J'entends ma femme chanter. 나는 내 부인이 노래하는 것이 들린다.

◉ s'entendre avec

Je m'entends bien avec ma mère. 나는 어머니와 사이가 좋다.

[89] entrer : 들어가다, 넣다

◉ entrer

Tu ne peux pas entrer ici sans ticket. 너는 표가 없이는 이곳에 들어올 수 없다.

◉ entrer dans + 장소

J'entre dans l'eglise. 나는 교회에 들어간다.

◉ entrer qch

Elle entre un meuble par la fenêtre. 그녀는 가구를 창문을 통해 들여놓는다.

[90] entretenir : (좋은 상태, 같은 상태로) 유지하다, 부양하다

◉ entretenir qch

J'entretiens de bons rapports avec mon ami. 나는 친구와 좋은 관계를 유지한다.

◉ entretenir qn

Cet homme entretient une famille. 그 남자는 가족을 부양한다.

[91] envoyer : 보내다, 파견하다

◉ envoyer qch/ qn

La police envoie un négociateur. 경찰은 협상자를 보낸다.

◉ envoyer qch à qn

Mon ami m'envoie un colis tous les deux mois. 내 친구는 두 달 마다 소포를 내게 보낸다.

◉ envoyer qn à + 장소

Elle envoie son mari à la poste. 그녀는 자기 남편을 우체국에 보낸다.

◉ envoyer qn + inf

Elle envoie son enfant acheter du sel. 그녀는 자기 아이들 소금을 사러 보낸다.

[92] espérer : 바라다, 기대하다

◉ espérer qch

Elle espère un cadeau. 그녀는 선물을 바란다.

◉ espérer que + ind

J'espère qu'il fera beau demain. 나는 내일 날씨가 화창하기를 바란다.

◉ espérer + inf

Ils espèrent arriver avant la nuit. 그들은 밤이 되기 전에 도착하기를 바란다.

[93] essayer : 시험하다, 입어 (신어)보다, (하려고) 애쓰다.

◉ essayer qch

Ma soeur essaie un manteau. 여동생은 외투를 입어본다.

◉ essayer de + inf

J'essaie de venir tôt. 나는 일찍 오려고 애쓰다

[94] estimer : (가격, 가치를) 평가하다, 추정하다, 존경하다, 간주하다,

◉ estimer qch

L'antiquaire estime des meubles toute la journée. 고가구 판매상은 하루 종일 가구들을 감정한다.

◉ estimer qn

J'estime beaucoup mon professeur de musique. 나는 나의 음악 선생님을 높이 평가한다.

◉ estimer + inf

J'estime avoir fait ce que je devais. 나는 내가 해야 할 것을 했다고 생각한다.

[95] étonner : 놀라게 하다, 놀라다,

◉ étonner qn

Cet enfant m'étonne par sa bêtise. 그 아이는 어리석은 짓으로 나를 놀라게 한다.

◉ s'étonner

je m'étonne de na pas avoir été invité chez mes amis. 내 친구 집에 초대를 못 받다니 놀랍다.

[96] être : 있다, …이다, …의 것이다, …출신이다

◉ être + 형용사

Cette chanson est agréable à entendre. 이 노래는 듣기에 좋다.

◉ être + 명사

Ceci est ton résultat. 이것이 너의 결과이다.

◉ être à qn

Ce livre est à mon père. 이 책은 나의 아버지 것이다.

◉ être + 장소

Je suis à la gare. 나는 역에 있다

◉ être + 시간

Tu es deux heures en avance. 너는 두 시간 일찍 도착하다.

◉ être de + 고유명사

Je suis de Paris. 나는 파리 출신이다.

[97] excuser : 변명하다, 용서하다, 용서를 구하다

◉ excuser qn/qch

Pour cette fois, je vous excuse, mais ne recommencez pas.

이번에는 용서해줄 테니 다시는 그러지 마세요.

◉ excuser qn de + inf

Le patron excuse ses employés d'être en retard à cause de la grève.

사장은 파업 때문에 지각한 직원들을 용서한다.

◉ s'excuser de qch

Je m'excuse de cet accident. 나는 이 사고에 대해 용서를 구한다.

◉ s'excuser de + inf

Je m'excuse d'être en retard. 나는 지각한 것에 대해 용서를 구한다.

[98] exister : 존재하다, 실재하다

Il existe differentes sortes de kim chi. 여러 가지 종류의 김치가 존재한다.

[99] expliquer : 설명하다

◉ expliquer qch

Mon professeur explique un texte difficile. 선생님은 어려운 텍스트를 설명한다.

◉ expliquer qch à qn

L'instituteur explique la leçon aux élèves. 이 초등교사는 학생들에게 수업을 설명한다.

◉ expliquer (à qn) que + ind

La police explique au clochard qu'il ne peut pas rester là.

경찰은 거지가 그 곳에 머물 수 없다고 설명한다.

◉ expliquer (à qn) comment + ind

J'explique à mon père comment utiliser cet ordinateur.

나는 이 컴퓨터를 어떻게 사용하는지를 아버지에게 설명한다.

F

[100] se fâcher : 화를 내다

◉ se fâcher

Je me fâche facilement. 나는 쉽게 화를 낸다.

◉ se fâcher contre qn

Mon père se fâche contre le vendeur. 나의 아버지는 판매원에게 화를 낸다.

◉ se fâcher avec qn

Je me fâche souvent avec ma soeur. 나는 자주 나의 여동생과 사이가 벌어진다.

[101] falloir : 필요하다, …해야 하다

◉ falloir qch

Il me faut de l'argent. 나에게 돈이 필요하다.

◉ falloir que + sub

Il faut que je lui écrive bientôt. 나는 그에게 곧 편지를 써야한다.

◉ falloir + inf

Il faut finir tes devoirs. 너의 숙제를 끝내야만 한다.

◉ falloir qch pour qch

Il faut de la farine pour cette recette.

이 요리를 하기 위해서는 밀가루가 필요하다.

[102] fatiguer : 피곤하게 하다

◉ fatiguer qn

Les étudiants me fatiguent. 학생들이 나를 피곤하게 한다.

[103] fermer : 닫다

◉ fermer qch

Le commerçant ferme tard son magasin. 이 상인은 가게를 늦게 닫는다.

◉ fermer qch à qn

L'entrée est fermée aux étudiants. 입구는 학생들에게 폐쇄된다.

[104] finir : 끝내다

◉ finir qch

Je dois finir ce travail avant mon départ. 내가 떠나기 전에 이 일을 끝내야 한다.

◉ finir de + inf

J'ai fini de lire ce livre. 나는 이 책을 다 읽었다.

◉ finir par + inf

J'ai fini par accepter sa proposition. 나는 마침내 그의 제안을 수락하였다.

[105] forcer : 강요하다, 강제하다

◉ forcer qn à qch

Il m'a forcé à l'obéissance. 그는 나에게 복종을 강요했다.

◉ forcer qn à + inf

Il force son fils à venir le voir. 그는 자기 아들에게 그를 보러오라고 강요한다.

[106] frapper : 치다, 때리다, 충격을 주다

◉ frapper qch/qn

Il frappe sa femme. 그는 부인을 때린다.

◉ frapper à qch

Le facteur frappe à la porte. 우체부는 문을 두드린다.

G

[107] gêner : 난처하게 하다, 방해하다

◉ gêner qch/qn

Les ordures gênent le passage. 쓰레기들이 통행을 방해한다.

H

[108] s'habiller : 옷을 입다

◉ s'habiller en qch

Je m'habille en homme d'affaire. 나는 사업가 복장으로 옷을 입는다.

[109] habiter : 살다, 거주하다

◉ habiter + 장소

J'habiterai bientôt à Séoul. 나는 곧 서울에서 살 것이다.

◉ habiter qch

J'habite la maison de mes rêves. 나는 내가 꿈꾸던 집에서 산다.

[110] hésiter : 주저하다

◉ hésiter entre qch

J'hésite entre plusieurs possibilités. 나는 여러 가능성 사이에서 망설인다.

◉ hésiter à + inf

J'hésite à me lancer dans une telle affaire. 나는 그러한 사업에 뛰어들기를 주저한다.

I

[111] imaginer : 상상하다, 생각하다

◉ imaginer qch

J'imagine toujours le pire. 나는 항상 가장 나쁜 것을 상상한다.

◉ imaginer que + ind

J'imagine que tu seras en retard. 나는 네가 늦게 도착할 것이라고 생각한다.

◉ imaginer de + inf

Je n'imagine pas de finir ce travail à temps. 나는 이 일을 제 때에 끝낼 수 있다고 생각하지 않는다.

[112] indiquer : 가리키다, 표시하다, 보여주다, 나타내다

◉ indiquer qch

Le panneau indique la direction de la mairie. 이 표시판은 시청방향을 가리킨다.

◉ indiquer qch à qn

Le passant indique le chemin au touriste. 지나가는 사람이 관광객에게 길을 알려준다.

[113] installer : 거주시키다, 배치하다, 자리잡다

◉ installer qch/qn

J'installe un nouveau logiciel sur mon ordinateur. 나는 내 컴퓨터에 새 소프트웨어를 깐다.

◉ s'installer

Il s'installe confortablement dans un fauteuil. 그는 안락의자에 편안하게 자리 잡는다.

[114] interdire : 금하다, 금지하다

◉ interdire qch

L'entrée des chiens est interdite. 개를 데리고 들어올 수 없다.

◉ interdire qch à qn

Le médecin lui a interdit le café. 의사는 그에게 커피를 금했다.

◉ interdire à qn de + inf

Le directeur interdit aux étudiants de fumer dans son établissement.

학교장은 학생들에게 학교 안에서 담배 피우는 것을 금한다.

[115] intéresser : 흥미를 끌다, 관심을 불러일으키다, 관심을 갖다

◉ intéresser qn

Le film m'intéresse beaucoup. 영화는 몹시 내 흥미를 끈다.

◉ intéresser qn à qch

Le professeur intéresse ses étudiants à la physique.

선생님은 자기 학생들이 물리에 흥미를 갖도록 한다.

◉ s'intéresser à + qn

Je m'interesse beaucoup à elle. 나는 그녀에게 관심이 많다.

[116] introduire : 도입하다, 받아들이다, 소개하다

◉ introduire qn

J'introduis mon ami dans ma famille.

나는 내 친구를 가족에게 소개한다.

◉ introduire qch

J'introduis ma clef dans la serrure. 나는 열쇠를 열쇠구멍에 끼운다.

◉ s'introduire

Le froid s'introduit dans toute la maison. 냉기가 집 전체로 스며든다.

[117] inviter : 초대하다, 권유하다

◉ inviter qn

J'invite mes amis chez moi. 나는 내 친구들을 집에 초대한다.

◉ inviter qn à qch

L'ambassadeur invite les diplomates à un buffet.

대사는 뷔페에 외교관들을 초대한다.\

◉ inviter qn à + inf

J'invite mes amis à diner samedi prochain.

나는 다음 주 토요일에 내 친구를 저녁 식사에 초대한다.

J

[118] jeter : 던지다, 버리다

◉ jeter qch

Les jeunes jettent leurs bouteilles vides. 젊은이들은 빈 병을 던진다.

◉ jeter qch + 장소

Je jette mon mouchoir à la poubelle. 나는 손수건을 휴지통에 던진다.

[119] jouer : 놀다, 경기하다, 연주하다

◉ jouer qch

Je joue un match de rugby. 나는 럭비시합을 한다.

◉ jouer un rôle dans

Tu as joué un grand rôle dans cette transaction. 너는 이 매매계약에서 중요한 역할을 담당하였다.

◉ jouer avec qn

Mon fils joue avec son voisin toute la nuit. 내 아들은 밤새도록 이웃집 사람과 논다.

◉ jouer à qch (운동)

Je joue au tennis pendant une heure. 나는 한 시간 동안 테니스를 친다.

◉ jouer de qch (음악)

Elle joue du violon. 그녀는 바이올린을 연주한다.

L

[120] laisser : 남기다, …인채 그대로 두다, …이 …하게 내버려두다

◉ laisser qch/qn

Je laisse la vaisselle. 나는 설거지를 그대로 놔둔다.

◉ laisser qch à qn

Je laisse cent euros à ma femme pour ses achats.

나는 나의 부인이 물건을 사도록 100유로를 남겨준다.

◉ laisser qn/qch + inf

Je laisse les enfants finir leur repas. 나는 아이들이 식사를 끝내게 내버려둔다,

◉ laisser qn/qch + 형용사

Je laisse mon ami triste. 나는 내 친구를 슬프게 놔둔다.

[121] lancer : 던지다, 내뻗다, (사업, 활동 등을) 개시하다

◉ lancer qch + 장소

Le joueur lance le balon dans le panier. 이 선수는 바구니에 공을 던진다.

◉ lancer qch à qn

Le professeur lance un regard à l'élève turbulent. 선생님은 소란스러운 학생에게 눈길을 던진다.

◉ lancer qn

Il lance son apprenti dans le spectacle. 그는 수습생을 공연에 끌어들인다.

[122] laver : 씻다, 세탁하다, 자신의 신체일부를 씻다.

◉ laver qch/qn

Je lave mes vêtements toutes les semaines. 나는 매주 내 옷을 세탁한다.

◉ se laver

Il faut que tu te laves chaque jour. 너는 매일 씻어야만 한다.

◉ se laver + 신체부위 명사

Je me lave les pieds. 나는 발을 씻는다.

[123] lever : 들다, 올리다, 잠자리에서 일어나다

◉ lever qch

Je lève les glaces d'une voiture. 자동차의 창유리를 올리다.

◉ se lever

Je me lève très tard. 나는 늦게 일어난다.

[124] lire : 읽다

◉ lire qch

Je lis un bon livre. 나는 좋은 책을 읽는다.

◉ lire que + ind

J'ai lu que le président allait proposer une nouvelle loi.

나는 대통령이 새 법을 제안한다는 것을 읽었다.

◉ lire qch à qn

Je lis une histoire à mon enfant. 나는 내 아이에게 이야기를 읽어주었다.

[125] loger : 살다, 숙박하다, 묵다, 묵게 하다

◉ loger + 장소

Je loge dans un bel appartement. 나는 근사한 아파트에 산다.

◉ loger qn

Je loge des amis pour le week end. 나는 주말에 내 친구들을 묵게 한다.

[126] louer : (방, 건물, 물건을) 세놓다, 임대하다

◉ louer qch

Nous louons des chambres aux étudiants. 우리는 학생들에게 방을 세놓는다.

M

[127] manquer : 놓치다, 없다, 부족하다, …할 뻔하다

◉ manquer de qch

Je manque de temps pour ce travail. 나는 이 일을 할 시간이 부족하다.

◉ manquer à qn

Tu manques à tes parents. 너의 부모님은 너를 그리워한다.

◉ manquer qch/qn

J'ai manqué le train. 나는 기차를 놓쳤다.

◉ manquer de + inf

Il a manqué de tomber. 그는 넘어질 뻔했다.

[128] marcher : 걷다, 잘 진행되다, 밟고 가다

◉ marcher

Mon enfant commence à marcher. 내 아이가 걸음마를 시작한다.

◉ marcher sur (dans) + 장소

Défence de marcher sur les pelouses. 잔디밭에 들어가지 마시오.

[129] se marier : 결혼하다

◉ se marier avec qn

Je me marie avec ma petite amie l'année prochaine. 나는 내년에 내 여자 친구와 결혼한다.

◉ se marier bien, mal

Ce vin se marie bien avec le fromage. 이 포도주는 치즈와 잘 어울린다.

[130] mettre : 놓다, 넣다, 착용하다, 시작하다

◉ mettre qch/qn + 장소

Je mets les fruits dans le réfrigérateur. 나는 과일을 냉장고에 넣는다.

◉ mettre temps + pour + inf

Je mets du temps pour me préparer. 나는 채비하는데 시간이 걸린다.

◉ se mettre à qch

Je me mets à la dance classique. 나는 고전무용을 시작한다.

◉ se mettre à + inf

Il se met à pleuvoir. 비가 오기 시작한다.

[131] monter : 오르다, 들어 올리다

◉ monter + 장소

Je monte à la montagne. 나는 산에 오른다.

◉ monter qch + 장소

Je monte les affaires au grenier. 나는 소지품들을 다락에 들어 올린다.

[132] montrer : 보여주다, 드러내다, 제시하다

◉ montrer qch à qn

Je montre les photos à mon ami. 나는 내 친구에게 사진을 보여준다.

◉ montrer (à qn) que + ind

Je montre à mon fils qu'il ne faut pas mentir. 나는 아들에게 거짓말을 하지 말아야한다는 것을 지적해준다.

◉ montrer où/comment + inf

Je te montre comment sortir. 나는 너에게 어떻게 나가는지 알려준다.

[133] se moquer : 비웃다, 빈정거리다, 개의치 않다

◉ se moquer de qn

Il se moque de moi. 그는 나를 비웃는다.

◉ se moquer de qch

Elle se moque de mes conseils. 그녀는 내 충고를 아랑곳하지 않는다.

[134] mourir : 죽다

◉ mourir de qch de + inf

Je meurs d'envie de manger une glace. 나는 아이스크림이 먹고 싶어 죽을 지경이다.

N

[135] naître : 태어나다

Je suis né en 1986. 나는 1986년에 태어났다.

[136] nettoyer : 청소하다, 깨끗이 하다, 비우다

◉ nettoyer qch

Je nettoie mes lunettes. 나는 내 안경을 닦는다.

◉ nettoyer qch de qch

Il nettoie le bassin des ordures. 그는 연못의 오물을 치우다.

O

[137] obéir : …에 복종하다, …을 따르다

◉ obéir à qn

Le chien obéit à son maître. 이 개는 자기 주인에게 복종한다.

◉ obéir à qch

J'obéis à la loi. 나는 법을 준수한다.

[138] obliger : 강제하다, 구속하다

◉ obliger qn à + inf

La mère oblige son enfant à finir son assiette. 엄마는 자기 아이에게 그의 식사를 끝마치라고 강요한다.

◉ obliger qn à + qch

La situation m'oblige à un départ précipité. 나는 급히 떠날 수밖에 없는 상황이다.

◉ s'obliger à + inf

Je m'oblige à faire du sport tous les jours. 나는 매일 운동을 해야만 한다.

[139] occuper : 점유하다, (직위, 직책을) 맡고 있다, (을) 돌보다, (에) 전념하다

◉ occuper qch

Ce meuble occupe beaucoup d'espace. 이 가구는 많은 공간을 차지한다.

◉ occuper qn

Ce travail l'occupe énorméement. 그는 이 일 때문에 엄청난 시간을 들인다.

◉ s'occuper de qch (ou s' ~ de qn)

Je m'occupe de la vaisselle. 나는 설거지를 맡는다.

◉ s 'occuper à + inf

Tu t'occupes à étudier le français. 너는 프랑스어를 공부하는데 전념한다.

◉ s'occuper de + inf

Je m'occupe de sortir les poubelles. 나는 휴지통 버리는 것을 담당한다.

[140] offrir : 주다, 제공하다

◉ offrir qch à qn

J'offre une bague à ma fiancée. 나는 약혼녀에게 반지를 준다.

◉ offrir à qn de + inf

J'offre à mon ami de partir en week-end ensemble. 나는 친구에게 주말에 함께 떠나자고 제안한다.

[141] opérer : 작용하다, 수행하다, 수술하다

◉ opérer

Ce médicament n'a pas opéré. 이 약은 효과가 없었다.

◉ opérer qn (de qch)

Le médecin opère le patient de l'appendicite. 이 의사는 환자의 맹장을 수술한다.

[142] organiser : 조직하다, 개최하다, 준비하다

◉ organiser qch

J'organise une fête avec mes amis. 나는 친구들과 함께 파티를 준비한다.

◉ s'organiser

Mes projets d'avenir commencent à s'organiser dans ma tête.

나의 장래 계획이 머리 속에서 구체화되기 시작한다.

[143] oser : 단행하다, 감히 …하다

◉ oser qch

Il ose l'ascension d'une falaise. 그는 절벽등반을 감행한다.

◉ oser + inf

Il a osé dire la vérité. 그는 용감하게 진실을 말했다.

[144] oublier : 잊다, 두고 오다

◉ oublier qch/qn

Il oublie facilement les détails. 그는 세부적인 것들을 쉽게 잊는다.

◉ oublier de + inf

J'ai oublié de te prévenir. 나는 너에게 알리는 것을 잊었다.

◉ oublier que + ind

J'ai oublié que tu es malade. 나는 네가 아프다는 것을 잊었다.

[145] ouvrir : 열다, 향하다

◉ ouvrir sur qch

La fenêtre ouvre sur une belle cour intérieure. 이 창문은 예쁜 내부 뜰로 향해있다.

◉ ouvrir qch

Tu ouvres souvent un livre? 너는 자주 책을 펴보니?

P

[146] paraître : 나타나다, …처럼 보이다

◉ paraître

Son nouveau roman est paru. 그의 새 소설이 나왔다.

◉ paraître + 형용사

Il paraît heureux avec moi. 그는 나와 함께 함으로써 행복한 것처럼 보인다.

◉ paraître + inf

Il paraît neiger maintenant. 지금 눈이 내릴 것 같다.

[147] parler : 말하다, 이야기하다

◉ parler qch (언어)

Je parle très bien le coréen. 나는 한국어를 잘 구사한다.

◉ parler (de qch) avec qn

Je parle de politique avec mes parents. 나는 부모님과 정치에 관해 이야기 한다.

◉ parler de qn

J'ai entendu parler d'elle. 나는 그녀에 대한 소문을 들었다.

◉ parler de qch à qn

Je parle de litterature à mon ami. 나는 내 친구에게 문학에 관해 말한다.

[148] participer : …에 참가하다, 함께 하다

◉ participer à qch

Je participe au match. 나는 경기에 참가한다.

◉ participer à qch

Je participe au chagrin d'un ami. 나는 친구의 슬픔을 함께 나눈다.

[149] partir : 떠나다, 출발하다

◉ partir pour + 장소

Je pars pour Paris dans un mois. 나는 한 달 내에 파리로 떠난다.

◉ partir de + 장소

Je pars de chez moi à 4 heures. 나는 4시에 집에서 떠난다.

◉ partir + inf

Je pars chercher du pain. 나는 빵을 구하기 위해 떠난다.

[150] passer : 지나가다, 통과하다, 합격하다, 지내다

◉ passer + 장소

Je passe dans le sallon pour prendre le thé. 나는 차를 마시기 위해 거실로 나간다.

◉ passer + inf

Je passe à la banque retirer de l'argent. 나는 돈을 찾기 위해 은행에 들른다.

◉ passer qch

Je passe la journée sur Internet. 나는 인터넷을 하며 하루를 보낸다.

◉ passer qch à qn

Je passe mon crayon à mon camarade. 나는 연필을 내 친구에게 건넨다.

◉ se passer

Deux mois se sont passés depuis notre rencontre. 우리가 만난 지 두 달이 되었다.

◉ se passer de qn/qch

Il se passe d'argent. 그는 돈 없이 지낸다.

[151] payer : 지불하다

◉ payer qch

Je paie mes dettes. 나는 내 빚을 갚는다.

◉ payer qch + 가격

Je paie mon journal deux euros. 나는 신문을 2유로에 산다.

◉ payer qch à qn

Mon patron me paie des vacances. 사장은 나에게 바캉스 비용을 대준다.

[152] penser : 생각하다

◉ penser à qch/qn

Je pense à tout ceux qui souffrent. 나는 고통 받는 모든 사람들을 생각한다.

◉ penser à + inf

Je pense à fermer le gaz avant de sortir. 외출하기 전에 가스 잠그는 것을 생각한다.

◉ penser que + ind

Je pense que je suis en retard. 나는 내가 늦는다고 생각한다.

◉ penser + inf

Je pense partir demain chez mes parents. 나는 내일 부모님 집을 떠나려고 생각한다.

[153] perdre : 잃다, 상실하다

◉ perdre qch

Il a perdu sa maison dans un incendie. 그는 화재로 집을 잃었다.

◉ perdre qn

Je perds mes parents. 나는 부모님을 잃었다.

[154] permettre : (…에게 …하도록) 해주다, 허락하다

◉ permettre qch

Je permets les absences justifiées. 나는 정당한 불참을 허락한다.

◉ permettre qch à qn

L'armée permet des vacances aux soldats. 군대는 군인들에게 휴가를 허락한다.

◉ permettre à qn de + inf

Je permets à mon fils de rentrer tard ce soir. 나는 내 아들에게 오늘 저녁 늦게 들어와도 된다고 허락한다.

[155] peser : 무게를 달다, 무게가 나가다. …에게 참기 힘들다, …을 괴롭히다

◉ peser + 무게

Je pèse soixante kilos. 나는 체중이 60킬로이다.

◉ peser qch/qn

Le marchand pèse les pommes avec une balance. 상인은 사과를 저울에 단다.

◉ peser à qn

Cette douleur pèse beaucoup à ta mère. 이 고통은 너의 어머니를 많이 힘겹게 한다.

[156] placer : 놓다, 배치하다

◉ placer qch/qn + 장소

Ma mère place une pendule sur une cheminée. 엄마는 벽난로 위에 추시계를 놓는다.

◉ se placer

Le fauteuil se place devant la cheminée. 안락의자는 벽난로 앞에 놓여있다.

[157] plaindre : 불쌍히 여기다, 불평하다, 신음하다

◉ plaindre qn/qch

Je plains le sort de mon ami. 나는 친구의 운명을 동정한다.

◉ se plaindre

Je me plains de douleurs. 나는 고통으로 신음한다.

◉ se plaindre de qn/qch

Je me plains de mon sort. 나는 내 운명을 한탄한다.

[158] plaire : …의 마음에 들다

◉ plaire à qn

Cette robe rouge me plaît beaucoup. 이 붉은 드레스는 무척 내 마음에 든다.

◉ plaire à qn à +inf

Ce pays me plairait à habiter. 나는 이 고장이 살고 싶은 생각이 든다.

[159] porter : 들다, 착용하다, 가져오다

◉ porter qch/qn

Je porte un blouson. 나는 자켓을 입는다(입고 있다).

◉ porter qch + 장소

Je porte la bonne nouvelle chez mes parents. 나는 부모님께 좋은 소식을 가져간다.

[160] poser : 놓다, 제기하다

◉ poser qch

Je pose des rideaux. 나는 커튼을 단다.

◉ poser qch + 장소

Elle pose ses vêtements sur son lit. 그녀는 침대 위에 자기 옷을 걸쳐놓는다.

◉ poser qch à qn

Cet enfant pose beaucoup de questions à ses professeurs.

이 아이는 자기 선생님들에게 많은 질문을 한다.

[161] pousser : 밀다, 추진하다, 부추기다

◉ pousser

Je pousse sur le bouton. 나는 버튼을 누른다.

◉ pousser qch/qn

Elle me pousse par les épaules. 그녀는 나를 어깨로 밀치다.

◉ pousser qn à qch/inf

Le besoin d'argent l'a poussé à voler. 그는 돈이 필요해서 도둑질하게 되었다.

[162] pouvoir : …할 수 있다, …일 수 있다

◉ pouvoir + inf

On ne peux pas fumer dans ce restaurant. 이 레스토랑에서는 담배를 피울 수가 없다.

◉ se pouvoir + que + sub

Il se peut qu'il pleuve demain. 내일 비가 올 수 있다

[163] préférer : 더 좋아하다, 선호하다

◉ préférer qch/qn

Je préfère cette ville. 나는 이 도시를 선호한다.

◉ préférer qch à qch

Je préfère les fruits au chocolat. 나는 초콜릿 보다 과일을 더 좋아한다.

◉ préférer que + sub

Je préfère que tu restes chez toi. 나는 네가 너의 집에 있었으면 좋겠다.

◉ préférer + inf

Je préfère partir que rester. 기다리는 것 보다 출발하는 것이 낫다.

[164] prendre : 잡다, 탈취하다, 생각하다

◉ prendre qch

Je prends le bus pour aller à mon bureau. (교통수단) 나는 내 사무실로 가기 위해 버스를 탄다.

Je ne prends jamais de vin. (음식) 나는 포도주를 결코 마시지 않는다.

Je prends mon déjeuner à midi. (식사) 나는 정오에 점심을 먹는다.

Prenez la première rue à droite. (방향) 오른쪽 첫 번째 길로 가세요.

◉ prendre qch à qn

La banque prend des intérêts aux clients. 이 은행은 고객에게서 이자를 뗀다.

◉ prendre qn pour qn

Il prend souvent Paul pour Marc. 그는 폴을 자주 마크로 착각한다.

[165] préparer : 준비하다, 각오하게 하다

◉ préparer qch

Je prépare le dîner vers 8 heures. 나는 8시경에 저녁식사를 준비한다.

◉ préparer qch à qn

Je prépare le repas à mon enfant. 나는 내 아이에게 식사를 차려준다.

◉ préparer qn à + inf

Elle me prépare à entendre une mauvaise nouvelle.

그녀가 나쁜 소식을 들을 수 있게 마음의 준비를 시킨다.

[166] présenter : 소개하다, 제출하다, 발표하다

◉ présenter qn à qn

Je présente ma petite amie à mes parents. 나는 내 여자 친구를 부모님에게 소개한다.

◉ se présenter

Je me présente à l'examen. 나는 시험에 응시한다.

[167] prêter: 빌려주다, 주다

◉ prêter qch à qn

Je prête mon ordinateur à mon camarade. 나는 내 컴퓨터를 친구에게 빌려준다.

◉ prêter 소유한정사 + 명사 + à qn

Elle prête son aide à son ami. 그녀는 그녀의 친구를 도와준다.

[168] prévenir : 알리다, 예고하다

◉ prévenir qn

Pévenez-moi si vous avez d'autres cas. 다른 경우가 있으면 내게 말해주세요.

◉ prévenir qn de qch

Je préviens mes parents de mon départ. 나는 부모님에게 나의 출발을 알린다.

◉ prévenir qn que + ind

Je préviens mon cousin que j'arriverai la semaine prochaine.

나는 내가 다음 주에 도착할 것이라는 것을 내 사촌에게 알린다.

[169] prévoir : 예상하다, 예정하다

◉ prévoir qch

Je prévois un orage. 나는 폭풍우를 예상한다.

◉ prévoir que + ind

Le météo prévoit que le temps s'améliorera. 일기예보에 따르면 날씨가 좋아질 거라고 한다.

[170] prier : 기도하다, 간청하다

◉ prier qn de + inf

Le professeur prie les étudiants de se taire. 선생님은 학생들에게 조용히 하라고 부탁한다.

◉ prier pour qn/qch

Je prie pour toi. 나는 너를 위해 기도한다.

[171] produire : 생산하다, (현상, 결과를) 야기하다, 일어나다

◉ produire qch

Ce pays produit du riz et du blé. 이 나라는 쌀과 보리를 생산한다.

◉ se produire

Un grand changement s'est produit. 커다란 변화가 일어났다.

[172] profiter : (…을 하기 위해) …을 이용하다, 유리하다

◉ profiter de qch

Je profite de mes vacances de Noël. 나는 크리스마스 바캉스를 이용한다.

◉ profiter de qch pour + inf

Il veut profiter de ma voiture pour rentrer.

그는 집으로 가기 위해 내 자동차를 이용하기를 원한다.

◉ profiter à qn/qch

Cette situation profite beaucoup au patron. 이 상황은 사장에게 많은 도움이 되었다.

[173] promettre : 약속하다

◉ promettre qch à qn

Je promets mon retour à mon fils. 나는 아들에게 내가 돌아오겠다고 약속한다.

◉ promettre de + inf

Elle promet d'arriver à l'heure. 그녀는 제 시간에 도착하겠다고 약속한다.

◉ promettre que

Il promet qu'il ne recommencera pas. 그는 다시는 하지 않겠다고 약속한다.

[174] proposer : 제안하다, 추천하다, 작정하다

◉ proposer qch/qn

J'ai proposé mon avis. 나는 내 의견을 제시했다.

◉ proposer qn à qn

Il me propose sa soeur comme secrétaire. 그는 나에게 자기 누이를 비서로 추천한다.

◉ proposer qch à qn

Je propose un voyage à mes amis. 나는 내 친구들에게 여행을 제안한다.

◉ proposer de + inf

Je lui propose d'aller voir le film. 나는 그에게 영화를 보러가자고 제안한다.

◉ proposer + que

Je propose que tu partes maintenant avec elle.

나는 네가 지금 그녀와 떠나라고 제안한다.

Q

[175] quitter : 떠나다, 헤어지다, 그만두다

◉ quitter qch/qn

Cette pensée ne le quittait pas. 그 생각이 그의 머리에서 떠나지 않았다.

◉ se quitter

On se quitte bons amis. 우리는 좋은 친구로 헤어진다.

R

[176] raconter : 이야기하다, 서술하다

◉ raconter qch

Il raconte son histoire en détail. 그는 이야기를 상세히 진술한다.

◉ raconter qch à qn

Je raconte mon voyage en Chine à mes copains.

나는 중국여행을 친구들에게 이야기한다.

◉ raconter que + ind

On m'a raconté qu'il avait eu un accident.

그가 사고를 당했다고 사람들이 나에게 말하였다.

[177] ramasser : 줍다, 수집하다

◉ ramasser qch

Je ramasse des noisettes dans la forêt. 나는 숲속에서 개암 열매를 줍는다.

[178] ramener : 다시 데려오다, (어떤 상태로) 돌아오게 하다

◉ ramener qch/qn

Il a habité quelque temps l'Angleterre et en a ramené une femme charmante.

그는 영국에 얼마간 살다가 매혹적인 여인을 데리고 돌아왔다.

◉ ramener qn à qch

Je ramène le patient à l'hopital. 나는 환자를 병원에 데려간다.

◉ ramener qch à qch

Je ramène la classe au calme. 나는 교실을 조용한 상태로 돌아오게 한다.

[179] rappeler : 다시 부르다, 기억하다, 회상하다

◉ rappeler qn

Je suis occupé, rappelle-moi plus tard. 나는 지금 바쁘다, 나중에 전화해라.

◉ rappeler qch à qn

Cela me rappelle mon enfance. 이것은 나에게 어린 시절을 회상시킨다.

◉ rappeler à qn que + ind

Je rappelle à mes parents que je vais venir les voir.

나는 부모님에게 내가 그들을 보러 온다는 것을 상기시킨다.

◉ se rappeler qch

Je me rappelle fort bien notre souvenir. 나는 우리의 추억을 아주 잘 기억한다.

[180] recevoir : 받다, (사람을) 맞이하다, 접대하다

◉ recevoir qch

Je reçois une lettre de mes parents. 나는 부모님으로부터 편지를 받는다.

◉ recevoir qn

Je reçois des amis à dîner. 나는 친구들에게 저녁식사를 대접한다.

[181] recommencer : 다시 시작하다, 다시하다

◉ recommencer qch

Je recommence un récit à partir du début. 나는 이야기를 처음부터 다시 시작한다.

◉ recommencer à/de + inf

La population recommence de croître. 인구가 다시 증가하기 시작한다.

[182] reconnaître : 알아보다, 식별하다, 인정하다, 승인하다

◉ reconnaître qn/qch

Je reconnais un ami d'enfance. 나는 어린 시절의 친구를 알아본다.

◉ reconnaître que + ind

Il reconnaît qu'il s'est trompé. 그는 그가 착각했었다는 것을 인정한다.

[183] réfléchir : 심사숙고하다, 비추다

◉ réfléchir

Il faut réfléchir avant de vous décider. 당신은 결정하기 전에 심사숙고해야 한다.

◉ réfléchir à qch

Je n'ai pas le temps de réfléchir à ce projet. 나는 이 계획에 관해 깊이 생각해야 할 시간이 없다.

◉ réfléchir qh

Les miroirs réfléchissent les images des objets. 거울은 사물의 모습을 비춘다.

[184] refuser : 거절하다, 거부하다

◉ refuser qch/qn

On refuse des gens à l'entrée du stade. 경기장 안으로 사람들을 못 들어오게 한다.

◉ refuser que + sub

Je refuse que tu partes à cette heure-ci. 나는 네가 이 시간에 출발하는 것을 허락하지 않는다.

◉ refuser de + inf

Elle refuse de reconnaître ses torts. 그녀는 자신의 잘못을 인정하려 들지 않는다.

◉ refuser qch à qn

Je refuse le pardon à cet homme. 나는 이 남자에게 용서를 허락하지 않는다.

[185] regarder : 바라보다, 관찰하다

◉ regarder qch/qn

Je regarde une émission de télévision. 나는 TV 프로를 시청한다.

◉ regarder qch/qn + inf

Je regarde mon enfant jouer au balon. 나는 내 아이가 공놀이 하는 것을 본다.

[186] regretter : 아쉬워하다, 유감스럽게 여기다

◉ regretter qch/qn

Je regrette le temps passé. 나는 지나간 시간을 아쉬워한다.

◉ regretter que + sub

Elle regrette que tu partes. 그녀는 네가 떠난다는 것을 아쉬워한다.

◉ regretter de + inf

Je regrette d'être venu ici. 나는 여기 온 것을 후회한다.

[187] remarquer : 알아차리다, 주목하다, 지적하다

◉ remarquer qch/qn

Je n'ai pas remarqué l'accident. 나는 사고를 알아차리지 못하였다.

◉ remarquer que + ind

Je remarque qu'il manque une assiette. 나는 접시 한 개가 부족하다는 것 알아차린다.

[188] remercier : …에게 …을 감사하다, 고마워하다

◉ remercier qn

Je remercie mes parents. 나는 부모님에게 감사한다.

◉ remercier qn de qch

Je vous remercie de votre invitation. 초대해 주셔서 감사합니다.

◉ remercier qn de + inf

J'ai remercié mon père de m'aider. 나는 나의 아버지에게 나를 도와주셔서 감사하다고 했다.

[189] remettre : 다시 놓다, 복원시키다, 제출하다, 다시 …하기 시작하다

◉ remettre qch

Je remets mon manteau en place. 나는 내 외투를 제 자리에 도로 갖다 놓는다.

◉ remettre qch à qn

Je remets sa culotte à un enfant. 나는 아이에게 반바지를 입힌다.

◉ se remettre à + inf

Je me remets à fumer. 나는 다시 담배를 피우기 시작한다.

[190] remonter : 거슬러 다시 올라가다, (어떤 시대에) 기원을 두다

◉ remonter + 장소

Je remonte dans ma chambre. 나는 다시 내방으로 올라간다.

◉ remonter qch

Nous remontons un escalier. 우리는 계단을 다시 오른다.

◉ remonter qch

Je remonte ma montre. 나는 시계의 태엽을 감는다.

◉ remonter à + 시간

Ce momument remonte à l'époque romaine. 이 기념물은 로마시대의 것이다.

[191] remplacer : 대체하다, 바꾸다, 대신하다

◉ remplacer qch/qn

C'est moi qui le remplace dans son travail. 내가 그의 일을 대신한다.

◉ remplacer qch par qch

Je remplace ma voiture par un vélo. 나는 내 자동차를 자전거로 바꾼다.

[192] rencontrer : 만나다, 직면하다

◉ rencontrer qn

Je rencontre mon ami une fois par mois. 나는 한 달에 한번 내 친구를 만난다.

◉ rencontrer qch

Je rencontre des difficultés. 나는 난관에 봉착한다.

[193] rendre : 돌려주다, 되게 하다, 가다

◉ rendre qch à qn

J'ai rendu mon devoir à mon professeur. 나는 선생님에게 숙제를 제출하였다.

◉ rendre qn/qch + 형용사

Son invention le rend célèbre. 그의 발명이 그를 유명하게 만든다.

◉ se rendre

Le voleur s'est rendu sans causer de problèmes. 이 도둑은 문제를 야기시키지 않고 자수하였다.

◉ se rendre + 장소

Je vais me rendre en France pendant les vacances d'été. 나는 여름 방학 동안 프랑스에 가려고 한다.

[194] renseigner : 정보를 제공하다, 알리다, 문의하다

◉ renseigner qn

Personne ne m'a renseigné. 아무도 나에게 알리지 않았다.

◉ renseigner qn sur

Il renseigne les touristes sur les hôtels. 그는 여행자에게 호텔에 대한 안내를 하다.

◉ se renseigner

Je me renseigne sur le prix des hôtels. 나는 호텔 값을 알아보고 있다.

[195] réparer : 수리하다, 바로잡다

◉ réparer qch

Il repare ma montre. 그는 내 세계를 수리한다.

[196] répartir : 나누어 주다, 분산시키다

◉ répartir qch en qch

L'entraineur répartit les joueurs en deux équipes. 코치는 선수들을 두 팀으로 나눈다.

◉ répartir qch entre qn

L'instituteur répartit les bonbons entre les enfants. 교사는 아이들에게 사탕을 나누어준다.

[197] repasser : 다시 통과하다, 다시 치다

◉ repasser

Je repasse par le même chemin. 나는 같은 길을 지나간다.

◉ repasser qch

Je repasse mon permis de conduire. 나는 운전면허시험을 다시 친다.

[198] répéter : 반복하다, 되풀이하다, 연습하다, 말하다

◉ répéter qch

Je répète la pièce pendant deux mois. 나는 작품을 두 달 동안 연습한다.

◉ répéter qch à qn

Je ne répète mon secret à personne. 나는 내 비밀을 아무에게도 말하지 않는다.

◉ répéter à qn que

Je répète à mon voisin que je vais déménager.

나는 내 이웃에게 내가 이사할 것이라는 것을 되풀이해 말한다.

◉ répéter de + inf

Je répète à mon ami de changer de voiture.

나는 내 친구에게 차를 바꾸라고 되풀이해 말한다.

[199] répondre : 대답하다, 답변하다

◉ répondre à qch/qn

Je réponds avec patience aux questions de mes enfants.

나는 인내심을 가지고 내 아이들의 질문에 대답해준다.

◉ répondre (à qn) que + ind

Je réponds à mon père que je ne peux pas y aller. 나는 아버지에게 내가 거기에 갈 수 없다고 대답한다.

◉ répondre + inf

Je lui ai répondu rester chez moi. 나는 집에 있겠다고 그에게 대답했다.

◉ répondre de qch/qn

Le patron répond de la compétence de ses employés. 사장은 자기 직원의 능력을 보증한다.

[200] reposer : …에 기초를 두다, …에 달려있다, 쉬다

◉ reposer sur

Le succès repose sur ton effort. 성공은 너의 노력에 달려있다.

◉ se reposer

J'ai besoin de me reposer. 나는 휴식이 필요하다.

[201] reprendre : 다시 잡다, 되찾다, 도로 사다, 다시 계속하다, 회복하다

◉ reprendre

Il a bien repris depuis son opération. 수술 후 그는 눈에 띄게 건강을 회복하였다.

◉ reprendre qch/qn

Je vais reprendre mes enfants à la crèche. 나는 탁아소에 아이들을 찾으러 간다.

◉ reprendre qch à qn

Je reprends le nounours à ma fille. 딸아이에게 곰 인형을 다시 사준다.

[202] ressembler : 닮다

◉ ressembler à qn

Je ressemble beaucoup à ma mère. 나는 나의 엄마와 많이 닮았다.

◉ se ressembler

Ces deux soeurs ne se ressemblent pas du tout. 이 두 자매는 전혀 닮지 않았다.

[203] rester : 남다, 머무르다

◉ rester + 장소

Je reste deux semaines à Paris. 나는 파리에 2주 머무른다.

◉ rester + 속사

On est resté amis pendant longtemps. 우리는 오랫동안 친구였다.

◉ Il reste à qn

Il nous reste une semaine avant les vacances. 방학하려면 일주일이 남아있다.

◉ Il reste à qn + inf

Il lui reste à faire la vaisselle. 그에게 아직도 설거지가 남아 있다.

[204] retenir : 붙잡다, 예약하다, 막다

◉ retenir qch

Je vous demande de retenir une chambre dans un hôtel. 호텔에 방 하나 예약해달라고 당신에게 부탁한다.

◉ retenir qn à + inf

J'ai retenu mon ami à boire. 나는 술 한 잔 하자고 친구를 붙들었다.

[205] retirer : 꺼내다, 끌어내다, 인출하다

◉ retirer qch

Je retire le bouchon. 나는 병마개를 빼낸다.

◉ retirer qn de qch

Il retire ses enfants de ce programme éducatif. 그는 자기 아이들을 이 교육프로그램에서 빼낸다.

◉ retirer qch de qch

Le chirurgien retire la balle du genou de la victime. 이 외과의사는 희생자의 무릎에서 총알을 꺼낸다.

[206] retourner : 돌아오다, 반송하다, 방향을 바꾸다

◉ retourner + 장소

Je retourne chez moi demain. 나는 내일 집으로 돌아간다.

◉ retourner + inf

Elle retourne se coucher. 그녀는 자러 돌아간다.

◉ retourner qch

Je retourne une marchandise. 나는 상품을 반품한다.

◉ retourner qch à qn

Je retourne ce colis à l'expediteur. 나는 이 소포를 발신인에게 반송한다.

[207] retrouver : 다시 찾다, 다시 만나다

◉ retrouver qch/qn

J'ai retrouvé mes clefs dans mon sac. 나는 내 가방에서 열쇠들을 다시 찾았다.

◉ retrouver + 속사

Je l'ai retrouvé changé. 내가 그를 다시 보니 변해 있었다.

[208] réussir : 성공하다, 출세하다, 좋은 결과를 얻다

◉ réussir qch

Je réussis mes examens. 나는 시험에 합격했다.

◉ réussir à + inf

Je ne réussirai pas à le convaincre. 나는 그를 설득하는데 실패할 것이다.

◉ réussir à qch

Nous avons réussi à nos examens. 우리는 시험에 합격했다.

[209] réveiller : 잠을 깨우다, 잠을 깨다

◉ réveiller qch/qn

Vous me réveillerez à 6 heures. 6시에 나를 깨워주세요.

◉ se réveiller

Je me reveille très tard le dimanche. 나는 일요일에는 늦게 잠에서 깨어난다.

[210] revenir : 다시 오다, 돌아오다

◉ revenir + inf

Je reviens vous voir. 당신을 만나러 다시 오겠어요.

◉ revenir de + 장소

Ils reviennent de l'étranger. 그들은 외국으로부터 다시 돌아온다.

◉ revenir de + inf

Je reviens de faire mon cours. 나는 강의하고 돌아온다.

◉ revenir à qch

La situation revient à la normale. 사태가 정상으로 되돌아온다.

[211] rêver : …의 꿈을 꾸다, 열망하다, 동경하다

◉ rêver de + inf

Nous rêvons d'un avenir meilleur. 우리는 더 좋은 미래를 꿈꾼다.

◉ rêver de + inf

Je rêve de devenir professeur. 나는 선생님이 되는 것을 꿈꾼다.

◉ rêver que + ind/sub

Je rêve qu'elle ait un appartement confortable.

나는 그녀가 안락한 아파트를 갖기를 열망한다.

[212] rire : 웃다, 비웃다

◉ rire

C'est à mourir de rire. 우스워 죽겠다.

◉ rire de qch/qn

Je ris de cette situation. 나는 이 상황을 비웃는다.

[213] risquer : 위태롭게 하다, (목숨을) 걸다, …할 위험이 있다.

◉ risquer qch

Il a risqué sa vie pour sauver son amie. 그는 친구를 구하기 위해 위험을 무릅썼다.

◉ risquer de + inf

Je risque de tomber. 나는 넘어질 가능성이 있다.

[214] rouler : 굴리다, 밀다, 차가 달리다

◉ rouler

Nous roulons vite sur l'autoroute. 우리는 도로 위에서 빨리 달린다.

◉ rouler qch

Je roule mon bébé dans son landau. 나는 아기를 유모차에 태워서 밀고가다.

S

[215] sauter : 뛰어오르다, 뛰어넘다, 폭발하다

◉ sauter

Je saute dans un taxi. 나는 택시에 뛰어오르다.

◉ sauter qch

Le cheval saute l'obstacle. 말이 장애물을 뛰어넘는다.

◉ sauter sur qn

Les gendarmes lui ont sauté dessus. 헌병들이 그의 위를 덮쳤다.

[216] sauver : 구하다, 구출하다

◉ sauver qch/qn

Je sauve ma famille. 나는 나의 가족을 구한다.

◉ sauver qn de qch

Le pompier sauve la petite fille de la noyade. 소방관은 이 어린 소녀를 익사에서 구출한다.

[217] savoir : 알다, …할 줄 알다

◉ savoir qch

Je sais la chance que j'ai. 나는 내가 가진 행운을 안다.

◉ savoir que + ind

Je ne savais pas qu'il était en voyage. 나는 그가 여행 중 이었다는 것을 몰랐었다.

◉ savoir si + ind

Je ne sais pas si tu chantes bien ou pas. 나는 네가 노래를 잘 하는지 아니지 모른다.

◉ savoir + inf

Elle sait lire et écrire en français. 그녀는 프랑스어로 읽고 쓸 줄 안다.

[218] sembler : …인 듯하다, …인 것 같다

◉ sembler + 형용사

Tu sembles honnête. 너는 정직한 것 같다.

◉ sembler que + ind

Il semble qu'il fait froid. 날씨가 추운 듯하다.

◉ sembler à qn + 형용사

Elle me semble triste. 그녀는 나에게 슬픈 듯이 보인다.

◉ sembler que + sub

Il semble qu'il soit fâché. 그가 화난 것 같다.

[219] sentir : 느끼다, 냄새를 맡다

◉ sentir qch

Je sens la douleur. 나는 고통을 느낀다.

◉ sentir + 속사

Le chien sent mauvais. 이 개는 냄새가 고약하다.

◉ sentir que + ind

Je sens que je suis prêt. 나는 내가 준비됐다고 느낀다.

◉ sentir qch/qn + inf

Je sens mes jambes fléchir. 나는 내 다리가 휘어진 것을 느낀다.

◉ sentir qn + 형용사

Je sens cette fille fragile. 나는 이 소녀가 약하다는 것을 느낀다.

[220] servir : 봉사하다, (음식을) 내놓다, …에 소용되다, …을 사용하다

◉ servir qch/qn

Je sers un café à la fin du repas. 나는 식사 마지막에 커피를 내놓는다.

◉ servir à qn/qch

Ce marteau sert à tout le monde. 이 망치는 모든 사람들에게 유용하다.

◉ servir à + inf

Il sert à ouvrir les bouteilles. 그건 병 따는데 쓰는 거다.

◉ servir de qch

Cette planche sert de table. 이 널빤지는 식탁 구실을 한다.

◉ se servir de

Je me sers d'un dictionnaire français. 나는 프랑스어 사전을 사용한다.

[221] soigner : 마음을 쓰다, 치료하다, 보살피다

◉ soigner qch/qn

Je soigne ta blessure. 나는 너의 상처를 치료한다.

[222] songer : …을 생각하다, 유념하다

◉ songer à qn/qch

Je songe à ce voyage en Italie. 나는 이탈리아 여행을 생각한다.

◉ songer à + inf

Je ne songe qu'à réussir mon examen. 나는 시험에 합격하기만 생각한다.

[223] sortir : 나가다, 외출하다, …에서 …을 꺼내다

◉ sortir de + 장소

Je viens de sortir de la bibliothèque. 나는 방금 도서관에서 나왔다.

◉ sortir + inf

Il sort se promener avec son chien. 그는 그의 개와 산책하려고 나온다.

◉ sortir qch de

Il a sorti la portemonnaie de la poche. 그는 지갑을 주머니에서 꺼냈다.

[224] souffrir : 고통을 느끼다

◉ souffrir de qch

Je souffre de rhumatisme. 나는 류미티즘으로 고생한다.

◉ souffrir de + inf

Je souffre de ne plus la voir. 나는 그녀를 더 이상 보지 못한다는 것을 괴로워한다.

[225] souhaiter : 기원하다, 소원하다

◉ souhaiter qch

Les enfants souhaitent la venue du père Noël. 아이들은 산타할아버지가 오기를 바란다.

◉ souhaiter qch à qn

Je souhaite la réussite à mon fils. 나는 내 아들에게 성공을 기원해준다.

◉ souhaiter + inf

Il souhaite continuer ses études à Paris. 그는 파리에서 학업을 계속하기를 바란다.

◉ souhaiter que + sub

Je souhaite que tu viennes rapidement. 나는 네가 빨리 오기를 바란다.

[226] se souvenir : 회상하다, 기억하다

◉ se souvenir de qch/qn

Je ne me souviens plus d'elle. 나는 더 이상 그녀를 기억 못한다.

◉ se souvenir de + inf

Je me souviens de venir ici dans mon enfance. 나는 어린 시절에 여기에 왔던 것이 기억난다.

[227] suffire : 충분하다

◉ suffire à qch/qn

Cela suffit à mon bonheur. 난 그것만으로도 충분히 행복하다.

◉ suffire à qn de + inf

Il ne lui suffit pas d'avoir de l'argnet pour être heureux.

그가 행복해지기 위해서는 돈만 있다고 충분한 것은 아니다.

◉ Il suffit de + inf/que + sub

Il suffit d'acheter deux baguettes pour quatre personnes.

네 사람을 위해 바게트 두 개를 사는 것으로 충분하다.

[228] suivre : 뒤따라가다, 쫓아가다, 강의를 수강하다

◉ suivre

Cet étudiant ne suit pas en classe. 이 학생은 수업시간에 열심히 듣지 않는다.

◉ suivre qch/qn

Le taxi suit cette voiture bleue. 택시는 이 파란색 차를 뒤쫓는다.

[229] supposer : 가정하다, 추측하다

◉ supposer que + ind/sub

Je ne suppose pas qu'il ait bientôt fini.

나는 그가 곧 일을 끝내리라고 생각지 않는다.

◉ supposer qch/qn + 속사

On vous suppose averti. 사람들은 당신이 이미 알고 있으리라고 생각한다.

[230] surveiller : 감시하다, 감독하다, 지켜보다

◉ surveiller qn/qch

Le gardien surveille les entrées et sorties. 관리인은 입구와 출구를 감시한다.

T

[231] taper : 때리다, 두드리다, 쓰다

◉ taper qch

Il tape trois coups à la porte. 그는 문을 세 번 노크하다.

◉ taper qch à qn

Je tape une lettre à mon frère. 나는 형에게 편지를 쓴다.

[232] téléphoner : 전화하다

◉ téléphoner à qn

Je téléphone chaque soir à ma mère. 나는 매일 밤 어머니에게 전화한다.

◉ téléphoner qch à qn

Je téléphone les résultats de la course à mon ami.

나는 경기결과를 친구에게 전화로 알려준다.

◉ téléphoner que + inf

Je téléphone à mon père que ma soeur a manqué son train.

나는 여동생이 기차를 놓쳤다는 것을 아버지에게 전화로 알린다.

[233] tenir : 잡다, 유지하다, 얻다, 간주하다

◉ tenir qch/qn

Je tiens mon fils par la main. 나는 내 아들을 손으로 잡는다.

◉ tenir qch de qn

Je tiens mon caractère de mon père. 나는 아버지의 성격을 물려받았다.

◉ tenir qch/qn pour

Il tient sa soeur pour un artiste. 그는 여동생을 예술가로 생각한다.

◉ tenir qn/qch +속사

Elle tient les yeux fermés. 그녀는 눈을 감고 있다.

[234] terminer : 끝마치다, 완료하다

◉ terminer qch

Je termine mon travail. 나는 내 일을 끝마친다.

◉ terminer qch par qch

Je termine la journée par un jogging.

나는 일과를 조깅으로 마감한다.

◉ se terminer par

La séance se termine par une discussion.

회의는 토론으로 끝을 맺는다.

[235] tirer : …을 잡아당기다, 끌어내다

◉ tirer qch

Je tire le frein à la main. 핸드브레이크를 당긴다.

◉ tirer sur qch/qn

Je tire sur une ficelle. 나는 끈을 잡아당기다.

◉ tirer qch de qch

Je tire facilement des informations d'internet. 나는 인터넷에서 쉽게 정보를 꺼낸다.

[236] tomber : 넘어지다, 떨어지다, 우연히 …에 있게 되다, …에 빠지다

◉ tomber

Je tombe de fatigue. 나는 피로해서 쓰러질 것 같다.

◉ tomber en/dans qch

Je tombe en pleine réunion. 나는 모임이 한창일 때 우연히 가게 된다.

◉ tomber + 속사

Il tombe amoureux d'elle. 그는 그녀와 사랑에 빠진다.

[237] toucher : 만지다, 손대다, (사람) 감동시키다

◉ toucher qch/qn

Je touche mon chien de la main. 나는 손으로 개를 만진다.

◉ toucher à qch/qn

Ell a à peine touché à son dessert. 그녀는 디저트에 거의 손도 안댔다.

[238] tourner : 돌다, 향하게 하다, 촬영하다

◉ tourner qch vers

Je tourne les yeux vers ma mère.

나는 어머니 쪽으로 눈을 돌린다.

◉ tourner qch

Le réalisateur tourne un film. 연출가가 영화를 찍는다.

◉ tourner + 방향

Je tourne dans une rue à gauche. 나는 왼쪽 길로 방향을 튼다.

[239] travailler : 일하다, 공부하다, 검토하다

◉ travailler + 장소

Je travaille dans les assurences. 나는 보험회사에 근무한다.

◉ travailler qch

Je travaille encore les maths. 나는 여전히 수학을 공부한다.

◉ travailler à qch /inf

Je travaille à un roman. 나는 소설에 힘을 기울이고 있다.

◉ travailler sur

Je travaille sur ce sujet. 나는 그 문제를 검토한다.

[240] traverser : 가로질러 건너다, 통과하다

◉ traverser qch

Je traverse la route. 나는 길을 건넌다.

[241] tromper : 속이다, 배신하다, 틀리다, 혼동하다

◉ tromper qn

Il trompe sa femme. 그는 자기 부인을 속인다.

◉ se tromper sur

Je me trompais sur toi. 나는 너를 잘못 생각한다.

◉ se tromper de

Je me trompe de chambre. 나는 방을 혼동한다.

[242] trouver : 발견하다, 생각하다

◉ trouver qch/qn

J'ai enfin trouvé un billet de concert. 나는 콘서트 표를 마침내 찾았다.

◉ trouver qch/qn + 형용사

Je trouve ta mère charmante. 나는 너의 어머니가 매력적이라고 생각한다.

◉ trouver que + ind

Il trouve que ce film est excellent. 그는 이 영화가 훌륭하다고 생각한다.

V

[243] valoir : (의) 값이 나가다, 가치가 있다, 차라리 …하는 편이 낫다

◉ valoir + 형용사

Ce livre vaut cher. 이 책은 값이 비싸다.

◉ valoir qch

Ce meuble ancient vaut deux mille euros. 이 오래된 가구는 2천 유로이다.

◉ Il vaut mieux + inf /que + sub

Il vaut mieux partir tout de suite. 곧 떠나는 편이 낫다.

[244] vendre : 팔다

◉ vendre qch + 부사

Il vend cher ses livres. 그는 자기 책을 비싸게 판다.

◉ vendre qch à qn

Il a vendu mon ordinateur à son voisin. 그는 내 컴퓨터를 자기 이웃 사람에게 팔았다.

[245] venir : 오다, 출신이다, 방금 …하다

◉ venir + 방향

Il vient vers toi. 그는 너에게 간다.

◉ venir de + 장소

Elle vient de Corée du Sud. 그녀는 한국 출신이다.

◉ venir + inf

Il vient acheter un billet de train. 그는 기차표를 사러 온다.

◉ venir de + inf

Je viens de prendre du café. 나는 방금 커피를 마셨다.

[246] visiter : 방문하다, 여행하다

◉ visiter + 장소

Je visite un pays inconnu. 나는 낯선 나라를 방문한다.

[247] vivre : 살다, 겪다

◉ vivre + 시간

Le chat vit environ quinze ans. 고양이는 약 15년을 산다.

◉ vivre qch

Je vis des jours heureux. 나는 행복한 나날을 보낸다.

◉ vivre + 장소

Je vis en France. 나는 프랑스에 산다.

◉ vivre de qch

L'homme ne vit pas seulement du pain. 사람은 빵으로만 살 수 없다.

[248] voir : 보다, 목격하다, 인정하다, 알다

◉ voir qch/qn

Elle voit son enfant pour la première fois. 그녀는 처음으로 자기 아이를 본다.

◉ voir qch à qn

Je lui vois un bel avenir. 나는 그에게서 유망한 장래를 본다.

◉ voir qn + 속사

Je le vois bien malade. 나는 그가 병들어 있음을 알아차린다.

◉ voir que + ind

Je vois que tu es en vavances. 나는 네가 휴가임을 안다.

◉ voir qch/qn + inf

Je vois le train arriver. 나는 기차가 도착하는 것을 본다.

[249] vouloir : 바라다, …하고 싶어 하다

◉ vouloir qch/qn

L'enfant veut du chocolat. 이 아이는 초콜릿을 원한다.

◉ vouloir + 속사

Je te voudrais plus heureux. 나는 네가 더 행복해졌으면 한다.

◉ vouloir que + sub

Je veux que tu viennes ce soir. 나는 네가 오늘 저녁에 오기를 바란다.

◉ vouloir + inf

Je voudrais prendre cette robe noire. 나는 이 검은색 원피스를 사고 싶다.

III. 일기에 쓰는 유용한 단어

인터넷 · 컴퓨터

인터넷

자료입력 f. saisie de donnée

사이트 m. site

이메일 m. courriel

초고속 인테넷 m. internet ultra-rapide

무선 인테넷 m. Internet sans fil

인테넷 접속 m. l'accès à Internet

인테넷 쇼핑 m les achats en ligne

영상전화 m. vidéophone

네티즌 n. internaute

컴퓨터

컴퓨터 m. ordinateur

노트북 m. ordinateur portable (=le portable)

프린터 f. imprimante

(컴퓨터) 하드 m. disque dur

(컴퓨터) 메모리 m. mémoire

소프트웨어 m. logiciel

하드웨어 m. matériel

커서 m. curseur

화면 m. l'écran

자판 m. clavier

마우스 f. souris

파일 m. fichier

첨부파일 m. document attaché

블로그 m. blog

자료를 입력하다 saisir

자료를 저장하다 stocker

자료를 지우다 effacer

정보를 검색하다 chercher

인터넷 서핑하다 surfer/naviguer

(컴퓨터 자료를) 다운로드하다 télécharger

(인터넷 사이트에서) 확인버튼을 누르다 valider

가족 · 친구

가족

과부, 홀아비 veuve, veuf

남동생 jeune frère / 여동생 jeune soeur

남편 mari / 부인 femme

누나 grand soeur / 오빠 grand frère

형 grand frère

딸 fille / 아들 fils

막내 cadet,ette / 장남, 장녀 aîné(e)

매형 beau-frère / 올케, 시누 belle-soeur

부모 parents

사위 gendre

사촌 cousin(e)

삼촌 oncle / 아주머니, 아줌마 tante

소녀 fille / 소년 garçon

시아버지 beau-père / 시어머니 belle-mère

신생아 nouveau-né / 아기 bébé / 아이 enfant

어머니 mère / 아버지 père

며느리 belle-fille / 의붓딸 belle-fille

의붓아버지 beau-père / 의붓어머니 belle-mère

장모 belle-mère / 장인 beau-père

조카 neveu / 질녀 nièce

처남 beau-frère / 처제 belle-soeur

처형 belle-soeur

할머니 grand-mère / 할아버지 grand-frère

형부 beau-frère / 형수 belle-soeur

▫ 친구

동료(직장) n. collègue

동무 n. camarade

남자동료, 반려자 compagnon / 여자동료, 아내 compagne

(애인) 남자친구 copain / 여자친구 copine

(남자) 정부 amant / (여자)정부 maîtresse

단짝 m. pote

남자(여자) 친구 petit(e) ami(e)

교통수단

▫ 기차

기차 m. train

개찰구 m. guichet

대합실 f. salle d'attente

신문 판매대 m. kiosque à journaux

안내 m. renseignements

안내소 m. bureau d'information

입구 f. entrée

출구 f. sortie

출발 m. départ / 도착 f. arrivée

왕복 m. aller et retour

편도 m. aller simple

일등석표 m. billet 1ère classe

이등석표 m. billet 2ème classe

갈아타기 m. changement

갈아타는 곳 f. correspondance

분실물 신고 센터 m. bureau des objets

수하물 보관소 f. consigne

이등칸 m. wagon de deuxième classe

일등칸 m. wagon de première classe

침대차 m. wagon-lit

식당차 m. wagon-restaurant

금연열차 m. wagon non fumeurs

흡연열차 m. wagon fumeurs

플랫폼 m. quai

승강장 m. quai

철도 f. voie ferrèe

복도 m. couloir

창문 f. fenêtre

- 비행기

단체 요금 m. tarif excursion
일반요금 m. tarif plein
이등석 f. classe touriste
일등석 f. première classe
이륙 m. décollage
착륙 m. atterrissage
비자 m. visa
여권 m. passeport
초과 수하물 m. excédent de bagages
추가 요금 m. supplément
탑승구 f. porte d'embarquement
탑승카드 f. carte d'embarquement
표 m. billet
기편 m. vol
대합실 f. salle d'attente
기항지 f. escale
비행사 f. compagnie
수하물 보관소 f. consigne
짐 m. bagage
탑승수속 m. enregistrement

- 지하철

종점 m. terminus
노선표 m. itinéraire
지하철 노선표 m. plan du métro
지하도 m. souterrain
분실물 신고 센터 m. bureau des objets trouvés
(지하철, 전철) 호선 f. ligne
자동판매기 m. distributeur automatique
지하철 역 f. station de métro
지하철 입구 f. bouche de métro
환승 m. changement
개찰구 m. guichet
검표원 m. contrôleur

- 택시

거리제 요금 m. tarif à la course
미터에 게시된 요금 m. tarif au compteur
시간제 요금 m. tarif à l'heure
빈 libre
손님 있는 occupé(e)
운전기사 m. chauffeur
내리다 descendre
멈추다 arrêter
부르다 appeler
오르다, 타다 monter

날씨

▫ 날씨 표현

• 날씨가 좋다 / 나쁘다 / 덥다 / 춥다 / 온화하다 / 급변하다 / 후덥지근하다.
Il fait beau / mauvais / chaud / froid / doux / variable / lourd.

• 날씨가 맑다 / 개이다 /(많은) 구름이 끼다/구름으로 뒤덮이다 /폭풍우가 불다 /흐리다 /비가 오다.
Il fait ensoleillé / éclaircies / (très) nuageux / couvert / orageux / gris / pluvieux.

• 해가 / 바람이 / 안개가 / 소나기가 / 빙판길이다 .
Il y a du soleil / du vent / du brouillard / des averses / du verglas .

• 비가 / 눈이 / 이슬비가 내린다.
Il pleut / neige (tombe de la neige) / bruine.

온도는 24도다. Il fait 24 degrés.

기온이 상승한다. Les températures montent / remontent / sont en hausse.

기온이 내려간다. Les températures baissent / descendent / sont en baisse.

▫ 기타

구름 m. nuage

구름낀 nuageux(euse)

눈 f. neige

돌풍 f. tempête

맑게 갠 하늘 m. ciel dégagé

바람 m. vent

번개 m. éclair

벼락 f. foudre

비 f. pluie

빙판 m. verglas

서리 f. gelée

소나기 f. averse

심한 비바람 m. orage

안개 m. brouillard

얼음 f. galce

우박 f. grêle

짙은 안개 f. brume

천둥 m. tonnerre

천둥치다 tonner

태풍 m. typhon

허리케인 m. ouragan

흐린 하늘 m. ciel couvert

장소

거리 f. rue

불르바르 m. boulevard

애브뉴 f. avenue

공원 m. jardin public, parc

도심 m. centre ville

동 m. dong (quartier)

동물원 m. zoo

식물원 m. jardin botanique

대성당 f. cathédrale

교회 f. église

오페라극장 m. opéra

(연극)극장 m. théâtre

박물관 m. musée

화랑 f. galerie

묘지 m. cimetière

무덤 f. tombe

상가 m. centre commercial

시장 m. marché

시 운동장 m. stade municipal

중앙 광장 f. place centrale

성 m. château

절 m. temple

탑 m. tour

기념관 m. mémorial

분수 f. fontaine

행정기관

국회 m. parlement

대사관 f. ambassade

대학교 f. université

도서관 f. bibliothèque

박물관 m. musée

시청 m. Hôtel de Ville

시청, 구청 f. Mairie

영사관 m. consulat

우체국 f. poste

재판소 m. Palais de Justice

증권거래소 f. bourse

해변에서

구명부이 f. bouée

다이빙대 m. plongeoir

모래 m. sable

밀물 f. marée montante

썰물 f. marée descendante

방파제 f. digue

부두 f. jetée

붉은 기 m. drapeau rouge

수영 금지 f. baignade interdite

수영장 f. piscine

수영 강사 m. maître-nageur

암초 m. rochers

위험 m. danger

조개류 m. coquillage

조약돌 m. galet

파도 f. vague

푸른 기 m. drapeau vert

해변(자갈 해변) f. plage (de galets)

해변 (모래 해변) f. plage (de sable)

감시 감독하다 surveiller

◑ 해수욕 용품

긴 의자 f. chaise longue

모자 m. chapeau

비치가운 m. peignoir

샌달 f. pl. sandales

썬글래스 f. pl. lunettes de soleil

썬크림 f. crème solaire

수영모자 m. bonnet de bain

수영복 m. maillot de bain

에어 매트리스 m. matelas pneumatique

천막 f. toile de tente

큰 타월 f. serviette de bain

탈의실 f. cabine

파라솔 m. parasol

오리발 f. nageoire

◑ 수영

수영 f. nage

(행위) 수영 f. natation

개구리 수영 f. nage de grenouille

자유형 f. nage libre

배영 f. nage sur le dos

평형 f. brasse / 접형 f. brasse papillon

다이빙 m. plongeon

싱크로나이즈 수영 f. natation-synchronisée (artistique)

수영하는 사람 n. nageur(se)

헤엄치다 nager

평형을 하다 nager la brasse

잠수하다, 다이빙하다 plonger

(행위) 수영하다 faire de la natation

(꾸준히) 수영을 하다 pratiquer la natation

극장에서

(뮤지컬) 극 f. comédie (musicale)

무대 f. scène

배우 comédien(enne)

비극 f. tragédie

비희극 f. tragi-comédie

상연 f. représentation

신파극 m. mélodrame

초연 f. première

풍자 f. satire

희곡 m. drame

영화

◘ 영화종류

액션 영화 m. film d'action

탐험영화 m. film d'aventure

무술영화 m. film d'arts martiaux

모험영화 m. film d'aventure

전쟁영화 m. film de guerre

멜로영화 m. film de mélodrame

탐정영화 m. film policier

코미디영화 m. film comique

판타스틱 m. film fantastique

드라마 m. drame

공상과학영화 m. film de science-fiction

공포영화 m. film d'horreur

만화영화 m. dessin animé

다큐멘터리 m. documentaire

TV드라마 f. dramatique

스릴러 m. thriller

서부극 m. western

장편 m. long métrage

단편 m. court métrage

흑백 영화 m. film en noir et blanc

천연색 영화 m. film en couleur

원어판 영화 (번역은 자막에) m. film en version originale

◘ 기타

관객 spectateur(trice)

배우 acteur(trice)

남주인공 héros / 여주인공 f. héroïne

대역 f. doublure

막간 m. entracte

무대 장치 m. décor

연기자 m.f. interprète

연출자 m. metteur en scèce

영화 첫머리의 자막 m. générique

인기 배우, 스타 f. vedette

조역 m. rôle secondaire / 주역 m. rôle principal

초특작 m. superproduction

스튜디오 m. studio

시나리오 m. scénario

원작자 m. auteur

영화를 찍다 tourner un film

박수 갈채하다 applaudir

텔레비젼

뉴스 f. pl. informations

방송 f. émission

소리 m. son

수상기 m. récepteur

영상 f. image

채널 f. chaîne

텔레비전 뉴스 m. journal télévisé

화면 m. écran

상점

■ 상점명

소고기 정육점 f. boucherie

빵집 f. boulangerie

돼지고기류 (정육점) f. charcuterie

초콜릿 상점 f. chocolaterie

유류 제품점 f. crémerie

식료품점 f. épicerie

제과점 f. pâtisserie (=la confiserie)

서점 f. la librairie

보석가게 f. la bijouterie

향수가게 f. parfumerie

미장원 m. salon de coiffure

세탁소 m. pressing

■ 상품 매장 코너

정육매장 m. rayon boucherie

돼지고기 제품 매장 m. rayon charcuterie

생선 매장 m. rayon poisson (=rayon-poissonnerie)

치즈 매장 m. rayon fromages

포도주 매장 m. rayon vin

과일·채소 매장 m. rayon fruits et légumes

의류 매장 m. rayon vêtement

가전제품 매장 m. rayon électroménager

신발코너 m. rayon des chaussures

판매장 관리인 m. chef de rayon

상인 vendeur(euse)

계산대 f. caisse

승강기, 엘리베이터 m. ascenseur

가구

매트리스 m. matelas

머리맡 탁자 f. table de nuit

선반 f. étagère

소파 m. canapé

식탁 f. table de cuisine

안락의자 m. fauteuil

양탄자 m. tapis

옷장 f. commode

원탁 m. guéridon

융단(전체) f. moquette

응접세트 f. salon

의자 f. chaise

(거울 달린) 장 f. armoire

가전제품

진공청소기 m. aspirateur

텔레비전 m. téléviseur

DVD플레이어 m. lecteur de DVD

비디오플레이어 m. magnétoscope

캠코더 m. caméscope

디카 f. photo numérique

엠피3 m. baladeur MP3

소형전축 f. micro-chaîne

알람 라디오 m. radio-réveil

재봉틀 f. machine à coudre

다리미 m. fer (=~ à repasser électrique)

헤드폰 m. casque

선풍기 m. ventilateur

에어콘 m. climatiseur

냉장고 m. réfrigérateur (=frigo)

가스레인지 f. cuisinière (à gaz)

전자레인지 m. micro-ondes

식기세척기 f. lave-vaisselle

(빨래) 건조기 f. sèche-linge

세탁기 f. lave-linge (=la machine à laver)

토스트기 m. grille-pain

핸드폰 m. téléphone portable/mobile
(=le portable/le mobile)

무선전화기 m. téléphone sans fil

의류

■ 의류 종류

(양말식) 스타킹 m. bas

가디건 m. cardigan

스웨터 m. chandail (le pull)

와이셔츠 m. chemisier

사각팬티 m. caleçon

스타킹 m.pl. collants

(일반적) 팬티 f. culotte

민소매셔츠 m. débardeur

조끼 m. gilet

우비, 레인코트 m. imperméable

청바지 m. jean

치마 f. jupe

미니스커트 f. mini jupe

짧은(긴) 소매 옷 f.pl. manches courtes (longues)

수영복 m. maillot de bain

칠부 바지 m. pantacourt

바지 m. pantalon

야회드레스 f. robe du soir

짧은 바지 m. short

티셔츠 m. tee-shirt

■ 의복 무늬 및 형태

가벼운 léger(ère) / 묵직한 lourd(e)

고전적인 classique / 모던한 moderne

두꺼운 épais(se) / 얇은 mince

넓은 large / 좁은 étroit(e)

짧은 court(e) / 긴 long(ue)

단색의 uni(e) / 여러 색의 multicolore

줄누늬 f. rayure

물방울무늬의 à pois

수놓은 brodé(e)

■ 소재

면 m. coton

모 f. laine

실크 f. soie

가죽 m. cuir

모피 m. fourrure

■ 기타

탈의실 f. cabine d'essayage (=cabine)

남성의류 매장 m. rayon de vêtements pour hommes

색깔 f. couleur

계산대 f. caisse

계산서 f. facture

영수증 m. reçu

치수 f. taille

목둘레 치수 m. tour du cou

신발

■ 신발 종류

부츠 f. pl. bottes

등산화 f. pl. bottines d'escalade (쫄쫄이)

슬리퍼 f. pl. tongs

(술이 달린) 단화 m. pl. mocassins

샌들 f. pl. sandales

(단화식) 구두 m. pl. souliers

운동화 f. pl. chaussures de sport = les baskets (복수로 사용)

굽 낮은 구두 f. pl. chaussures à talons bas

하이힐 m. talon haut

실내화, 슬리퍼, 굽 없는 구두 f. pl. pantoufles

(간호원용의 나무 굽으로 된) 슬리퍼 m. pl. sabots

구두치수 f. pointure

식품

◘ 과일 종류

살구 m. abricot

파인애플 m. ananas

바나나 f. banane

체리 f. cerise

귤 f. clémentine

레몬 m. citron

딸기 f. fraise

키위 m. kiwi

망고 f. mangue

메론 m. melon

황도 복숭아 f. nectarine jaune

오렌지 f. orange

수박 f. pastèque

복숭아 f. pêche

배 f. poire

사과 f. pomme

자두 m. pruneau

포도 m. raisin

◘ 채소 종류

마늘 m. ail

가지 f. aubergine

당근 f. carotte

호박 f. courgette

한국배추 m. pl. choux chinois

오이 m. concombre

버섯 m. champignon

피클 m. cornichon

시금치 m. épinard

상추 f. laitue

무 m. navet blanc

양파 m. oignon

고추 m. piment

파 m. poivreau

피망 m. poivron

완두콩 m. petit pois

감자 f. pomme de terre

샐러드 f. salade

◘ 음료수

광천수 f. eau minérale

맥주 f. bière

사과주 m. cidre

레몬음료수 f. limonade

과일주스(오렌지, 사과, 복숭아, 포도) m. jus de fruits (d'orange, de pomme, de pêche, de raisin)

문방구

문방구 f. papeterie

공책 m. cahier

달력 m. calendrier

만년필 m. stylo à encre

볼펜 m. stylo à bille

비망록 m. agenda

수첩 m. carnet

스카치테이프 m. scotch

연필 m. crayon de papier

연필 깎기 m. pl. taille-crayons

접착 테이프 m. papier collant

주소록 m. carnet d'adresses

지우개 f. gomme

콤파스 m. compas

클립 m. trombone

편지지 m. papier à lettre

풀 f. colle

항공봉투 f. enveloppe par avion

호치키스 f. agrafeuse

호치키스 알 f. agrafe

시간

◐ 일반표현

이른 tôt

늦은 tard

시 f. heure

분 f. minute

초 f. seconde

전 avant

후 après

일찍 en avance

늦어지다 retarder

일찍 도착하다 être en avance

제시간에 도착하다 être à l'heure

지각하다 être en retard

삼십분 f. demi-heure

십오분 m. quart d'heure

자정 minuit

정오 midi

◐ 해

올해 f. cette année

내년 f. année prochaine

작년, 지난해 f. année dernière

…년 후에 dans …an(s)

윤년 f. année bissextile

◐ 달

일월 janvier
이월 février
삼월 mars
사월 avril
오월 mai
유월 juin
칠월 juillet
팔월 août
구월 septembre
시월 octobre
십일월 novembre
십이월 décembre
이달 ce mois-ci
다음달 m. mois prochain
지난달 m. mois dernier
…달 동안 pendant …mois
…달 전부터 depuis …mois
…달 후에 dans …mois

◐ 요일

월요일 lundi
화요일 mardi
수요일 mercredi
목요일 jeudi
금요일 vendredi
토요일 samedi
일요일 dimanche

◐ 주기 표현

하루에 한번 une fois par jour
일주일에 한번 une fois par semaine
한 달에 한번 une fois par mois
일 년에 한번 une fois par an

▪ tout(e) le(la) + 시간(단수) : (한정된 시간) 내내

아침 한나절 toute la matinée
하루 온종일 toute la journée
일년 내내 toute l'année

▪ tous les + 시간(복수) : (정기적인 반복) 매번

두 시간마다 toutes les deux heures
3주마다 (한번씩) toutes les trois semaines
매주 토요일 tous les samedis
매년 tous les ans
4년마다 tous les quatre ans

◐ 현재, 과거, 미래 관련 부사(구)

• 과거

어제 hier

예전에 autrefois

옛날에 jadis

그 당시 ces jours-là

그때 à ce moment

지금까지 jusqu'ici

오늘까지 jusqu'à aujourd'hui

지난 주(해) f. semaine(l'année) dernière

• 현재

지금 maintenant

오늘(날) aujourd'hui

현재 à présent

현재 actuellement

요즘 ces jours-ci

지금 en ce moment

지금 à cette heure

• 미래

내일 demain

장래에 à l'avenir

미래에 à futur (=pour le futur)

잠시 후 dans un instant

지금부터 à partir de maintenant (=désormais)

일주일 후 dans huit jours

곧 bientôt

다음 달 m. mois prochain

내년 f. année prochaine

◖ 몇 가지 유용한 표현

…부터 depuis

…동안 pendant

지금부터 à partir de maintenant

…할 때에 alors que…

그때부터 dès lors

이제부터 désormais

이제부터 dorénavant

지금부터 d'ores et déjà, dès maintenant

…때까지 en attendant

…하는 동안 pendant que, tandis que

오늘 아침 ce matin

오늘 저녁 ce soir

내일 아침 demain matin

내일 저녁 demain soir

내일 오후 demain après-midi

◖기타

그 다음날 m. lendemain

그 다음다음날 m. surlendemain

그저께 m. avant-hier

그 전날 f. veille

그 전전날 f. avant-veille

낮 m. jour

낮 동안 f. journée

밤 f. nuit

새벽 f. aube

오후 m. après-midi

저녁 m. soir

저녁동안 f. soirée

해질 무렵 m. coucher du soleil

황혼 m. crépuscule

우편

우체통 f. boîte aux lettres

우편물 m. courrier

우편배달부 m. facteur

창구 m. guichet

소포로 부치기 m. envoi des colis /m. envoi des paquets

소포 발송 f. expédition d'un colis

소포 회수 m. retrait des colis

우편물 회수 m. retrait du courrier

우편엽서로 부치기 m. envoi des cartes postales

우편 요금 m. affranchissement

우표 m. timbre

우표 붙이기 m. affranchissement

전보 m. télégramme

편지로 부치기 m. envoi de lettres

우편엽서 f. carte postale

등기 m. recommandé

봉투 f. enveloppe

우편번호 m. code postal

발신인 n. expéditeur(trice)

수신인 n. destinataire

전화통화

전화 m. téléphone

가입자 abonné(e)

교환대(구내선의) m. standard

교환수 n. strandardiste

국제 통화 f. communication internationale

다이얼 m. cadran

대화 f. conversation

동전 m. jeton

무선전화 m. téléphone sans fil

유선전화 m. téléphone fixe

휴대전화 m. téléphone portable

인테넷 전화 m. téléphone via internet

패키지 요금 m. forfait

버튼 f. touche

보통 통화 f. communication ordinaire

수화기 m. écouteur

수화기 m. récepteur

시내 통화 f. communication interurbaine

요금(할인) m. tarif(réduit)

응답기 m. répondeur

자동 전화기 m. automatique

전화박스 f. cabine téléphonique

전화벨소리 f. sonnerie

전화하다 téléphoner

시내번호 m. numéro local

전화선 f. ligne

접화번호부 m. annuaire téléphonique

수화기를 들다 décrocher

수화기를 내려놓다 raccrocher

다이얼을 돌리다 composer un numéro

주택 • 임대

주택 종류

아파트 (개별 가호) m. appartement

단독주택 f. maison

(현대식) 아파트 f. résidence

고층 아파트 m. standing

원룸 m. studio

임대 관련 용어

계약 m. contrat, engagement

임대 계약서 m. contrat de location

구입 m. achat

기간 f. durée

불입 m. versement

비용 m. frais

수위 n. concierge

예약금 f. arrhes

임대계약 m. bail

임대인 m. bailleur

임대차 f. location

집세 m. loyer

집주인 n. propriétaire

보증금 f. caution

보증금 예치 m. dépot de garantie

집세 영수증 m. quittance de loyer

세입자 n. locataire

공동세입자 n. colocataire

관리비 f. pl. charges

부동산 소개비 m.pl. honoraires

집 상태 점검 m. état de lieu

임대하다 louer

들어 있다 occuper

사다 acheter

◘ 주택 내부 명칭

엘리베이터 m. ascenseur

계단 m. escalier

발코니 m. balcon

지하창고 f. cave

방 f. chambre

벽난로, 굴뚝 f. cheminée

차고 m. garage

다락방 m. grenier

벽장 m. placard

식당 f. salle à manger

화장실 pl. toilettes (=WC)

인터폰 m. interphone

(스탠드바 식) 간이 부엌 f. kitchenette

전용 주차장 m. parking privé

욕실 (샤워실) f. salle de bain (de douche)

거실 m. salon = salle de séjour

난방 m. chauffage

중앙난방 m. chauffage central

전기난방 m. chauffage électrique

가스 개인난방 m. chauffage individuel au gaz

보일러 f. chaudière

온수기 m. chauffe-eau

양

그렇게 많이 tant

그렇게까지, 그처럼 tellement

그만큼 autant

너무 trop

너무 많이 beaucoup trop

더 plus

더욱 davantage

덜, 적게 moins

많이 beaucoup

몇몇 plusieurs

아주 적게, 아주 조금 peu

아직, 또 encore

오로지 하나 un(e) seul(e)

조금 un peu

조금 더 un peu plus

조금 덜 un peu moins

지나치게 trop

충분히 assez

훨씬 많이 beaucoup plus

훨씬 적게 beaucoup moins

곱하다 multiplier

나누다 diviser

더하다, 덧셈하다 additionner / ajouter

빼다 enlever / soustraire

성격

■ 일반 성격

사랑스런 aimable
수다스러운 bavard(e)
깜찍한 coquin(e)
예절 있는 courtois(e)
교양 있는 cultivé(e)
신중한 discret(ète)
산만한 distrait(e)
온화한 doux(ce)
재미있는 drôle
충실한, 정숙한 fidèle
너그러운 généreux(se)
정직한 honnête
위선적인 hypocrite
집착이 심한 maniaque
신경질적인 nerveux(se)
꼼꼼한 ponctuel(le)
신중한 prudent(e)
생각이 깊은 réfléchi
점잖은 réservé(e)
익살스런 rigolo
로맨틱한 romantique
섬세한 sensible
도와주기 좋아하는 serviable
부드러운 tendre
과묵한 taciturne
인내심 많은 tolérant(e)

■ 학업·업무 관련 성격

의욕적인 ambitieux(se)
(학업) 열심인 assidu(e)
근면한 diligent(e)
활동적인 dynamique
정력적인 énergique
덤벙대는 étourdi(e)
책임성 강한 responsable
믿음직스런 sécurisant(e)
학구적인 studieux(se)
재능 있는 talentueux(se)
부지런한 travilleur(se)

■ 외적·신체적 성격

매력적인 attirant(e)
조용한 calme
깜찍한 craquant(e)
우아한 distingué(e)
맵시 있는 élégant(e)
여성적인 féminin(e)
성숙한 mature
자연스런 naturel(le)

맵시 있는 pimpant(e)
호감스런 prévenant(e)
관능적인 sensuel(le)
미소 짓는 souriant(e)

색상

검은 noir(e)
군청색의 bleu marine
노란 jaune
녹색의 vert(e)
무지개색의 arc-en-ciel
밝은 clair(e)
밤색의, 갈색의 brun(e)
밤색의 marron
베이지색의 beige
보라색의 violet(te)
분홍색의 rose
붉은 보라색의 mauve
빛나는 brillant(e)
어두운 sombre
오렌지색의 orange
적갈색의 roux(sse)
짙은 foncé(e)
크림색의 crème
파란색의 bleu(e)
하늘색의 bleu ciel
황금색의 or
회색의 gris(e)
흰색의 blanc(che)

크기 • 모양

크기 · 길이 · 넓이

거대한, 몹시 큰 énorme
긴 long(ue)
날씬한, 가는 mince
넓은 large
뚱뚱한 épais(se)
아주 작은 minuscule
작은 petit(e)
짧은 court(e)
좁은 étroit(e)
큰 grand(e)
길이 f. longueur
넓이 f. largeur
크기 f. grandeur
높이 f. hauteur

■ 모양

길쭉한 allongé(e)

동그라미의 rond(e)

둥근 arrondi(e)

마름모꼴의 en losange

뾰족한 pointu(e)

사다리꼴의 en trapèze

삼각형의 triangulaire

정사각형의 carré(e)

직사각형의 rectangulaire

타원형의 ovale

호텔

■ 객실 물품

욕조 f. baignoire

화장실 m. cabinet de toilette

난방 m. chauffage

이불 f. couverture

샤워 f. douche

시트 m. drap

세면대 m. lavabo

매트리스 m. matelas

배게 m. oreiller

비누 m. savon

수건 f. serviette (de toilette)

■ 일반 시설

엘리베이터 m. ascenseur

차고 m. garage

전용주차장 m. parking privé

수하물 운반인 m. porteur

카운터 f. réception

구내전화 m. téléphone intérieur

난방 m. chauffage

더운 물 f. eau chaude

라디오 f. radio

목욕탕 f. salle de bains

발코니 m. balcon

밝은 방 f. chambre

비데 m. bidet

샤워 f. douche

수돗물 f. eau courante

안내 f. réception

에어컨 m. climatiseur

예약 f. réservation

외딴 방 f. chambre isolée

조용한 방 f. chambre clame

전화 m. téléphone

차고 m. garage

찬 물 f. eau froide

층 m. étage

침대 m. lit

텔레비전 f. télévision

화장실 m. cabinet de toilettes/ f. pl. toilettes

확인 f. confirmation

■ 가격

비싼 cher

싼 bon marché

서비스 m. service

세 끼 다 나오는 하숙 f. pension complète

식사 m. repas

아침(식사) m. petit déjeuner

주차장 m. garage

한 끼만 나오는 하숙 f. demi-pension

학교

■ 교육기관

탁아소 f. crèche

유치원 f. école maternelle

초등학교 f. école primaire

중학교 m. collège

고등학교 m. lycée

대학 f. université

공립 /사립학교 f. école publique /privée

미션스쿨 /일반학교 f. école religieuse /laïque

■ 학생, 교수

초등학생 écolier(ère)

학생 élève

중학생 collégien(enne)

고등학생 lycéen(enne)

대학생 étudiant(e)

교사 enseignant(e)

초등교사 instituteur(trice)

(중고등학교, 대학교) 교사, 교수 professeur

■ 시험

시험 f. épreuve

듣기시험 f. épreuve de l'écoute

쓰기시험 f. épreuve de l'écrit

구두시험 f. épreuve orale(=les oraux)

중간고사 f. partielle

기말고사 f. finale

(입사·국가시험 등)공채시험 m. concours

■ 단과대학

문과대 f. faculté des lettres

의·약대 f. faculté de médecine et de pharmacie

법정대 f. faculté de droit et de politique

이·공과대학 f. faculté des sciences

경제학(경영대학) f. faculté des sciences économiques

인문·사회대학 f. faculté des sciences humaines et sociales

■ 학과·전공

건축학 f. architecture

조형미술 pl. arts plastiques

생명공학 f. biotechnologie

커뮤니케이션 f. communication

디자인 m. design

국제법 m. droit international

전자공학 f. électronique

토목과 m. génie civil

언어학 f. linguistique

수학 pl. mathématiques

심리학 f. psychologie

관광학 m. tourisme

응용미술 m. art plastique

경제학 f. économie

화학 f. chimie

회계학 f. comptabilité

법학 m. droit

지리학 f. géographie

역사학 f. histoire

정보처리 기술학 f. informatique

경영학 f. gestion

문학 f. littérature

음악 f. musique

의학 f. médecine

물리학 f. physique

사회학 f. sociologie

명절과 관련된 인사법

메리크리스마스(성탄절 잘 보내세요)! Joyeux (Bon) Noël !

좋은 해가 되시기 바랍니다! Bonne année !

새해 복 많이 받으세요! Je vous souhaite mes meilleurs vœux ! = Meilleurs vœux !

건강하세요! Bonne Santé !

생일 축하합니다! Bon (Joyeux) anniversaire !

일반 경제 용어

▪ 국제경제

국민총생산 m. Produit national brut (PNB)

일인당 국민소득 m. revenu par habitant

수출 f. exportation

수입 f. importation

무역(내수산업) m. commerce extérieur (intérieur)

무역 적자 m. déficit du commerce extérieur

무역 흑자 m. excédent du commerce extérieur

무역 균형 f. balance du commerce extérieur

선진국 m. pays développé (PD) = le pays industriel (industrialisé)

개발도상국 m. pays en voie de développement (PDV)

후진국 m. pays sous développé (PSD)

▪ 국내경제

실업률 m. taux de chômage

연평균성장률 m. taux de progression annuelle moyenne

산업인구 f. population active

취업연령 m. âge professionnel

정년 m. âge de la retraite

경제 성장률 m. taux de croissance économique

경제침체 f. stagnation économique

경제둔화 m. ralentissement économique

소비자물가 m. prix à la consommation

소비자 consommateur(trice)

물가동결 m. gel des prix

물가변동 f. fluctuation des prix

전국 소비자물가지수 m. indice national des prix à la consommation

물가상승 f. hausse / augmentation des prix

물가하락 f. modération des prix

구직 f. demande d'emploi

구인 f. offre d'emploi

▪ 회사·기업

기업 f. entreprise

회사 f. société

자동차산업 f. industrie automobile

1차 / 2차 / 3차 산업 f.
industrie primaire / secondaire / tertiaire

그룹, 재벌 m. conglomérat

화폐

(일반적) 돈 m. argent

(비어) 돈 m. pognon

돈 m. fric

화폐, 지폐 m. billet

현금 m. comptant

현금 f. espèce

현금 m. liquide

동전, 돈 f. monnaie

동전 f. pièce

유로(EUR/€) m. euro

쌍띰(센트) m. centime

재료 · 분량

설탕 1킬로 1 kg de sucre

두 옴큼의 후추 2 pincées de poivre

식초 3병 3 bouteilles de vinaigre

설탕 2숟갈 2 cuillères de sel

우유 2리터 2 litres de lait

우유 두잔 2 verres de lait

연어 2조각 2 tranches de saumon

버터 4조각 4 morceaux de beurre

파 3단 3 bottes de poireau

두 입 분량의 밥 deux bouchées de riz

세 줌(주먹 분량)의 옥수수 trois poignées de maïs

자연재해 · 지구 온난화

온실효과 m. effet de serre

교토협약 m. Protocole de Kyoto

대기 중의 이산화탄소 농도 f. concentration de CO2 dans l'atmosphère

온실가스 m. gaz à effet de serre

온실가스 배출 f. émission de gaz à effet de serre

온도 변화 f. évolution des températures (=du climat)

북극의 기후 온난화 m. réchauffement climatique en Arctique

오존층 f. couche d'ozone

오존층 구멍 m. trou d'ozone

▪ 에너지 표현

석탄 m. charbon

가스 m. gaz

석유 m. pétrole

천연가스 m. gaz naturel

우라늄 m. uranium
화석에너지 f. énergie fossile
풍력에너지 f. énergie éolienne
재생에너지 f.pl. énergies renouvelables
태양열에너지 f. énergie solaire
핵에너지 f. énergie nucléaire

■ 자연재해

자연재해 f.pl. catastrophes natuelles
홍수 f. inondation
눈사태 f. avalanche
지진 m. tremblement de terre
화재 m. incendie
태풍 m. typhon
황사 m. vent de sable(jaune)
무더위 f. canicule
가뭄 f. sécheresse
폭풍 f. tempête
폭우 m. orage

종교

■ 종교 종류

기독교/교인 m. christianisme/ christien(ne)
불교/신자 m. bouddhisme/ bouddhiste
이슬람교/교도 m. islamisme/ islamite
힌두교/교도 m. hindouisme/ hindou(e)
유대교 m. judaïsme
샤머니즘 m. chamanisme
유교 m. confucianisme

■ 기독교 종파

천주교 m. catholicisme (l'église catholique)
그리스 정교 f. église orthodoxe (grecque)
신교 m. protestantisme (l'église protestante)
개혁교회 f. église réformée

■ 사원 명칭

(일반적 명칭) 교회 f. église
(여러 신을 모신) 만신전 m. panthéon
신전 m. temple
대성당 f. cathédrale
(중간 구역의) 예배당 f. chapelle
절 m. temple bouddhique (la monastère)
유태교사원 f. synagogue
이슬람사원 f. mosquée

신체 · 병 · 의료

신체

귀 f. oreille

눈 m. oeil (yeux)

눈꺼풀 f. paupière

목 m. cou

눈썹 m. sourcil

머리 f. tête

얼굴 m. visage

이마 m. front

이 m. dent

입 f. bouche

입술 f. lèvre

코 m. nez

턱 m. menton

피부 f. peau

가슴 f. poitrine

혀 f. langue

팔 m. bras

등 m. dos

배 m. ventre

어깨 f. épaule

다리 f. jambe

무릎 m. genou

발 m. pied

손 f. main

손가락 m. doigt

발가락 m. orteil

손톱, 발톱 m. ongle

엉덩이 f. fesse

허리 f. hanche

팔꿈치 m. coude

발뒤꿈치 m. talon

손목 m. poignet

의료

전문가 n. spécialiste

약국 f. pharmacie

의약품 m. médicament

골절 f. fracture

처방전 f. ordonnance

수면제 m. somnifère

진정제 m. calmant

의료(구호) 센터 m. centre médical (hospitalier)

다치다 se blesser

돌보다, 간호하다 soigner

자기 몸을 베다 se couper

검진하다 examiner

정신을 잃다 s'évanouir

다시 의식을 찾다 ranimer

입원시키다 hospitaliser

음식 · 요리

◘ 양념

간장 f. sauce de soja

겨자 f. moutarde

식초 m. vinaigre

식용류 f. huile de tournesol

소금 m. sel

설탕 m. sucre

올리브유 f. huile d'olive

후추 m. poivre

케찹 m. ketchup

◘ 요리 상태 · 방법

구운 rôti(e)

석쇠에 구운 grillé(e)

설익은 bleu(e)

살짝 구운 saignant(e)

잘 구운 bien cuit(e)

훈제한 fumé(e)

적당히 익은 cuit(e) à point

잘게 썬, 다진 haché(e)

튀긴 frit(e)

◘ 생선

고등어 m. maquereau

참치 m. thon

도미 f. daurade

오징어 m. calmar

정어리 f. sardine

굴 f. huître

대하 f. langouste

바닷가재 m. homard

새우 f. crevette

◘ 음식종류

쏘세지 m. saucisson

훈제 연어 m. saumon fumé

생야채 요리 f. crudités

거위간 m. foie gras

비프스테이크 m. bifteck

스파게티 f. pl. spaghettis

로스구이 m. rôti

오믈렛 f. omelette

갈비 f. côte

갈비사이의 고기 f. entrecôte

◐ 후식

치즈 m. fromage

사과파이 f. tarte aux pommes

바닐라 아이스크림 f. glace à la vanille

초코릿 케익 m. gâteau au chocolat

나라 · 국적 · 언어

	나라	국적(남자)	국적(여자)
알제리	Algérie	Algérien	Algérien(ne)
독일	Allemagne	Allemand	Allemand(e)
영국	Angleterre	Anglais	Anglais(e)
아르헨티나	Argentine	Argentin	Argentin(e)
호주	Australie	Australien	Australien(ne)
오스트리아	Autriche	Autrichien	Autrichien(ne)
벨기에	Belgique	Belge	Belge
브라질	Brésil	Brésilien	Brésilien(ne)
카나다	Canada	Canadien	Canadien(ne)
칠레	Chili	Chilien	Chilien(ne)
중국	Chine	Chinois	Chinois(e)
한국 남한 북한	Corée Corée du Sud Corée du Nord	Coréen (Sud-Coréen) (Nord-Coréen)	Coréen(ne) (Sud-Coréenne) (Nord-Coréenne)
덴마크	Danemark	Danois	Danois(e)
스페인	Espagne	Espagnol	Espagnol(e)
미국	Etats-Unis	Américain	Américain(e)
프랑스	France	Français	Français(e)
그리스	Grèce	Grec	Grec(que)
이탈리아	Italie	Italien	Italien(ne)
일본	Japon	Japonais	Japonais(e)

멕시코	Mexique	Mexicain	Mexicain(e)
네덜란드	Pays-Bas	Hollandais	Hollandais(e)
폴란드	Pologne	Polonais	Polonais(e)
포르투칼	Portugal	Portugais	Portugais(e)
러시아	Russie	Russe	Russe
스웨덴	Suède	Suédois	Suédois(e)
스위스	Suisse	Suisse	Suisse
터어키	Turquie	Turc	Tur(que)

◘ 언어

독일어	allemand
알제리어	algérien
영어	anglais
아랍어	arabe
중국어	chinois
한국어	coréen
스페인어	espagnol
프랑스어	français
그리스어	grec
인도어	hindi
네델란드어	hollandais
이탈리아어	italien
일본어	japonais
폴란드어	polonais
포르투칼어	portugais
러시아어	russe
터어키어	turc

직업

가정부 femme de ménage

건축가 architecte

공무원 fonctionnaire

기사 ingénieur

군인 militaire

기자 journaliste

바이올리니스트 violoniste

운전수 chauffeur

비서 secrétaire

의사 médecin

시장 maire

영화인 cinéaste

피아니스트 pianiste

화가 peintre

연수생 stagiaire

안내원 guide

경찰 agent de police/policier

꽃장수 fleuriste

교수 professeur

기업인 entrepreneur

목사(신부) pasteur/prêtre

박사 docteur

부동산 소개업자 agent immobilier

사진작가 photographe

세관원 douanier

시인 poète

작가 écrivain

파이로트 pilote

통역사 interprète

	남성	여성
가수	chanteur	chanteuse
과자제조업자	pâtissier	pâtissière
농부	fermier	fermière
무용수	danseur	danseuse
배우	acteur	actrice
번역가	traducteur	traductrice
영화감독	réalisateur	réalisatrice
우체부	facteur	factrice
회장	président	présidente
호텔지배인	maître d'hôtel	maîtresse d'hôtel
실직자	chômeur	chômeuse

사무원	employé	employée
상인	commerçant	commerçante
스튜어디스	hôte de l'air	hôtesse de l'air
초등교사	instituteur	institutrice
웨이터/웨이트레스	serveur	serveuse
간호원	infirmier	infirmière
노동자	ouvrier	ouvrière
농부	agriculteur	agricultrice
미용사	coiffeur	coiffeueuse
빵 제조업자	boulanger	boulangère
변호사	avocat	avocate
요리사	cuisinier	cuisinière
음악가	musicien	musicienne
호텔경영자	hôtelier	hôtelière
정년퇴직자	retraité	retraitée
은행가	banquier	banquière
출판자	éditeur	éditrice
상인	vendeur	vendeuse
식당주인	restaurateur	restauratrice
컴퓨터엔지니어	informaticien	informaticienne

김선미

경기대학교 불어불문학과를 졸업하고 프랑스 국립 Aix-Marseille I 대학교에서 언어학 박사학위를 받았다. 현재 경기대학교 글로벌어문학부 프랑스어문전공 교수로 재직 중이다.

저서로는 『매일 프랑스어 일기쓰기』, 『주제별 프랑스어 생활 작문』, 『쉽게 익히는 프랑스어 회화』, 『실용 프랑스어 쓰기와 실전』이 있고, 공저로 『거리에서 배우는 프랑스어』, 『DELF A1, A2, B1, B2』, 『매일 프랑스어 회화』, 『매일 즐거운 프랑스어 문법』, 『프랑스어 단어 표현집』, 『매일 프랑스어 입문』, 『The 바른 프랑스어』, 『DELF A1 학습과 활용』, 『기본 실전 프랑스어』 등이 있으며, 『토끼와 나』, 『몸의 시학』, 『그림형제 동화집』 등을 번역하였다.

매일 프랑스어 일기쓰기

초판 1쇄 발행 · 2009년 4월 30일
초판 6쇄 발행 · 2021년 8월 20일

저　　자 · 김 선 미
발 행 인 · 정 현 걸
발　　행 · 신 아 사
인　　쇄 · 현대문화사
주　　소 · 서울특별시 은평구 통일로 59길 4
전　　화 · (02) 382-6411 팩스 · (02) 382-6401
홈페이지 · www.shinasa.co.kr
E-mail · shinasa@daum.net

ISBN: 978-89-8396-630-8 (93760)

저자와의 협의로 인지를 생략합니다.

정가 15,000원